Let's
Spread sheet

KB116692

출제빈도가 높은 문제 중심의
합격 기본서

컴퓨터
활용능력
2급 실기

김혜은 지음

김앤북
KIM&BOOK

Let's
컴퓨터활용능력
2급 실기

초판2쇄 인쇄 2023년 4월 21일
초판2쇄 발행 2023년 4월 28일
지은이 김혜은
기획 김웅태
감수 박은선
표지·내지디자인 서제호, 서진희
제작 조재훈
판매영업 김승규, 문지영

발행처 ㈜아이비김영
펴낸이 김석철
등록번호 제22-3190호
주소 (06728)서울 서초구 서운로 32, 우진빌딩 5층
전화 (대표전화) 1661-7022
팩스 02-3456-8073

ISBN 978-89-6512-135-0 13000
정가 20,000원

잘못된 책은 바꿔드립니다.

▷ 자격시험 기관 : 대한상공회의소 자격평가사업단

▷ 홈페이지 http://license.korcham.net

▷ 응시자격 : 제한없음

▷ 실기 프로그램 : MS Office 2016

▷ 시험과목

등급	시험방법	시험과목	출제형태	시험시간
1급	필기시험	컴퓨터 일반 스프레드시트 일반 데이터베이스 일반	객관식 60문항	60분
	실기시험	스프레드시트 실무 데이터베이스 실무	컴퓨터 작업형	90분 (과목별 45분)
2급	필기시험	컴퓨터 일반 스프레드시트 일반	객관식 40문항	40분
	실기시험	스프레드시트 실무	컴퓨터 작업형	40분

※ 필기시험 합격 기준 : 100점 만점에 과목당 40점 이상이고 평균 60점 이상
　실기시험 합격 기준 : 100점 만점에 70점이상(1급은 과목당 70점 이상)

▷ 검정수수료

필기	19,000원	실기	22,500원

▷ 시험일정 안내

접수기간	개설일로부터 시험일 4일전까지
시 험 일	상시(시험개설 여부는 시험장 상황에 따라 다름)
합격발표	필기 : 시험일 다음날 오전 10시 실기 : 시험일 포함 주 제외한 2주 뒤 금요일

※ 필기시험 합격 후 바로 상시 실기 접수 할 수 있으며,
　실기시험 합격자 발표 이전에 상시 실기 검정 재 응시가 가능함.
　(다만 이전에 응시한 시험에 합격했다면 처음 합격한 시점을 기준으로
　자격이 취득 되는 것이며, 이후의 시험은 결과에 상관없이 무효 처리 됨)

CONTENTS

SECTION

CONTENTS
04

기타작업

SECTION

CONTENTS
05

기출문제
유형

부록

Let's Spread sheet
컴퓨터 활용능력 2급 실기

컴퓨터
활용능력
2급 실기

CHAPTER

01

기본작업

데이터 입력

⊙ 한글, 영어, 한자, 숫자, 날짜, 기호 등이 조합된 내용을 입력할 수 있습니다.

➕ 데이터 입력과 편집

① 한 셀에 두 줄 이상의 데이터 입력하기

첫 번째 줄을 입력한 후 Alt + Enter↵ 를 누르고 다음 줄에 내용을 입력하고 Enter↵ 를 누릅니다.

② 날짜 데이터 입력하기

-(하이픈) 또는 /(슬래시)로 구분하여 입력합니다.
'년-월-일' 또는 '년/월/일'로 입력합니다.

③ 시간 데이터 입력하기

:(콜론)으로 구분하여 입력합니다.
'시:분:초'로 입력합니다.

④ 백분율 입력하기

숫자 뒤에 %를 입력합니다. [표시 예 → 77%]

⑤ 0으로 시작하는 숫자 입력하기

'(작은따옴표)를 입력한 후 0으로 시작하는 숫자를 입력합니다. [표시 예 → 01]

⑥ 데이터 편집하기

셀을 더블 클릭하여 편집할 수 있습니다.

F2 를 눌러 데이터를 편집할 수 있습니다.

수식 입력줄을 클릭하여 데이터를 편집 할 수 있습니다.

새로운 데이터를 입력하면 기존의 데이터는 없어집니다.

 유형 1

데이터 입력1.xlsx 파일을 열어 작업하시오.

다음의 자료를 주어진 대로 입력하시오.

	A	B	C	D	E	F	G
1	가입 현황 결제 여부						
2							
3	가입날짜	가입나이	가입코드	성명	가입금액	결제여부	
4	2021-10-04	27	K-GY	김윤주	38500	완료	
5	2021-09-03	48	K-GY	구영호	28800	완료	
6	2021-05-21	10	K-GY	김티나	38500	예정	
7	2021-04-09	35	K-GY	송영희	39900	완료	
8	2021-09-03	42	K-DY	김혜은	42500	완료	
9	2021-04-11	28	K-DY	한보영	43500	예정	
10	2021-03-19	46	K-GY	박현정	42500	완료	
11	2021-08-05	15	K-GY	유찬우	34200	예정	
12	2021-10-22	9	K-DY	한동주	38200	완료	
13	2021-06-21	7	K-DY	길앤디	42700	완료	
14	2021-07-14	24	K-SD	이경애	35000	예정	
15	2021-10-08	36	K-SD	강지석	28800	완료	
16							

🔒 유형 2

데이터 입력2.xlsx 파일을 열어 작업하시오.

다음의 자료를 주어진 대로 입력하시오.

	A	B	C	D	E	F	G
1	과목별 수강 현황						
2							
3	수강코드	수업시작일	강사	학년	과목	할인율	
4	001	2021-05-15	김지은	고2	국어	10%	
5	002	2021-07-20	이소민	고3	영어	20%	
6	003	2021-10-01	김병선	고3	과학	10%	
7	004	2021-11-20	칼리드	고2	수학	10%	
8	005	2021-09-10	주남혁	고3	수학	15%	
9	006	2021-08-20	채진	고2	영어	15%	
10	007	2021-04-10	최영진	고3	수학	15%	
11	008	2021-06-10	유혜리	고2	국어	10%	
12	009	2020-05-10	변설영	고2	영어	15%	
13	010	2020-04-01	김수현	고1	수학	15%	
14	011	2020-07-10	한상경	고3	국어	25%	
15	012	2020-06-10	홍순기	고1	영어	10%	
16							

SECTION
02 셀서식

◉ 엑셀에서 자주 사용하는 형식들이 등록되어 있으며 사용자가 직접 설정할 수 있습니다.
◉ 텍스트맞춤, 방향, 글꼴, 테두리, 채우기 등 셀 모양을 꾸밀 수 있습니다.

🔒 유형 1

셀서식1.xlsx 파일을 열어 작업하시오.

① A열의 열 너비를 2로 지정하시오.

② 3행의 행 높이를 26으로 지정하시오.

③ [B1]셀 제목의 문자열 양쪽에 특수문자 "■"를 삽입하고, [C3]셀의 "지점"을 한자 "支店"으로 바꾸시오.

④ [B1:F1] 영역은 '병합하고 가운데 맞춤', 글꼴 '맑은 고딕', 글꼴 크기 '17', 글꼴 스타일 '굵게', 글꼴 색 '표준 색-연한 녹색'으로 지정하시오.

⑤ [C4:C11] 영역의 이름을 '지점'으로 정의하시오.

⑥ [F7] 셀에 '최대판매금액'이라는 메모를 삽입한 후 항상 표시되도록 지정하고, 메모 서식에서 맞춤 '자동 크기'를 설정하시오.

⑦ [B12:E12] 영역은 '병합하고 가운데 맞춤'을 지정하고, 셀 스타일 '강조색1'을 적용하시오.

⑧ [B3:F12] 영역에 '모든 테두리(⊞)'를 적용한 후 '굵은 바깥쪽 테두리(⊞)'를 적용하여 표시하시오.

🔑 따라하기

① A열 머리글을 마우스 오른쪽 버튼을 클릭하여 [열 너비] 메뉴를 클릭합니다.

'열너비' 대화상자에서 열의 너비 2를
입력한 다음 [확인] 버튼을 클릭합니다.

② 3행의 머리글을 마우스 오른쪽 버튼을 클릭하여 [행 높이] 메뉴를 클릭합니다.

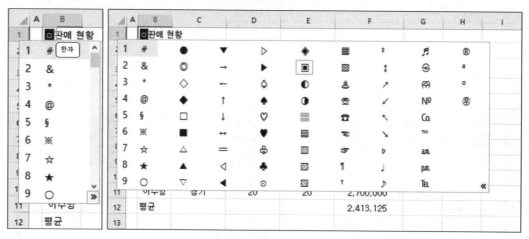

'행 높이' 대화상자에서 행 높이 26를 입력한 다음 [확인] 버튼을 클릭합니다.

③ [B1] 셀을 선택한 후 F2를 누르거나 마우스로 더블클릭하여 셀 편집 상태를 만들고, 제목 맨 앞에 커서를 놓고 한글 자음 ㅁ(미음)을 입력한 후 한자를 누릅니다. 특수문자를 선택할 수 있는 선택상자가 나타나고 원하는 특수문자(■)를 클릭합니다. 동일한 방법으로 제목 뒤에도 특수문자(■)를 삽입합니다.

[C3] 셀에서 마우스로 더블클릭하여 셀 편집 상태를 만들고 "지점"을 블록을 지정하고, 한자를 누릅니다. '한글/한자 변환' 대화상자에서 바꿀 한자를 선택하고 [변환]클릭하고, [닫기]를 클릭합니다.

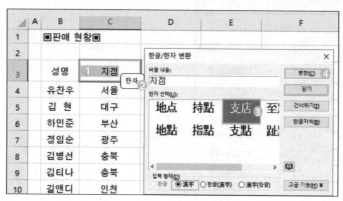

④ [B1:F1] 영역을 블록으로 지정하고, [홈]탭–[글꼴]영역의 글꼴 '맑은 고딕', 크기 '17', '굵게'
글꼴 색 '표준 색–연한 녹색'을 지정한 후 [홈]탭–[맞춤]영역의 '병합하고 가운데 맞춤'을 클릭합니다.

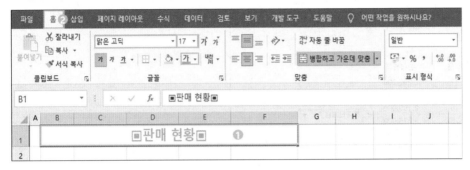

⑤ [C4:C11] 영역을 블록으로 지정하고 이름 상자에 '지점'을 입력한 후 Enter↵를 누릅니다.

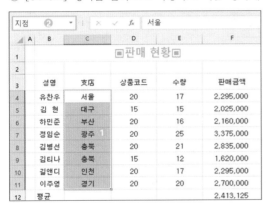

⑥ [F7] 셀에서 마우스 오른쪽 버튼을 클릭하여 [메모 삽입] 메뉴를 클릭합니다.

	A	B	C	D	E	F	G	H	I
1				▣판매 현황▣					
2									
3		성명	支店	상품코드	수량	판매금액			
4		유찬우	서울	20	17	2,295,000			
5		김 현	대구	15	15	2,025,000			
6		하민준	부산	20	16	2,160,0	잘라내기(T)		
7		정임순	광주	20	25	3,375,1	복사(C)		
8		김병선	충북	20	21	2,835,0	붙여넣기 옵션:		
9		김티나	충북	15	12	1,620,0			
10		길앤디	인천	20	17	2,295,0	선택하여 붙여넣기(S)...		
11		이주영	경기	20	20	2,700,0	스마트 조회(L)		
12		평균				2,413,1	삽입(I)...		
13							삭제(D)...		
14							내용 지우기(N)		
15							빠른 분석(Q)		
16							필터(E)		
17							정렬(O)		
18							표/범위에서 데이터 가져오기(G)...		
19							메모 삽입(M)		
20							셀 서식(F)...		
21							드롭다운 목록에서 선택(K)...		

메모에 입력되어 있는 내용을 모두 삭제하고 '최대판매금액'을 입력하고 메모의 윤곽선에서
마우스 포인터가 ✛ 모양으로 바뀌면 마우스 오른쪽 버튼을 클릭하여 [메모 서식] 메뉴를 클릭합니다.

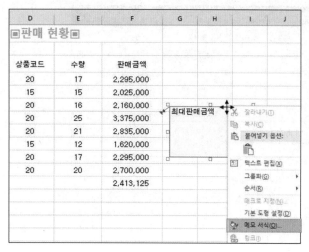

[메모 서식] 대화상자의 [맞춤] 탭에서 '자동 크기'를 선택하고 [확인]을 클릭합니다.

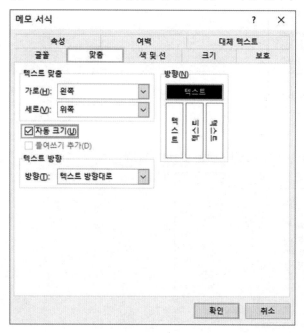

메모를 항상 표시 하기 위해 [F7] 셀에서 마우스 오른쪽 버튼을 클릭하여
[메모 표시/숨기기] 메뉴를 클릭합니다.

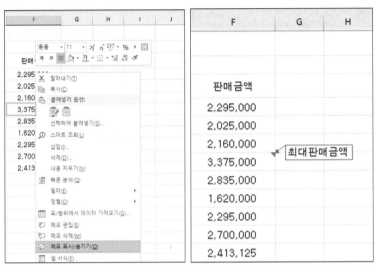

⑦ [B12:E12] 영역을 블록으로 지정하고, [홈]탭-[맞춤]영역의 '병합하고 가운데 맞춤'을 클릭하고,
　 [홈]탭-[스타일]영역의 [셀 스타일]에서 '강조색1'을 선택합니다.

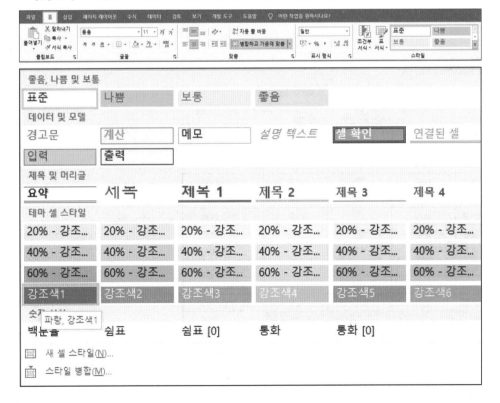

⑧ [B3:F12] 영역을 블록으로 지정하고, [홈]탭-[글꼴]영역의 테두리를
'모든 테두리'와 '굵은 바깥쪽 테두리'를 순서대로 클릭합니다.

🔒 따라하기 결과

	A	B	C	D	E	F	G	H
1				▣판매 현황▣				
2								
3		성 명	支店	상품코드	수량	판매금액		
4		유찬우	서울	20	17	2,295,000		
5		김 현	대구	15	15	2,025,000		
6		하민준	부산	20	16	2,160,000	최대판매금액	
7		정임순	광주	20	25	3,375,000		
8		김병선	충북	20	21	2,835,000		
9		김티나	충북	15	12	1,620,000		
10		길앤디	인천	20	17	2,295,000		
11		이주영	경기	20	20	2,700,000		
12				평균		2,413,125		
13								

▶ 적용된 이름 삭제할 경우

• [수식]탭-[정의된 이름]영역의 [이름 관리자]를 클릭합니다.

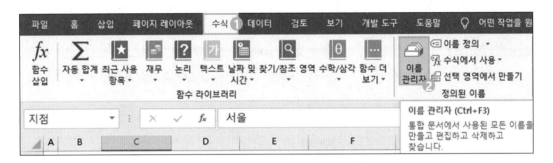

삭제할 이름을 선택한 후 [삭제]를 클릭하고 [확인]을 클릭하고 [닫기]를 클릭합니다.]

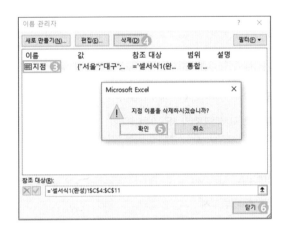

▶ 메모를 삭제할 경우

[F7] 셀에서 마우스 오른쪽 버튼을 클릭하여 [메모 삭제] 메뉴를 클릭합니다.

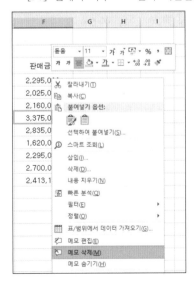

✚ 사용자 지정 형식

데이터 형식	서식코드	기능
일반	G/표준	기본 형식으로 표시
숫자	#	유효한 숫자를 표시하는 기호(무효한 0은 표시 안함)
	0	숫자를 표시하는 기호(무효한 0을 표시하여 자릿수를 맞춤)
	?	숫자를 표시하는 기호 (소수점 앞이나 뒤에 무효한 0대신 공백을 추가하여 소수점을 맞춤)
	%	백분율을 표시
	.	소수점을 표시
	,	숫자 세 자리마다 구분기호
	₩,$,¥…	통화 유형 기호
	#,##0	천 단위마다 구분 기호 표시(셀의 값이 0인 경우 0이 표시되도록 함)
	#,###	천 단위마다 구분 기호 표시(무효한 0은 표시 안함)
	#,##0,	천 단위마다 구분 기호 표시하고 천의 자리 이하 숨기기 (자릿수가 큰 금액은 셀 공간을 많이 차지하며 데이터를 읽기 불편함)
문자	@	문자에 적용하는 형식이며 쌍따옴표("")와 함께 표시문자를 지정할 경우에 사용
날짜	YY/YYYY	연도를 2자리 또는 4자리로 표시
	M/MM	월을 1~12 또는 01~12로 표시
	MMM/MMMM	월을 영문 3자리 또는 영어로 표시 예) Aug 또는 August
	D/DD	일을 1~31 또는 01~31로 표시
	DDD/DDDD	요일을 영문 3자리 또는 영어로 표시 예) Mon 또는 Monday
	AAA/AAAA	요일을 한글 1자리 또는 한글로 표시 예) 금 또는 금요일
시간	H/HH	시간을 0~23 또는 00~23 표시
	M/MM	분을 0~59 또는 00~59 표시
	S/SS	초를 0~59 또는 00~59 표시
색상, 조건	[ ]	색상이나 조건을 지정함

🔒 유형 2

셀서식2.xlsx 파일을 열어 작업하시오.

① [표1]에서 사용자 지정 표시 형식을 이용하여 [A3:A8] 영역에 '8월/25일 (화요일)' 형식으로 표시되도록 지정하시오.

② [표2]에서 사용자 지정 표시 형식을 이용하여 [F3:F8] 영역에 문자 뒤에 "동"을 추가하여 [표시 예]와 같이 표시하시오. [표시 예 : 신천 → 신천동]

③ [표2]에서 사용자 지정 형식을 이용하여 [G3:G8] 영역에 숫자 뒤에 "개"를 표시하시오.
[표시 예 : 3 → 3개, 0 → 0개]

④ [표2]에서 사용자 지정 표시 형식을 이용하여 [I3:I8] 영역에 천 단위 구분 기호 표시하고 천의 자리 이하는 숨기시오. [표시 예 : 500000000 → 500,000천원]

⑤ [표3]에서 사용자 지정 표시 형식을 이용하여 [B12:B17] 영역에 문자 뒤에 '%'를 [표시 예]와 같이 표시하시오. [표시 예 : 95~100 → 95~100%]

⑥ [표4]에서 [F12:F17] 영역에 사용자 지정 표시 형식을 이용하여 두 자리 숫자로 [표시 예]와 같이 표시하시오. [표시 예 : 1 → 01]

⑦ [표4]에서 사용자 지정 표시 형식을 이용하여 [G12:G17] 영역에 문자 뒤에 "-K"을 추가하여 [표시 예]와 같이 표시하시오. [표시 예 : HY101 → HY101-K]

⑧ [표4]에서 [H12:H17] 영역에 셀서식을 이용하여 회계에 기호 없음 형식으로 표시하시오.

⑨ [표4]에서 [I12:I17] 영역에 셀서식을 이용하여 백분율에 소수점 첫째 자리까지 표시하시오.

① [A3:A8] 영역을 블록으로 지정한 후 마우스 오른쪽 버튼을 클릭하여 [셀서식] 메뉴를 클릭합니다.
또는 바로 가기 키 (Ctrl+1)를 누릅니다. '표시 형식'탭에서 '사용자 지정'을 선택하고
기존에 '형식' 칸에 입력된 내용을 지우고 m"월"/dd"일" (aaaa)를 입력한 다음 [확인] 버튼을 클릭합니다.

② [F3:F8] 영역을 블록으로 지정한 후 마우스 오른쪽 버튼을 클릭하여 [셀서식] 메뉴를 클릭합니다.
'표시 형식'탭에서 '사용자 지정'을 선택하고 '형식' 칸에 @"동" 입력한 다음 [확인] 버튼을 클릭합니다.

③ [G3:G8] 영역을 블록으로 지정한 후 마우스 오른쪽 버튼을 클릭하여 [셀서식] 메뉴를 클릭합니다.
'표시 형식'탭에서 '사용자 지정'을 선택하고 '형식' 칸에 0"개" 입력한 다음 [확인] 버튼을 클릭합니다.

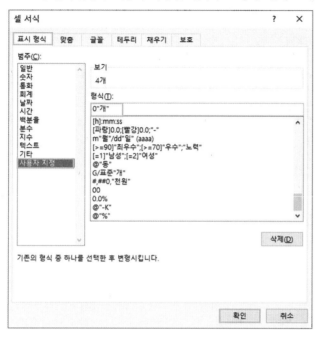

④ [I3:I8] 영역을 블록으로 지정한 후 마우스 오른쪽 버튼을 클릭하여 [셀서식] 메뉴를 클릭합니다.
'표시 형식'탭에서 '사용자 지정'을 선택하고 '형식' 칸에 #,##0,"천원" 입력한 다음 [확인] 버튼을 클릭합니다.

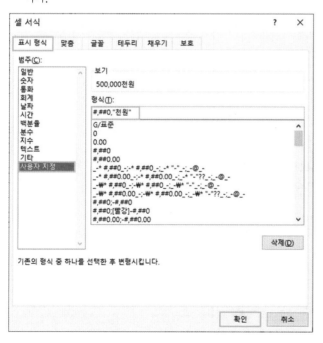

⑤ [B12:B17] 영역을 블록으로 지정한 후 마우스 오른쪽 버튼을 클릭하여 [셀서식] 메뉴를 클릭합니다.
  '표시 형식'탭에서 '사용자 지정'을 선택하고 '형식' 칸에 @"%" 입력한 다음 [확인] 버튼을 클릭합니다.

⑥ [F12:F17] 영역을 블록으로 지정한 후 마우스 오른쪽 버튼을 클릭하여 [셀서식] 메뉴를 클릭합니다.
  '표시 형식'탭에서 '사용자 지정'을 선택하고 '형식' 칸에 00 입력한 다음 [확인] 버튼을 클릭합니다.

⑦ [G12:G17] 영역을 블록으로 지정한 후 마우스 오른쪽 버튼을 클릭하여 [셀서식] 메뉴를 클릭합니다.
'표시 형식'탭에서 '사용자 지정'을 선택하고 '형식' 칸에 @"−K" 입력한 다음 [확인] 버튼을 클릭합니다.

⑧ [H12:H17] 영역을 블록으로 지정한 후 마우스 오른쪽 버튼을 클릭하여 [셀서식] 메뉴를 클릭합니다.
'표시 형식'탭에서 '회계'을 선택하고 '기호 없음'을 선택하고 [확인] 버튼을 클릭합니다.

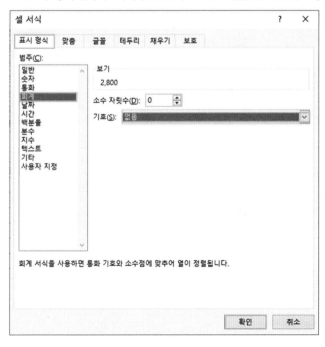

⑨ [I12:I17] 영역을 블록으로 지정한 후 마우스 오른쪽 버튼을 클릭하여 [셀서식] 메뉴를 클릭합니다.
'표시 형식'탭에서 '백분율'을 선택하고 '소수 자릿수 1'을 선택하고 [확인] 버튼을 클릭합니다.

🔒 따라하기 결과

	A	B	C	D	E	F	G	H	I
1	[표1]					[표2]			
2	날짜	오전	오후	온도차		장소	방	특징	가격
3	8월/25일 (화요일)	29	29	0		신천동	4개	역세권	500,000천원
4	8월/26일 (수요일)	28.4	34	-5.6		대야동	2개	전망 좋음	280,000천원
5	8월/27일 (목요일)	27.3	30	-2.7		은행동	3개	재건축	460,000천원
6	8월/28일 (금요일)	27.1	26	1.1		매화동	2개	역세권	340,000천원
7	8월/29일 (토요일)	25.7	24	1.7		정왕동	3개	신축	470,000천원
8	8월/31일 (월요일)	23	23	0		장곡동	2개	재건축	290,000천원
9									
10	[표3]					[표4]			
11	이름	성취율				순번	제품코드	판매량	비율
12	한민현	95~100%				01	HY101-K	2,800	12.8%
13	최연숙	70~75%				02	HD201-K	3,400	15.5%
14	박선영	90~95%				03	HF301-K	5,400	24.7%
15	강남국	70~75%				04	HG302-K	2,700	12.3%
16	이영진	60~65%				05	HQ102-K	3,800	17.4%
17	김향숙	80~85%				06	HV202-K	3,780	17.3%
18									

선택하여 붙여넣기/연결하여 붙여넣기

⊙ 데이터를 복사하여 붙여넣기 할 때 원본과 연결할 수 있으며 서식, 수식, 값 등을 선택하여 붙여넣기 할 수 있습니다.
⊙ 특정 영역을 복사하여 그림 형식으로 다른 위치에 붙여넣기 할 수 있습니다.

 유형 1

데이터 붙여넣기.xlsx 파일을 열어 작업하시오.

① [F6:F16] 영역을 복사하여 [G6:G16] 영역에 '연산(더하기)' 기능으로 '선택하여 붙여넣기'를 하시오.

② [J19:M20] 영역을 복사하여 [E2] 셀에 '연결하여 그림 붙여넣기'를 이용하여 붙여 넣으시오.

③ [B5:G5] 영역을 복사하여 [I5] 셀에 '행/열 바꿈' 기능으로 '선택하여 붙여넣기'를 하시오.

🔑 **따라하기**

① [F6:F16] 영역을 블록으로 지정한 후 마우스 오른쪽 버튼을 클릭하여 [복사] 메뉴를 선택합니다. 또는 Ctrl+C를 눌러 복사합니다.

	A	B	C	D	E	F	G	H	I
4									
5		성명	부서	성별	직급	판매			
6		김한성	인사부	남	사원	92			
7		황은진	생산부	여	사원	95		잘라내기(T)	
8		김기철	생산부	남	사원	76		복사(C)	
9		김은화	생산부	여	대리	78		붙여넣기 옵션:	
10		이성국	생산부	남	사원	68			
11		최용우	생산부	남	사원	92		선택하여 붙여넣기(S)...	
12		김진이	영업부	여	주임	68		스마트 조회(L)	
13		이대욱	영업부	남	사원	72		삽입(I)...	
14		김찬우	영업부	여	주임	82		삭제(D)...	
15		이용우	생산부	여	주임	94		내용 지우기(N)	
16		최민호	영업부	여	주임	68		빠른 분석(Q)	
17								필터(E) ▶	

[G6:G16] 영역을 블록으로 지정한 후 마우스 오른쪽 버튼을 클릭한 후
[선택하여 붙여넣기]를 선택합니다.

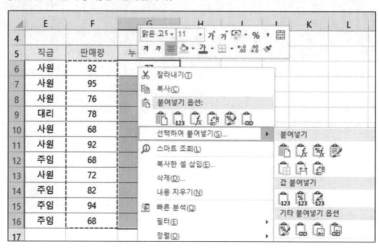

[선택하여 붙여넣기] 대화상자에서 '연산' 항목에서 '더하기'
를 선택한 후 [확인]을 클릭합니다.

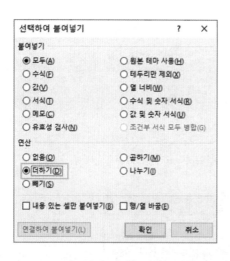

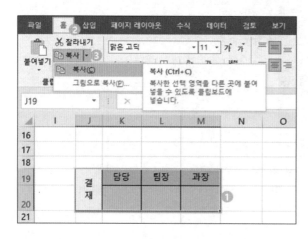

② [J19:M20] 영역을 블록으로 지정한 후
[홈]탭-[클립보드]영역의 [복사]를 클릭
합니다.
또는 마우스 오른쪽 버튼을 클릭하여 [복
사] 메뉴를 선택합니다.
또는 Ctrl+C를 눌러 복사합니다.

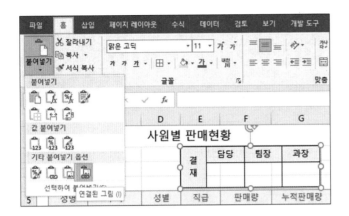

[E2] 셀을 클릭한 후 [홈]탭–[클립보드]영역의 [붙여넣기]–[기타 붙여넣기 옵션]–[연결된 그림]을 클릭합니다.

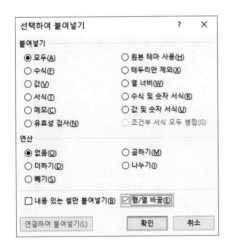

③ [B5:G5] 영역을 블록으로 지정한 후 마우스 오른쪽 버튼을 클릭하여 [복사] 메뉴를 선택합니다.
또는 `Ctrl`+`C`를 눌러 복사합니다.
[I5] 셀을 클릭한 후 마우스 오른쪽 버튼을 클릭한 후 [선택하여 붙여넣기]를 선택합니다.
[선택하여 붙여넣기] 대화상자에서 '행/열 바꿈'을 선택한 후 [확인]을 클릭합니다.

🔒 따라하기 결과

	B	C	D	E	F	G	H	I	J
1			사원별 판매현황						
2			결 재	담당	팀장	과장			
3									
4									
5	성명	부서	성별	직급	판매량	누적판매량		성명	
6	김한성	인사부	남	사원	92	169		부서	
7	황은진	생산부	여	사원	95	178		성별	
8	김기철	생산부	남	사원	76	144		직급	
9	김은화	생산부	여	대리	78	168		판매량	
10	이성국	생산부	남	사원	68	140		누적판매량	
11	최용우	생산부	남	사원	92	162			
12	김진이	영업부	여	주임	68	148			
13	이대욱	영업부	남	사원	72	156			
14	김찬우	영업부	여	주임	82	166			
15	이용우	생산부	여	주임	94	182			
16	최민호	영업부	여	주임	68	148			
17									

외부 데이터 가져오기

⊙ 외부 데이터 가져오기 기능을 이용하여 엑셀에서 텍스트 파일, 데이터베이스, 웹에서 작성된 문서를 가져와서 사용할 수 있습니다.

🔒 유형 1

외부 데이터1.xlsx 파일을 열어 작업하시오.

다음의 텍스트 파일을 열고, 생성된 데이터를 '외부 데이터1' 시트의 [A2:E15] 영역에 붙여 넣으시오.

▶ 외부 데이터 파일명은 '계약상태.txt'임

▶ 외부 데이터는 쉼표(,)로 구분되어 있음

▶ 셀 서식 유지 하지 않음

🔑 따라하기

① [A2] 셀을 클릭한 후 [데이터]탭-[외부 데이터 가져오기]영역의 [텍스트]를 클릭합니다.

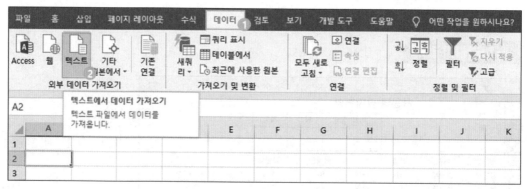

② [텍스트 파일 가져오기] 대화 상자에서 '계약상태.txt'를 선택한 후 [가져오기] 버튼을 클릭합니다.

　※ 해당 문제를 연습할 경우에는 설치된 위치에서 실행하도록 합니다.

　※ 시험 응시 시 외부데이터와 관련된 문제가 출제된 경우에는 시험지 맨 앞의 유의사항에서 파일의 위치
　　를 반드시 확인합니다.

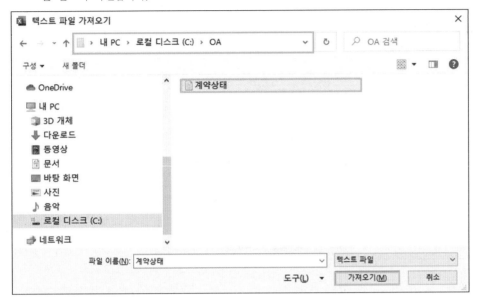

③ [텍스트 마법사 – 3단계 중 1단계]에서 '구분 기호로 분리됨'을 선택하고, [다음] 버튼을 클릭합니다.

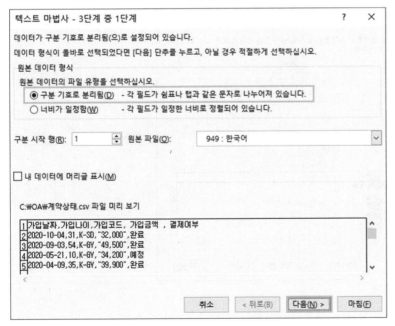

④ [텍스트 마법사 – 3단계 중 2단계]에서 '쉼표'를 선택하고 [다음] 버튼을 클릭합니다.

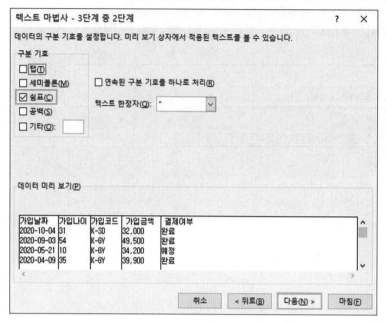

⑤ [텍스트 마법사 – 3단계 중 3단계]에서 [마침] 버튼을 클릭합니다.

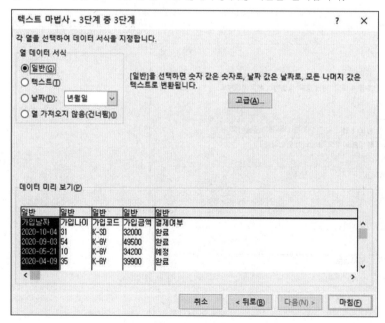

⑥ [데이터 가져오기] 대화상자에서 [속성] 버튼을 클릭합니다.

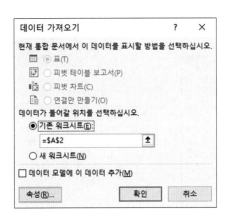

데이터 가져오기 ? ✕

현재 통합 문서에서 이 데이터를 표시할 방법을 선택하십시오.

⊞ ◉ 표(T)
⊞ ○ 피벗 테이블 보고서(P)
▮⊞ ○ 피벗 차트(C)
▯⊞ ○ 연결만 만들기(O)

데이터가 들어갈 위치를 선택하십시오.

◉ 기존 워크시트(E):
=$A$2 ⬆

○ 새 워크시트(N)

☐ 데이터 모델에 이 데이터 추가(M)

속성(R)...　　　확인　　　취소

⑦ [외부 데이터 범위 속성] 대화상자에서 '셀 서식
유지'를 체크 해제한 후 [확인] 버튼을 클릭합니다.

외부 데이터 범위 속성 ? ✕

이름(N): 계약상태_1

쿼리 정의
☑ 쿼리 정의 저장(Q)
☐ 암호 저장(P)

새로 고침 옵션
☑ 새로 고칠 때 파일 이름 확인(M)
☐ 다음 간격으로 새로 고침(R): 60 ⬍ 분
☐ 파일을 열 때 데이터 새로 고침(I)
　☐ 워크시트의 외부 데이터 제거 후 닫기(D)

데이터 서식 및 레이아웃
☑ 필드 이름 포함(E)　☑ 열 정렬/필터/레이아웃 유지(L)
☐ 행 번호 포함(U)　☐ 셀 서식 유지(S)
☑ 열 너비 조정(A)

데이터를 새로 고친 후 데이터 범위 내의 행 수가 변경되면
◉ 셀을 삽입하여 새 데이터 기록/사용하지 않은 셀 지우기(C)
○ 전체 행을 삽입하여 새 데이터 기록/사용하지 않은 셀 지우기(W)
○ 기존 셀을 새 데이터로 덮어쓰기/사용하지 않은 셀 지우기(O)

☐ 인접한 열에 수식 자동 채우기(F)

확인　　　취소

⑧ [데이터 가져오기] 대화상자에서 '기존 워크시트'를 선택
하고 [A2]셀을 클릭한 후 [확인] 버튼을 클릭합니다.

데이터 가져오기 ? ✕

현재 통합 문서에서 이 데이터를 표시할 방법을 선택하십시오.

⊞ ◉ 표(T)
⊞ ○ 피벗 테이블 보고서(P)
▮⊞ ○ 피벗 차트(C)
▯⊞ ○ 연결만 만들기(O)

데이터가 들어갈 위치를 선택하십시오.

◉ 기존 워크시트(E):
=$A$2 ⬆

○ 새 워크시트(N)

☐ 데이터 모델에 이 데이터 추가(M)

속성(R)...　　　확인　　　취소

▲	A	B	C	D	E	F
1						
2	가입날짜	가입나이	가입코드	가입금액	결제여부	
3	2020-10-04	31	K-SD	32000	완료	
4	2020-09-03	54	K-GY	49500	완료	
5	2020-05-21	10	K-GY	34200	예정	
6	2020-04-09	35	K-GY	39900	완료	
7	2020-09-03	42	K-GY	42500	완료	
8	2020-04-11	28	K-DY	43500	예정	
9	2020-03-19	45	K-GY	42500	완료	
10	2020-08-05	17	K-GY	34200	예정	
11	2020-06-21	11	K-DY	42700	완료	
12	2020-07-14	46	K-SD	35000	예정	
13	2020-10-08	26	K-SD	28800	완료	
14	2020-10-24	29	K-GY	38500	예정	
15	2020-04-19	22	K-SD	28800	완료	
16						

🔒 유형 2

외부 데이터2.xlsx 파일을 열어 작업하시오.

다음의 텍스트 파일을 열고, 생성된 데이터를 '외부 데이터2' 시트의 [A3:F21] 영역에 붙여 넣으시오.

▶ 외부 데이터 파일명은 '도서판매내역.txt'임

▶ 외부 데이터는 탭으로 구분되어 있음

▶ '도서명' 열은 제외할 것

▶ 열 너비는 조정 하지 않음

🔑 따라하기

① [A3] 셀을 클릭한 후 [데이터]탭-[외부 데이터 가져오기]영역의 [텍스트]를 클릭합니다.

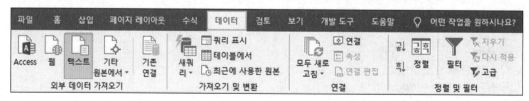

② [텍스트 파일 가져오기] 대화 상자에서 '도서판매내역.txt'를 선택한 후 [가져오기] 버튼을 클릭합니다.

③ [텍스트 마법사 – 3단계 중 1단계]에서 '구분 기호로 분리됨'을 선택하고, [다음] 버튼을 클릭합니다.

④ [텍스트 마법사 – 3단계 중 2단계]에서 '탭'을 선택하고 [다음] 버튼을 클릭합니다.

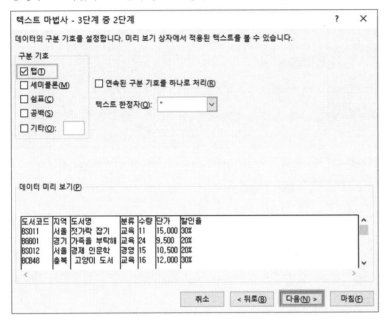

⑤ [텍스트 마법사 – 3단계 중 3단계]에서 '도서명'을 선택하고 '열 가져오지 않음'을 선택한 후
   [마침] 버튼을 클릭합니다.

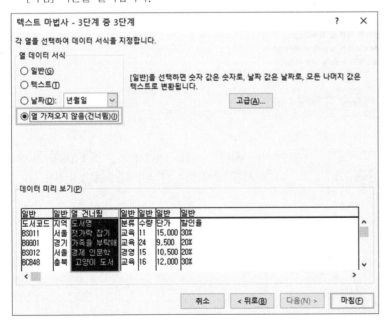

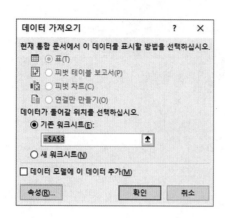

⑥ [데이터 가져오기] 대화상자에서 [속성] 버튼을 클릭합니다.

⑦ [외부 데이터 범위 속성] 대화상자에서 '열 너비 조정'의 체크 해제한 후 [확인] 버튼을 클릭합니다.

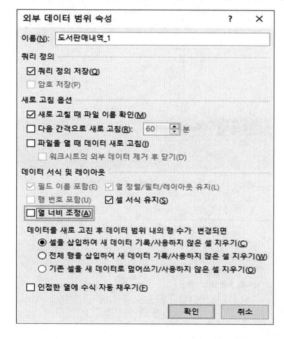

⑧ [데이터 가져오기] 대화상자에서 '기존 워크시트'를 선택하고 [A3]셀을 클릭한 후 [확인] 버튼을 클릭합니다.

따라하기 결과

	A	B	C	D	E	F	G
1							
2							
3	도서코드	지역	분류	수량	단가	할인율	
4	BSO11	서울	교육	11	15,000	30%	
5	BGG01	경기	교육	24	9,500	20%	
6	BSO12	서울	경영	15	10,500	20%	
7	BCB48	충북	교육	16	12,000	30%	
8	BGN55	경남	교육	32	13,500	10%	
9	BCN27	충남	교육	21	12,400	20%	
10	BJN34	전남	자기계발	37	9,600	20%	
11	BGB28	경북	교육	48	11,000	10%	
12	BGG24	경기	교육	24	12,000	20%	
13	BGN25	경남	경영	55	14,500	10%	
14	BJB56	전북	교육	61	15,000	5%	
15	BJN48	전남	자기계발	52	13,000	10%	
16	BGN29	경남	자기계발	48	11,000	20%	
17	BJN37	전남	경영	35	21,000	30%	
18	BCB42	충북	교육	64	17,000	10%	
19	BGB35	경북	경영	58	18,000	50%	
20	BSO19	서울	자기계발	47	20,000	5%	
21	BJB21	전북	교육	32	17,000	30%	
22							
23							

텍스트 나누기

⊙ 한 셀에 입력된 데이터를 탭, 세미콜론, 쉼표, 공백 등의 구분기호를 기준으로 나누는 기능입니다.

🔒 유형 1

텍스트 나누기1.xlsx 파일을 열어 작업하시오.

[A3:A22] 영역의 데이터를 텍스트 나누기를 실행하여 나타내시오.

▶ 데이터는 쉼표(,)로 구분되어 있음

▶ '기간' 열은 제외할 것

🔑 따라하기

① [A3:A22] 영역을 블록으로 지정한 후 [데이터]탭-[데이터 도구]영역의 [텍스트 나누기]를 클릭합니다.

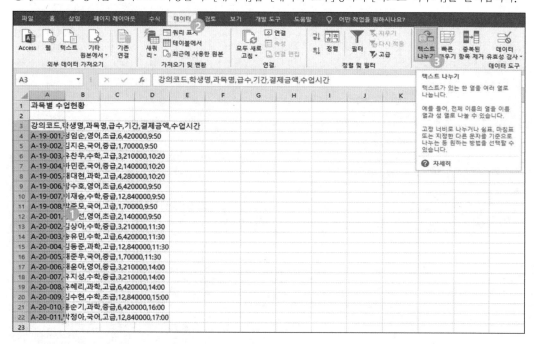

② [텍스트 마법사 – 3단계 중 1단계]에서 '구분 기호로 분리됨'을 선택하고, [다음] 버튼을 클릭합니다.

③ [텍스트 마법사 – 3단계 중 2단계]에서 '쉼표'를 선택하고 [다음] 버튼을 클릭합니다.

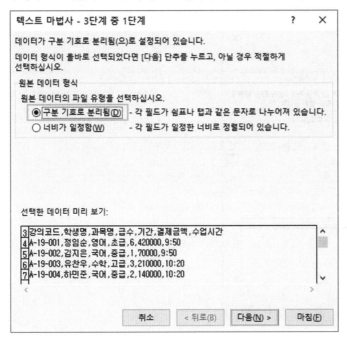

④ [텍스트 마법사 – 3단계 중 3단계]에서 '기간'을 선택하고 '열 가져오지 않음'을 선택한 후 [마침] 버튼을 클릭합니다.

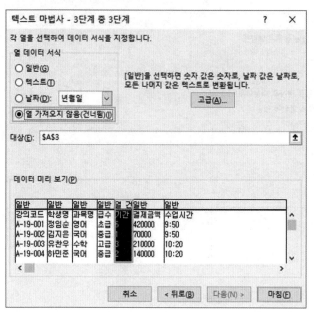

	A	B	C	D	E	F	G
1	과목별 수업현황						
2							
3	강의코드	학생명	과목명	급수	결제금액	수업시간	
4	A-19-001	정임순	영어	초급	420000	9:50	
5	A-19-002	김지은	국어	중급	70000	9:50	
6	A-19-003	유찬우	수학	고급	210000	10:20	
7	A-19-004	하민준	국어	중급	140000	10:20	
8	A-19-005	채대현	과학	고급	280000	10:20	
9	A-19-006	함수호	영어	초급	420000	9:50	
10	A-19-007	이재승	수학	중급	840000	9:50	
11	A-19-008	박준모	국어	고급	70000	9:50	
12	A-20-001	김병선	영어	초급	140000	9:50	
13	A-20-002	김상아	수학	중급	210000	11:30	
14	A-20-003	송유민	수학	고급	420000	11:30	
15	A-20-004	김동준	과학	고급	840000	11:30	
16	A-20-005	채준우	국어	중급	70000	11:30	
17	A-20-006	채윤아	영어	중급	210000	14:00	
18	A-20-007	유지성	수학	중급	210000	14:00	
19	A-20-008	유혜리	과학	고급	420000	14:00	
20	A-20-009	김수현	수학	초급	840000	15:00	
21	A-20-010	홍순기	과학	중급	420000	16:00	
22	A-20-011	박정아	국어	고급	840000	17:00	
23							

🔒 유형 2

텍스트 나누기2.xlsx 파일을 열어 작업하시오.

[A3:A13] 영역의 데이터를 텍스트 나누기를 실행하여 나타내시오.

▶ 데이터는 세미콜론(;)로 구분되어 있음

▶ '수량' 열은 제외할 것

🔑 따라하기

① [A3:A13] 영역을 블록으로 지정한 후 [데이터]탭-[데이터 도구]영역의 [텍스트 나누기]를 클릭합니다.

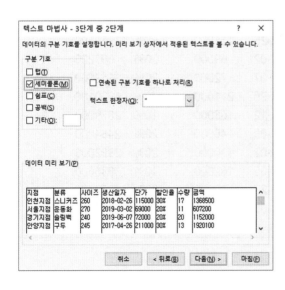

② [텍스트 마법사 – 3단계 중 1단계]에서 '구분 기호로 분리됨'을 선택하고, [다음] 버튼을 클릭합니다.

③ [텍스트 마법사 – 3단계 중 2단계]에서 '세미 콜론'을 선택하고 [다음] 버튼을 클릭합니다.

④ [텍스트 마법사 – 3단계 중 3단계]에서 '수량'을 선택하고 '열 가져오지 않음'을 선택한 후 [마침] 버튼을 클릭합니다.

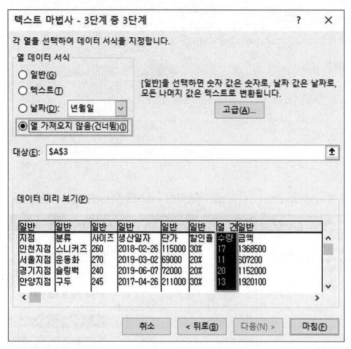

따라하기 결과

	A	B	C	D	E	F	G	H
1	지점별 판매현황							
2								
3	지점	분류	사이즈	생산일자	단가	할인율	금액	
4	인천지점	스니커즈	260	2018-02-26	115000	30%	1368500	
5	서울지점	운동화	270	2019-03-02	69000	20%	607200	
6	경기지점	슬링백	240	2019-06-07	72000	20%	1152000	
7	안양지점	구두	245	2017-04-26	211000	30%	1920100	
8	인천지점	부츠	250	2019-08-12	165000	10%	2079000	
9	안산지점	스니커즈	280	2018-01-03	140000	20%	2464000	
10	광주지점	슬링백	260	2018-10-02	130000	20%	2392000	
11	광명지점	부츠	225	2019-03-05	162000	10%	3936600	
12	부산지점	운동화	270	2018-07-23	79000	20%	1074400	
13	광주지점	부츠	245	2019-03-05	152000	10%	1915200	
14								

SECTION
06

조건부 서식

⊙ 사용자가 지정한 조건이나 셀 값을 기준으로 셀에 서식을 지정하는 기능이며 셀에 입력된 값을 기준으로 조건을 검사하거나 수식을 이용하여 검사할 수 있으며 데이터를 시각화하여 강조하고 싶은 데이터를 확인 할 수 있도록 설정하는 기능입니다.

🔒 유형 1

조건부서식1.xlsx 파일을 열어 작업하시오.

[F2:F20] 영역에 대해서 총점이 260 초과인 셀에는 '진한 녹색 텍스트가 있는 녹색 채우기'를

[G2:G20] 영역에서 평균 초과인 셀에는 글꼴 색 '표준 색–자주', 채우기 색 '표준 색– 노랑'을 지정하는 조건부 서식을 작성하시오.

▶ 규칙 유형은 '셀 강조 규칙'과 '상위/하위 규칙'을 이용하시오.

🔑 따라하기

① [F2:F20] 영역을 블록으로 지정한 후 [홈]탭–[스타일]영역의 [조건부 서식]–[셀 강조 규칙]–[보다 큼]을 클릭합니다.

계열	학생명	국어	영어	수학	총점	평균
예체능	김선아	70	98	94	262	87
자연	박철수	78	83	74	235	78
예체능	김지온	90	79	85	254	85
자연	유찬우	92	96	100	288	96
인문	최순애	96	95	96	287	96
자연	강철준	84	76	86	246	82
예체능	정임화	73	94	97	264	88
인문	오나영	79	83	83	245	82
자연	함수호	82	89	87	258	86
인문	이재승	59	69	64	192	64
인문	최온빈	69	83	82	234	78
인문	박정아	89	91	79	259	86
자연	김설영	67	74	77	218	73
예체능	강광현	85	82	85	252	84
자연	이온경	94	96	88	278	93
인문	김단아	96	91	68	255	85
자연	이찬영	91	89	77	257	86
예체능	류희정	69	82	85	236	79
예체능	오상민	54	79	90	223	74

서식을 적용할 범위 지정

② 다음과 같이 지정하고 [확인] 버튼을 클릭합니다.

③ [G2:G20] 영역을 블록으로 지정한 후 [홈]탭-[스타일]영역의 [조건부 서식]-[상위/하위 규칙]-[평균 초과]를 클릭합니다.

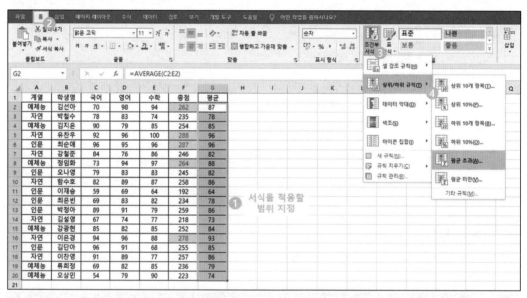

④ [글꼴] 탭에서 '표준색-자주', [채우기] 탭에서 '표준색-노랑' 선택한 후 [확인] 버튼을 클릭합니다.

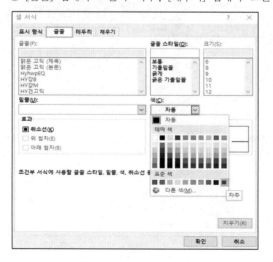

⑤ [평균 초과]에서 [확인] 버튼을 클릭합니다.

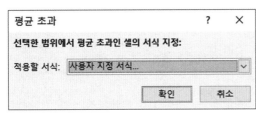

평균 초과   ?   ×

선택한 범위에서 평균 초과인 셀의 서식 지정:

적용할 서식: 사용자 지정 서식...   ∨

               확인   취소

따라하기 결과

	A	B	C	D	E	F	G	H
1	계열	학생명	국어	영어	수학	총점	평균	
2	예체능	김선아	70	98	94	262	87	
3	자연	박철수	78	83	74	235	78	
4	예체능	김지은	90	79	85	254	85	
5	자연	유찬우	92	96	100	288	96	
6	인문	최순애	96	95	96	287	96	
7	자연	강철준	84	76	86	246	82	
8	예체능	정임화	73	94	97	264	88	
9	인문	오나영	79	83	83	245	82	
10	자연	함수호	82	89	87	258	86	
11	인문	이재승	59	69	64	192	64	
12	인문	최은빈	69	83	82	234	78	
13	인문	박정아	89	91	79	259	86	
14	자연	김설영	67	74	77	218	73	
15	예체능	강광현	85	82	85	252	84	
16	자연	이은경	94	96	88	278	93	
17	인문	김단아	96	91	68	255	85	
18	자연	이찬영	91	89	77	257	86	
19	예체능	류희정	69	82	85	236	79	
20	예체능	오상민	54	79	90	223	74	
21								

🔒 유형 2

조건부서식2.xlsx 파일을 열어 작업하시오.

▶ [A4:F14]영역에 대해서 접수번호가 '2077'로 시작하는 행 전체에 대하여 글꼴 스타일 '굵게', 채우기 색 '표준색−주황'으로 적용하시오.

▶ 단, 규칙 유형은 '수식을 사용하여 서식을 지정할 셀 결정'을 이용하고 한 개의 규칙으로만 작성하시오.
(LEFT 함수 사용)

🔑 따라하기

① [A4:F14] 영역을 블록으로 지정한 후 [홈]탭−[스타일]영역의 [조건부 서식]−[새규칙]을 클릭합니다.

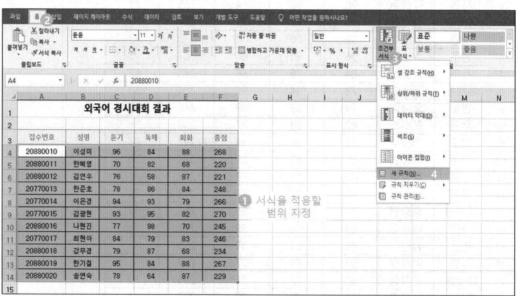

② [새 서식 규칙]에서 '규칙 유형 선택'에서 '▶수식을 사용하여 서식을 지정할 셀 결정'을 선택하고,
'다음 수식이 참인 값의 서식 지정(O) :'에 =LEFT($A4,4)="2077"을 입력한 후 [서식] 버튼을 클릭합니다.

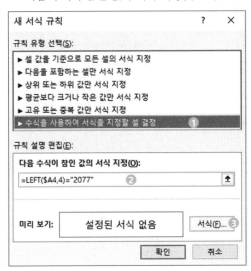

③ [글꼴] 탭에서 글꼴 스타일 '굵게', 채우기 색 '표준색-주황' 선택한 후 [확인] 버튼을 클릭합니다.

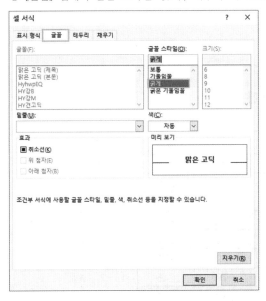
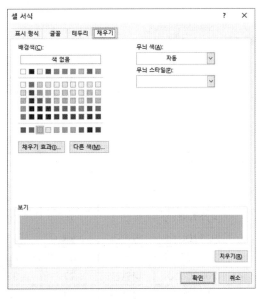

④ [새 서식 규칙]에서 [확인] 버튼을 클릭합니다.

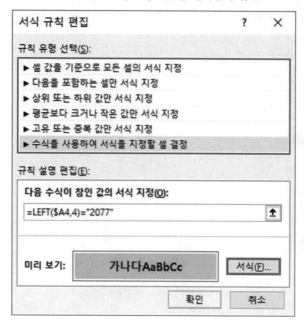

	A	B	C	D	E	F	G
1			외국어 경시대회 결과				
2							
3	접수번호	성명	듣기	독해	회화	총점	
4	20880010	이성미	96	84	88	268	
5	20880011	한혜영	70	82	68	220	
6	20880012	김연우	76	58	87	221	
7	20770013	한준호	78	86	84	248	
8	20770014	이은경	94	93	79	266	
9	20770015	김광현	93	95	82	270	
10	20880016	나현진	77	98	70	245	
11	20770017	최현아	84	79	83	246	
12	20880018	강무경	79	87	68	234	
13	20880019	한기철	95	84	88	267	
14	20880020	송연숙	78	64	87	229	
15							

🔒 유형 3

조건부서식3.xlsx 파일을 열어 작업하시오.

[F4:F18] 영역에 대해서 조건부 서식을 적용하시오.

▶ 규칙 유형은 '셀 값을 기준으로 모든 셀의 서식 지정'을 선택하고, 서식 스타일은 '데이터 막대', 최소값은 백분율 70, 최대값은 백분율 90으로 설정하시오.

▶ 막대 모양은 채우기를 '칠', 색은 '표준색–노랑'으로 설정하시오.

🔑 따라하기

① [F4:F18] 영역을 블록으로 지정한 후 [홈]탭–[스타일]영역의 [조건부 서식]–[새규칙]을 클릭합니다.

② [새 서식 규칙]에서 그림과 같이 지정하고, [확인] 버튼을 클릭합니다.

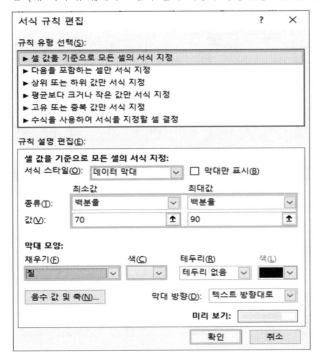

	계열	학생명	필기	실기	총점
		계열별 학생 총점 결과표			
예체능	김건영	80	88	168
자연	최옥희	84	82	166
예체능	송현정	96	76	172
자연	진우림	92	92	184
인문	손범영	96	94	190
자연	차석현	84	74	158
예체능	김학영	76	94	170
인문	명현국	79	83	162
자연	이숙희	82	74	156
인문	민나영	72	69	141
인문	김상국	92	82	174
인문	황유진	88	92	180
자연	배동길	68	76	144
예체능	이창호	85	88	173
자연	박미진	92	90	182

▶ 조건부 서식 지우는 방법 1 (여러개의 조건 한번에 지우기)

• 조건부 서식이 적용된 범위를 지정한 후 [홈]-[스타일]-[조건부서식]-[규칙지우기]-[선택한 셀의 규칙 지우기] 메뉴를 클릭합니다.

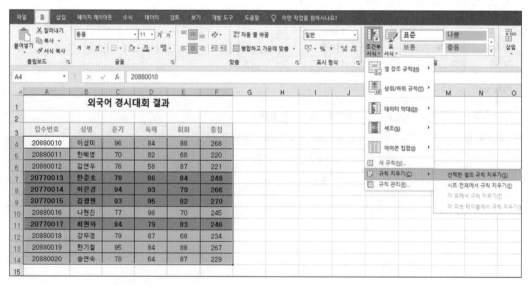

▶ **조건부 서식 지우는 방법 2 (한개씩 조건 지우기)**

• 조건부 서식이 적용된 범위를 지정한 후 [홈]−[스타일]−[조건부서식]−[규칙관리] 메뉴를 클릭하고,
삭제할 서식을 선택한 후 [규칙 삭제]를 클릭합니다.

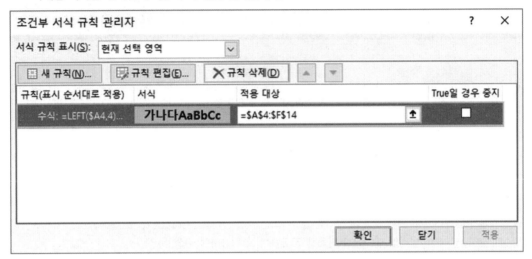

SECTION
07 자동필터

⊙ 사용자가 지정한 조건을 만족하는 데이터를 추출하고자 할 때 사용하는 기능으로 필터 기준에 해당하는 행만 보여지고, 나머지 행은
  숨겨지며 필터가 적용된 상태에서 다른 조건을 중첩하여 사용 할 수 있고 필터를 제거하면 원래의 데이터가 모두 나타납니다.

🔒 **유형 1**

자동필터1.xlsx 파일을 열어 작업하시오.

'거래처별 거래현황' 표에서 거래년도가 '2013' 또는 '2015' 이고, 거래일자가 '2019-09-20' 이후부
터 '2019-11-01' 이전인 데이터를 사용자 지정 필터를 사용하여 검색하시오.

▶ 사용자 지정 필터의 결과는 [A3:E21] 영역의 데이터를 이용하여 추출하시오.

🔑 **따라하기**

① [A3]셀을 클릭하고 [데이터]탭-[정렬 및 필터]영역에서 [필터]를 클릭합니다.

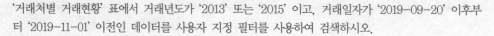

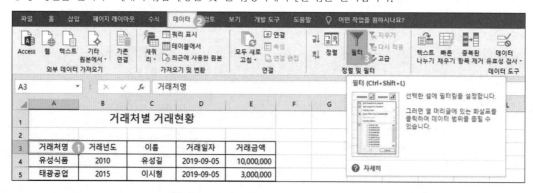

② '거래년도'의 목록 단추를 클릭하여 [숫자 필터]에서 [사용자 지정 필터]를 클릭합니다.

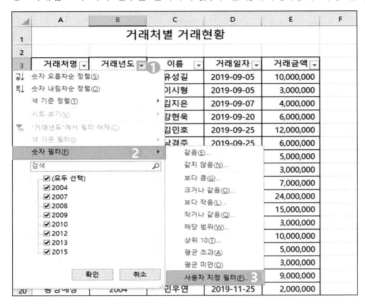

③ [사용자 지정 자동 필터]에서 다음과 같이 지정하고 [확인] 버튼을 클릭합니다.

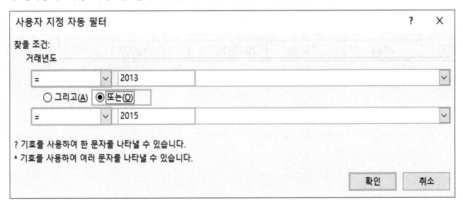

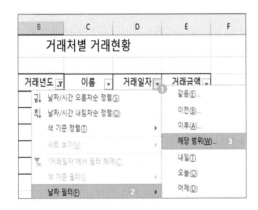

④ '거래일자'의 목록 단추를 클릭하여 [날짜 필터]에서 [해당 범위]를 클릭하거나 [사용자 지정 필터]를 클릭합니다.

⑤ [사용자 지정 자동 필터]에서 다음과 같이 지정하고 [확인] 버튼을 클릭합니다.

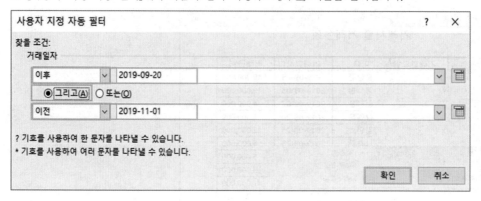

따라하기 결과

	거래처명	거래년도	이름	거래일자	거래금액	F
1	거래처별 거래현황					
2						
3	거래처명 ▼	거래년도 ▼	이름 ▼	거래일자 ▼	거래금액 ▼	
9	한경테크	2015	남경주	2019-09-25	6,000,000	
12	남영전기	2013	강희영	2019-10-12	7,000,000	
22						

🔒 유형 2

자동필터2.xlsx 파일을 열어 작업하시오.

'상품 재고 관리'표에서 지점이 '경기'로 시작하면서 금액이 700,000이상에서 1,200,000원 미만인 데이터를 사용자 지정 필터를 사용하여 검색하시오.

▶ 사용자 지정 필터의 결과는 [A3:H47] 영역의 데이터를 이용하여 추출하시오.

🔑 따라하기

① [A3]셀을 클릭하고 [데이터]탭-[정렬 및 필터]영역에서 [필터]를 클릭합니다.

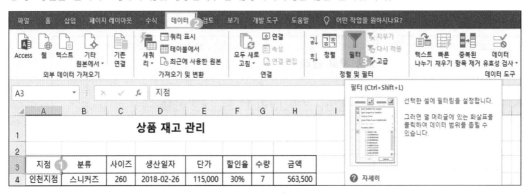

② '지점'의 목록 단추를 클릭하여 [텍스트 필터]에서 [시작 문자]를 클릭합니다.

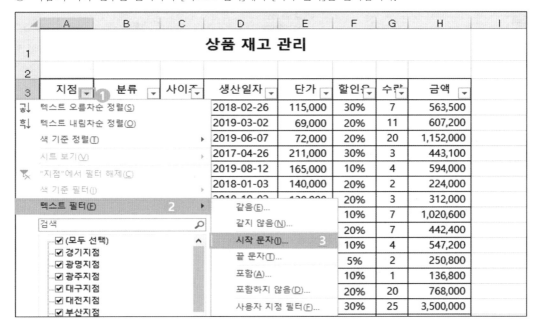

③ [사용자 지정 자동 필터]에서 [시작 문자]에서 '경기'를 입력하고 [확인] 버튼을 클릭합니다.

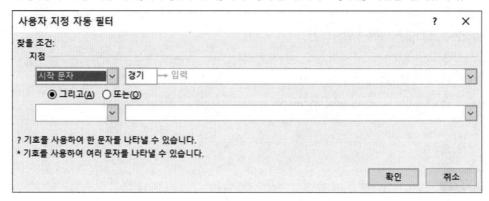

④ '금액'의 목록 단추를 클릭하여 [숫자 필터]에서 [해당 범위]를 클릭합니다.

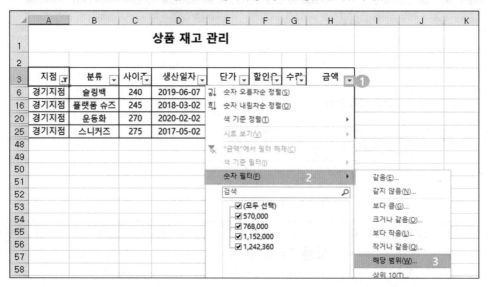

⑤ [사용자 지정 자동 필터]에서 다음과 같이 지정하고 [확인] 버튼을 클릭합니다.

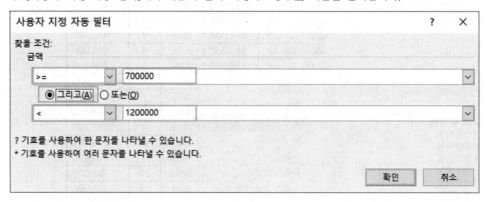

따라하기 결과

지점	분류	사이즈	생산일자	단가	할인율	수량	금액
경기지점	슬링백	240	2019-06-07	72,000	20%	20	1,152,000
경기지점	플랫폼 슈즈	245	2018-03-02	48,000	20%	20	768,000

유형 3

자동필터3.xlsx 파일을 열어 작업하시오.

사용자 지정 필터 기능을 사용하여 '가입금액' 필드 중 상위 5위까지 데이터만 필터링한 후 '가입금액' 필드를 기준으로 내림차순 정렬하시오.

▶ 사용자 지정 필터의 결과는 [B2:D17] 영역의 데이터를 이용하여 추출하시오.

따라하기

① [B2]셀을 클릭하고 [데이터]탭-[정렬 및 필터]영역에서 [필터]를 클릭합니다.

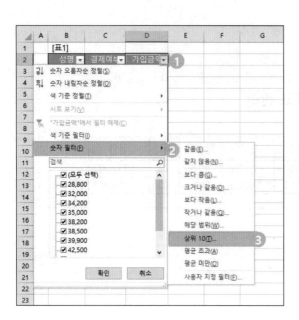

② '가입금액'의 목록 단추를 클릭하여 [숫자 필터]에서 [상위 10]을 클릭합니다.

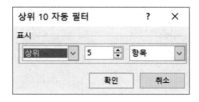

③ [상위 10 자동 필터]에서 다음과 같이 지정하고 [확인] 버튼을 클릭합니다.

④ '가입금액'의 목록 단추를 클릭하여 [숫자 내림차순 정렬]을 선택합니다.

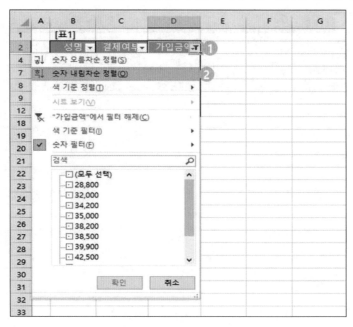

🔓 따라하기 결과

	A	B	C	D	E
1		[표1]			
2		성명 ▼	결제여부 ▼	가입금액 ▼	
4		김윤주	완료	49,500	
7		강민희	예정	43,500	
8		박소현	완료	42,700	
9		유민주	완료	42,500	
12		신애정	완료	42,500	
18					

▶ 적용된 필터 하나씩 취소하기

필터를 적용했던 목록단추를 각각 클릭하여 필터 해제 메뉴를 선택합니다.

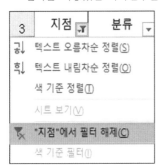
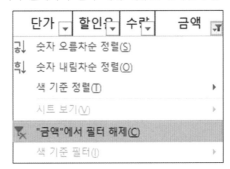

▶ 적용된 여러개의 필터 한번에 취소하기

[데이터]탭–[정렬 및 필터]영역의 [지우기]를 클릭합니다.

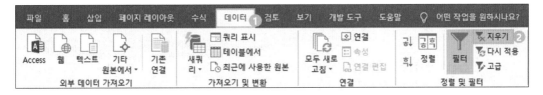

고급필터

⊙ 사용자가 조건에 맞는 데이터를 화면에 추출하고자 할 때 사용하는 기능으로 원래의 데이터 위치에만 데이터를 추출하는 자동 필터와 원본 데이터는 그대로 둔 채 필터링 된 데이터만 다른 위치에 표시되도록 설정할 수 있는 고급 필터가 있습니다.

※ 조건 지정 방법

조건을 정확하게 지정해야 하며 조건에는 AND조건과 OR조건이 있습니다.
AND조건과 OR조건의 구분은 조건이 입력된 행의 위치에 따라 구분됩니다.

• AND조건 : 조건을 같은 행에 입력합니다.

유형 ①	소속지점이 남부이고, 판매량이 30 이상인 조건	소속지점	판매량	
		남부	>=30	

유형 ②	소속지점이 남부이고, 판매량이 30 이상이고, 판매금액이 2000000 초과인 조건	소속지점	판매량	판매금액
		남부	>=30	>2000000

• OR조건 : 조건을 다른 행에 입력합니다.

유형 ①	소속지점이 남부이거나, 소속지점이 북부인 조건	소속지점	
		남부	
		북부	

유형 ②	소속지점이 남부이거나, 판매량이 30 이상인 조건	소속지점	판매량
		남부	
			>=30

유형 ③	소속지점이 남부이거나, 판매량이 30 이상이거나, 판매금액이 2000000 초과인 조건	소속지점	판매량	판매금액
		남부		
			>=30	
				>2000000

• AND조건과 OR조건의 결합 조건 : 하나의 필드에 여러 조건을 지정합니다.

유형 ①	소속지점이 남부이고 판매량이 30 이상이거나, 소속지점이 북부이고 판매량이 30 이상인 조건	소속지점	판매량
		남부	>=30
		북부	>=30

🔒 유형 1

고급필터1.xlsx 파일을 열어 작업하시오.

▶ [A3:G20] 영역에서 지점명이 인천이고, 대출금이 15,000,000이하인 데이터를 고급필터를 사용 하여 추출하시오.

▶ 조건은 [A23:C25] 영역 내에 알맞게 입력하시오.

▶ 결과의 복사 위치는 동일 시트의 [A27] 셀부터 표시하시오.

🔑 따라하기

① 다음과 같이 [A23:B24] 영역에 조건을 입력합니다.

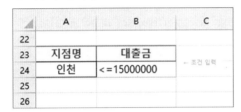

	A	B	C
22			
23	**지점명**	**대출금**	← 조건 입력
24	인천	<=15000000	
25			
26			

② [데이터]탭-[정렬 및 필터]영역의 [고급]을 클릭합니다.

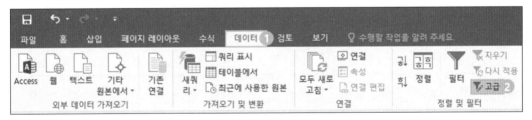

③ [고급필터]에서 다음과 같이 지정하고 [확인] 버튼을 클릭합니다.

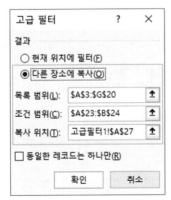

고급 필터   ?   ×

결과

○ 현재 위치에 필터(F)

◉ 다른 장소에 복사(O)

목록 범위(L): $A$3:$G$20

조건 범위(C): $A$23:$B$24

복사 위치(T): 고급필터1!$A$27

☐ 동일한 레코드는 하나만(R)

확인   취소

⧄	A	B	C	D	E	F	G	H
26								
27	고객명	대출일자	지점명	대출기간(월)	대출금	수수료율	수수료	
28	김성준	09월 02일	인천	3	7,500,000	3.0%	225,000	
29	황진욱	09월 09일	인천	12	15,000,000	6.5%	975,000	
30	손정현	09월 17일	인천	10	13,000,000	4.0%	520,000	
31								
32								

🔒 유형 2

고급필터2.xlsx 파일을 열어 작업하시오.

▶ [A3:G32] 영역에서 부서가 '정보'로 시작하거나, 부양가족 5 이상인 데이터에 대하여 고급필터
를 사용하여 '성명','부서','직급','부양가족','직급수당' 열을 순서대로 표시하시오.

▶ 조건은 [I3:K5] 영역 내에 알맞게 입력하시오.

▶ 결과는 [I7] 셀부터 표시하시오.

🔑 따라하기

① 다음과 같이 [I3:J5] 영역에 조건을 입력합니다.
추출할 필드명을 [I7:M7] 영역에 복사하여 붙여넣기 합니다.

⧄	H	I	J	K	L	M	N
1							
2							
3		부서	부양가족				
4		정보*		❶ 조건 입력			
5			>=5				
6							
7		성명	부서	직급	부양가족	직급수당	
8		❷ 추출할 필드명 복사 → 붙여넣기					
9							
10							

② [데이터]탭-[정렬 및 필터]영역의 [고급]을 클릭합니다.

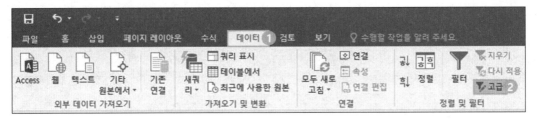

③ [고급필터]에서 다음과 같이 지정하고 [확인] 버튼을 클릭합니다.

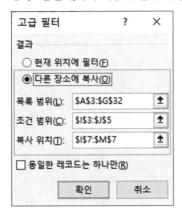

🔓 **따라하기 결과**

H	성명	부서	직급	부양가족	직급수당	N
	성명	부서	직급	부양가족	직급수당	
	심원철	정보통계팀	사원	1		
	이사랑	정보통계팀	과장	4	200,000	
	강진원	정보통계팀	과장	4	200,000	
	김하늘	정보통계팀	사원	1		
	장희영	총무부	부장	5	300,000	
	전수진	영업부	과장	5	200,000	

컴퓨터
활용능력
2급 실기

02

계산작업

⊕ 산술 연산자 : 사칙 연산을 수행함

연산자	기능	연산자	기능	연산자	기능
+	더하기	–	빼기	^	거듭제곱
*	곱하기	/	나누기	%	백분율

⊕ 비교 연산자 : 데이터를 비교하여 식이 맞으면 TRUE(참), 그렇지 않으면 FALSE(거짓)로 결과 표시

연산자	기능	연산자	기능	연산자	기능
>=	크거나 같다(이상)	>	크다(초과)	=	같다
<=	작거나 같다(이하)	<	작다(미만)	<>	같지 않다

⊕ 데이터 연결 (&) 연산자 : 각 각의 데이터를 하나로 연결하여 표시

연산자	수식	결과	수식	결과
&	="컴퓨터"&"활용"	컴퓨터활용	=100&"명"	100명

⊕ 상대참조/절대참조/혼합참조

종류	셀(예)	설명
상대참조	B3	수식이 복사되는 위치에 따라 참조범위가 상대적으로 변경되는 방식
절대참조	$B$3	특정 셀을 고정하여, 수식을 복사하여도 참조범위가 변하지 않도록 F4를 사용하여 $ 기호를 붙여주는 방식
혼합참조	B$3, $B3	셀 주소의 행 혹은 열 한쪽에만 $ 기호를 붙여 참조하는 것으로 $기호가 있는 부분은 변하지 않도록 하는 방식

▶ 셀 참조 변경하기

수식 입력 시 참조범위를 선택하고 F4를 누를 때마다 셀 주소의 참조 형태가 변경됨

※ 셀이 활성화(편집상태) 되어 있어야 참조 변경이 가능합니다.

B3 ➡ F4 ➡ $B$3 ➡ F4 ➡ B$3 ➡ F4 ➡ $B3 ➡ F4 ➡ B3

상대참조   절대참조   행고정 혼합참조   열고정 혼합참조   상대참조

날짜와 시간 함수

⊙ 날짜에서 연도, 월, 일을 추출하거나, 두 날짜 사이의 경과한 날짜수, 특정 시간을 구하고자 할 때 사용합니다.

☑ 날짜와 시간함수.xlsx 파일을 이용하여 계산하시오.

① YEAR : 날짜에서 연도만 구함

형식	사용 예	결과
=YEAR(날짜)	=YEAR("2019-11-10")	2019

문제 >> 입사날짜 [B3:B7]을 이용하여 근무년도를 [C3:C7] 영역에 구하시오.

▶ 근무년도 = 2021 – 입사날짜의 년도

C3	▼ :	× ✓ fx	=2021-YEAR(B3)	
◢	A	B	C	D	E
1					
2	사원명	입사날짜	근무년도		
3	김티나	2019-02-20	2		
4	이수해	2019-01-01	2		
5	이연기	2019-07-25	2		
6	길앤디	2020-08-23	1		
7	최민호	2020-06-21	1		
8					

정답 >> [C3] 셀에 『=2021-YEAR(B3)』을 입력하고 [C7] 셀까지 수식 복사합니다.

② MONTH : 날짜에서 월(月)만 구함

형식	사용 예	결과
=MONTH(날짜)	=MONTH("2019-11-10")	11

문제 >> 생년월일 [B3:B6]을 이용하여 생일(월) [C3:C6] 영역에 구하시오.

C3	▼ :	× ✓ fx	=MONTH(B3)	
◢	A	B	C	D	E
1					
2	성명	생년월일	생일(월)		
3	김진이	1980-12-30	12		
4	이용우	1979-05-03	5		
5	최유정	1984-04-23	4		
6	김은비	1995-10-12	10		
7					

정답 >> [C3] 셀에 『=MONTH(B3)』을 입력하고 [C6] 셀까지 수식 복사합니다.

③ DAY : 날짜에서 일(日)만 구함

형식	사용 예	결과
=DAY(날짜)	=DAY("2019-11-10")	10

문제 >> 조사일 [C1]을 이용하여 기한(일수) [C4:C6] 영역에 구하시오.
▶ 기한(일수) = 유통기한(일) − 조사날짜(일)

C4	▼	:	× ✓ fx	=DAY(B4)-DAY($C$1)

▲	A	B	C	D	E
1		조사날짜 :	2021-07-03		
2					
3	재료	유통기한	기한(일수)		
4	우유	2021-07-05	2		
5	두부	2021-07-08	5		
6	콩나물	2021-07-06	3		
7					

정답 >> [C4] 셀에 『=DAY(B4)−DAY($C$1)』을 입력하고 [C6] 셀까지 수식 복사합니다.

④ DAYS : 두 날짜 사이의 경과 일수를 구함

형식	사용 예	결과
=DAYS(종료날짜,시작날짜)	=DAYS("2020-11-20","2020-10-10")	41

문제 >> 대출일, 반납일, 대여료를 이용하여 총대여료 [E3:E5] 영역에 구하시오.
▶ 총대여료 = (반납일−대출일)*대여료

E3	▼	:	× ✓ fx	=DAYS(C3,B3)*D3

▲	A	B	C	D	E	F
1						
2	도서코드	대출일	반납일	대여료	총대여료	
3	A011	2021-02-20	2021-02-25	1,000	5,000	
4	A022	2021-03-12	2021-03-15	1,200	3,600	
5	A033	2021-03-23	2021-03-26	1,500	4,500	
6						

정답 >> [E3] 셀에 『=DAYS(C3,B3)*D3』을 입력하고 [E5] 셀까지 수식 복사합니다.

⑤ HOUR : 시간에서 시만 구함

형식	사용 예	결과
=HOUR(시간)	=HOUR("10:15")	10

문제 >> 퇴근시간에서 출근시간의 차이를 구하여 근무시간 [D3:D5] 영역에 구하시오.

▶ 근무시간 = 퇴근시간 − 출근시간

▶ 단, 분 단위는 제외됨

D3	▼ :	× ✓ fx	=HOUR(C3)-HOUR(B3)	
◢	A	B	C	D	E
1					
2	성명	출근시간	퇴근시간	근무시간	
3	홍다온	8:30	15:30	7	
4	한송이	9:15	18:30	9	
5	임진수	10:15	20:30	10	
6					

정답 >> [D3] 셀에 『=HOUR(C3)−HOUR(B3)』을 입력하고 [D5] 셀까지 수식 복사합니다.

⑥ MINUTE : 시간에서 분만 구함

형식	사용 예	결과
=MINUTE(시간)	=MINUTE("10:15")	15

문제 >> 시험일시를 이용하여 시험시간을 [C3:C5] 영역에 구하시오.

▶ 표시 예 : 9시 30분

▶ HOUR, MINUTE 함수와 연산자 & 사용

C3	▼ :	× ✓ fx	=HOUR(B3)&"시 "&MINUTE(B3)&"분"		
◢	A	B	C	D	E
1					
2	학생명	시험일시	시험시간		
3	이은정	2021-8-8 09:30	9시 30분		
4	김광현	2021-8-8 10:20	10시 20분		
5	황미선	2021-8-8 11:20	11시 20분		
6					

정답 >> [C3] 셀에 『=HOUR(B3)&"시"&MINUTE(B3)&"분"』을 입력하고 [C5] 셀까지 수식 복사합니다.

⑦ SECOND: 시간에서 초만 구함

형식	사용 예	결과
=SECOND(시간)	=SECOND("10:15:20")	20

문제 >> 시간에서 초를 [B3:B5] 영역에 구하시오.

B3		▼	:	×	✓	fx	=SECOND(A3)

◢	A	B	C	D
1				
2	시간	초		
3	9:30:45	45		
4	11:50:15	15		
5	12:20:04	4		
6				

정답 >> [B3] 셀에 『=SECOND(A3)』을 입력하고 [B5] 셀까지 수식 복사합니다.

⑧ TODAY : 컴퓨터 시스템의 현재 날짜를 표시

형식	사용 예	결과
=TODAY()	=TODAY()	2020-10-13

문제 >> 현재년도를 [B2] 셀에 구하시오.

▶ YEAR, TODAY 함수 사용

B2		▼	:	×	✓	fx	=YEAR(TODAY())

◢	A	B	C
1			
2	현재년도	2021	

정답 >> [B2] 셀에 『=YEAR(TODAY())』을 입력합니다.

문제 >> 현재날짜를 [B3] 셀에 구하시오.

B3		▼	:	×	✓	fx	=TODAY()

◢	A	B	C
1			
2	현재년도	2021	
3	현재날짜	2021-02-26	
4			

정답 >> [B3] 셀에 『=TODAY()』를 입력합니다.

※ TODAY는 현재 날짜를 표시하므로 실습하는 날짜에 따라서 결과가 다르게 표시됩니다.

⑨ NOW : 컴퓨터 시스템의 현재 날짜와 시간을 표시

형식	사용 예	결과
=NOW()	=NOW()	2021-02-26 21:40

문제 >> 등록일시를 [B2] 셀에 구하시오.

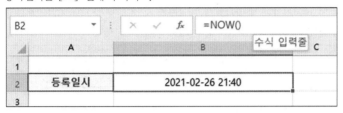

정답 >> [B2] 셀에 『=NOW()』를 입력합니다.

※ NOW는 실습하는 날짜와 시간에 따라서 결과가 다르게 표시됩니다.

⑩ DATE : 지정한 년, 월, 일에 해당하는 날짜를 표시

형식	사용 예	결과
=DATE(년,월,일)	=DATE(2020,08,04)	2020-08-04

문제 >> 주민등록번호를 이용하여 생년월일 [C3:C5] 영역에 구하시오.

▶ DATE, MID 함수 사용

| C3 | fx | =DATE(MID(B3,1,2),MID(B3,3,2),MID(B3,5,2)) |

	A	B	C	D	E
1					
2	성명	주민등록번호	생년월일		
3	좌온빈	800127-1324574	1980-01-27		
4	이현정	701230-1663227	1970-12-30		
5	양영광	700608-2012341	1970-06-08		
6					

정답 >> [C3] 셀에 『=DATE(MID(B3,1,2),MID(B3,3,2),MID(B3,5,2))』을 입력하고
[C5] 셀까지 수식 복사합니다.

(11) TIME : 지정한 시, 분, 초에 해당하는 시간을 표시

형식	사용 예	결과
=TIME(시,분,초)	=TIME(9,30,0)	9:30 AM

문제 ≫ 출발시간을 이용하여 도착 예정시간 [D3:D5] 영역에 구하시오.
  ▶ 도착 예정시간 = 출발시간 + 정류장수 × 정류장 당 소요시간 3분씩 걸림
  ▶ TIME, HOUR, MINUTE 함수 사용

D3	▼	:	×	✓	fx	=TIME(HOUR(B3),MINUTE(B3)+C3*3,0)

	A	B	C	D	E
1					
2	도착지	출발시간	정류장	도착예정시간	
3	부평	10:15	3	10:24	
4	소사	10:30	7	10:51	
5	구로	10:50	12	11:26	
6					

정답 ≫ [D3] 셀에 『=TIME(HOUR(B3),MINUTE(B3)+C3*3,0)』을 입력하고
  [D5] 셀까지 수식 복사합니다.
  ※ 초(SECOND)는 함수 사용에 제시 되지 않았으므로 0을 입력합니다.

(12) WEEKDAY : 요일의 일련번호를 구함. 요일을 숫자 1~7로 나타낸다.

형식	사용 예	결과
=WEEKDAY(날짜,옵션) → 옵션 1 : 일요일을 1로 시작 2 : 월요일을 1로 시작 3 : 월요일을 0로 시작	=WEEKDAY("2020-08-08",1) =WEEKDAY("2020-08-08",2) =WEEKDAY("2020-08-08",3)	7(토요일을 뜻함) 6(토요일을 뜻함) 5(토요일을 뜻함)

문제 ≫ 생년월일을 이용하여 해당되는 요일 [C3:C6] 영역에 구하시오.
  ▶ 요일의 계산방식은 월요일부터 시작하는 2번 옵션을 지정 (표시 예 : 금요일)
  ▶ CHOOSE, WEEKDAY 함수 사용

C3	▼	:	×	✓	fx	=CHOOSE(WEEKDAY(B3,2),"월요일","화요일","수요일","목요일","금요일","토요일","일요일")

	A	B	C	D	E	F	G	H	I	J	K	L
1												
2	회원명	생년월일	요일									
3	김병선	1994-07-08	금요일									
4	신은경	1998-09-04	금요일									
5	강남영	1990-10-24	수요일									
6	이호진	1999-03-05	금요일									
7												

정답 ≫ [C3] 셀에
『=CHOOSE(WEEKDAY(B3,2),"월요일","화요일","수요일","목요일","금요일","토요일","일요일")』
을 입력하고 [C6] 셀까지 수식 복사합니다.

⑬ EDATE : 개월 수를 더한 일련번호를 구함

형식	사용 예	결과
=EDATE(날짜,개월수)	=EDATE("2021-08-04",-1)	정답) 44381 ※) 셀서식 → 간단한 날짜인 경우 　　2021-07-04 됨 (한달전 날짜)

문제 >> 적금일에서 개월 수가 경과한 날을 [C3:C5] 영역에 구하시오.

C3	▼	:	✕	✓	*fx*	=EDATE(A3,B3)	

◢	A	B	C	D
1				
2	적금날짜	개월	적금 만기일	
3	2021-01-05	12	2022-01-05	
4	2021-02-05	24	2023-02-05	
5	2021-03-08	36	2024-03-08	
6				

정답 >> [C3] 셀에 『=EDATE(A3,B3)』을 입력하고 [C5] 셀까지 수식 복사합니다.

⑭ EOMONTH : 개월 수를 더한 마지막 날짜의 일련번호를 구함

형식	사용 예	결과
=EOMONTH(날짜,개월수)	=EOMONTH("2021-09-28",2)	정답) 44530 ※) 셀서식 → 간단한 날짜인 경우 　　2021-11-30 됨 (두달후 마지막날짜)

문제 >> 시작 날짜에서 개월 수가 경과한 달의 마지막 날짜 [C3:C6] 영역에 구하시오.

C3	▼	:	✕	✓	*fx*	=EOMONTH(A3,B3)	

◢	A	B	C	D
1				
2	시작날짜	개월	마지막 날짜	
3	2021-05-03	-1	2021-04-30	
4	2021-06-10	1	2021-07-31	
5	2021-07-19	2	2021-09-30	
6	2021-08-24	3	2021-11-30	
7				

정답 >> [C3] 셀에 『=EOMONTH(A3,B3)』을 입력하고 [C6] 셀까지 수식 복사합니다.

⑮ WORKDAY : 시작날짜에 주말(토,일)이나 지정된 휴일날짜가 제외된 평일수를 적용한 날짜의 일련번호를 구함

형식	사용 예	결과
=WORKDAY(날짜,일수,[휴일])	=WORKDAY("2021-07-30",2)	44411

문제 ≫ 주문날짜로부터 배송기간과 공휴일이 경과된 이후의 배송 예정일을 [D3:D5] 영역에 계산하여 표시하시오.

D3	▼	:	× ✓ fx	=WORKDAY(A3,B3,C3)	

◢	A	B	C	D	E
1					
2	주문날짜	배송기간	공휴일	배송 예정일	
3	2021-02-28	2	03/01	2021-03-03	
4	2021-03-29	3	04/01	2021-04-02	
5	2021-04-30	2	05/01	2021-05-04	
6					

정답 ≫ [D3] 셀에 『=WORKDAY(A3,B3,C3)』을 입력하고 [D5] 셀까지 수식 복사합니다.

논리 함수

◉ 조건에 따라 참값 또는 거짓값을 출력하고 그에 맞는 설정 값을 실행할 때 논리 함수를 사용합니다.

☑ 논리 함수.xlsx 파일을 이용하여 계산하시오.

① IF : 조건식이 참이면 값1, 거짓이면 값2 결과값을 반환

형식	사용 예
=IF(조건식, 값1, 값2)	=IF(B3)=70,"합격","불합격")
결과	[B3] 셀의 값이 70점 이상이면 '합격', 그렇지 않으면 '불합격'을 표시함

문제 ▶▶ [표1]에서 점수가 70점 이상이면 '합격'으로 표시하고, 그 이외에는 '불합격'으로 평가 [D3:D7] 영역에 표시하시오.

D3	▼	⋮	✕	✓	fx	=IF(C3>=70," 합격","불합격")

◢	A	B	C	D	E
1	**[표1]**				
2	**수험번호**	**성명**	**점수**	**평가**	
3	12347777	김혜은	95	합격	
4	12347733	신경희	70	합격	
5	12347799	한인애	65	불합격	
6	12347711	나현인	88	합격	
7	12347722	박신현	56	불합격	
8					

정답 ▶▶ [D3] 셀에 『=IF(C3)=70,"합격","불합격")』을 입력하고 [D7] 셀까지 수식 복사합니다.

문제 >> [표2]에서 판매수량이 80개 초과하면 '최우수제품', 판매수량이 50개 초과하면 '우수제품', 나머지는 공백으로 평가 [C12:C15] 영역에 표시하시오.

| C12 | ▼ | : | × | ✓ | *fx* | =IF(B12>80,"최우수제품",IF(B12>50,"우수제품","")) |

▲	A	B	C	D	E	F	G
10	[표2]						
11	제품명	판매수량	평가				
12	냉장고	72	우수제품				
13	에어컨	50					
14	세탁기	87	최우수제품				
15	카메라	8					
16							

정답 >> [C12] 셀에 『=IF(B12>80,"최우수제품",IF(B12>50,"우수제품",""))』을 입력하고
[C15] 셀까지 수식 복사합니다.

② AND : 모든 조건을 만족하면 TRUE, 아니면 FALSE를 표시 (논리곱)을 구함

형식	사용 예	결과
=AND(조건1,조건2,...)	=AND(1<3,5=5)	TRUE

문제 >> 필기가 60점 이상이고 실기가 70점 이상이면 '합격'으로 표시하고, 그 이외에는 '불합격'으로 합격여부 [D3:D7] 영역에 표시하시오.
▶ IF, AND 함수 사용

| D3 | ▼ | : | × | ✓ | *fx* | =IF(AND(B3>=60,C3>=70),"합격","불합격") |

▲	A	B	C	D	E	F	G
1							
2	성명	필기	실기	합격여부			
3	유지성	70	90	합격			
4	이건우	85	60	불합격			
5	한우리	90	65	불합격			
6	김현	84	75	합격			
7	강산이	78	77	합격			
8							

정답 >> [D3] 셀에 『=IF(AND(B3>=60,C3>=70),"합격","불합격")』을 입력하고
[D7] 셀까지 수식 복사합니다.

③ OR : 조건이 하나라도 만족하면 TRUE, 모든 조건이 거짓이면 FALSE를 표시 (논리합)을 구함

형식	사용 예	결과
=OR(조건1,조건2,...)	=OR(2〉3,5=5)	TRUE

문제 ▷ 근무년수가 10년 이상이거나, 판매부수가 80000이상이면 '승진', 그렇지 않으면 공백으로 승진여부 [D3:D7] 영역에 표시하시오.
　　▶ IF, OR 함수 사용

D3	▼	:	×	✓	f_x	=IF(OR(B3>=10,C3>=80000),"승진","")

◢	A	B	C	D	E	F	G
1							
2	성명	근무년수	판매부수	승진여부			
3	최성미	11	78,000	승진			
4	한혜영	13	57,000	승진			
5	김찬우	9	49,000				
6	한준호	7	28,000				
7	이은경	15	94,000	승진			
8							

정답 ▷ [D3] 셀에 『=IF(OR(B3>=10,C3>=80000),"승진","")』을 입력하고 [D7] 셀까지 수식 복사합니다.

④ IFERROR : 수식에서 오류가 발생하면 지정한 값을 반환하고, 그렇지 않으면 수식 결과를 반환함

형식	사용 예	결과
=IFERROR(수식, 오류시 표시할 값)	=IFERROR(10/0,"나누기오류")	나누기오류

문제 ▷ [표1]에서 가족수×200,000으로 가족수당 금액 [D3:D6] 영역에 표시하고, 오류가 있을 경우에는 0으로 표시하시오.

D3	▼	:	×	✓	f_x	=IFERROR(C3*200000,0)

◢	A	B	C	D	E	F
1	[표1]					
2	사원명	기본급	가족수	가족수당 금액		
3	김지우	2,150,000	2	400,000		
4	윤정희	2,200,000	무	0		
5	정임순	2,600,000	2	400,000		
6	김민성	2,700,000	3	600,000		
7						

정답 ▷ [D3] 셀에 『=IFERROR(C3*200000,0)』을 입력하고 [D6] 셀까지 수식 복사합니다.

문제 >> [표2]에서 평가점수가 첫 번째로 높으면 "1위", 두 번째로 높으면 "2위", 그 외에는 공백으로 결과 [C11:C14] 영역에 표시하시오.

▶ IFERROR, CHOOSE, RANK.EQ 함수 사용

C11	▼	:	×	✓	fx	=IFERROR(CHOOSE(RANK.EQ(B11,$B$11:$B$14),"1위","2위"),"")

◢	A	B	C	D	E	F	G	H
9	[표2]							
10	학생명	평가점수	결과					
11	한송이	183	1위					
12	박용우	165						
13	김기두	163						
14	황미선	167	2위					
15								

정답 >> [C11] 셀에 『=IFERROR(CHOOSE(RANK.EQ(B11,$B$11:$B$14),"1위","2위"),"")』을 입력하고 [C14] 셀까지 수식 복사합니다.

SECTION
03

데이터베이스 함수

⊙ 조건을 만족하는 값을 구하며, 데이터베이스함수는 조건이 입력된 셀 주소를 간접적으로 참조합니다.
▷ 데이터베이스 범위 : 표의 머리글(필드명)과 찾을값과 추출할 값을 포함해야 합니다.
▷ 열 번호(필드명) : 데이터베이스 범위의 시작열을 1로 간주하고 추출할 열의 순서를 숫자로 기입합니다.
　추출할 필드명 또는 셀주소로 대체할 수 있습니다.
▷ 조건 범위 : 데이터베이스 범위에서 찾을 필드명과 필드값을 동일하게 입력한 셀 범위입니다.

☑ **데이터베이스 함수.xlsx 파일을 이용하여 계산하시오.**

① DSUM : 조건에 맞는 값의 합계를 구함

형식 ①	=DSUM(데이터베이스 범위, 필드명, 조건 범위)
형식 ②	=DSUM(데이터베이스 범위, 필드 번호, 조건 범위)
사용 예	=DSUM(A2:D6,3,A8:A9)
결과	[A2:D6] 데이터베이스 영역에서 조건(소속지점이 '남부')인 데이터를 찾아서 3번째 열(판매량)의 합계를 구함

문제 ≫ 소속지점이 '남부'인 판매량의 합계를 구하여 [B9] 셀에 표시하시오.

B9			fx	=DSUM(A2:D6,3,A8:A9)		

	A	B	C	D	E	F	G
1							
2	소속지점	사원명	판매량	판매금액			
3	북부	김다은	45	2,925,000			
4	남부	홍길표	40	2,600,000			
5	북부	박지은	25	1,625,000			
6	남부	남성현	36	2,340,000			
7							
8	소속지점	남부 지점 판매량 합계					
9	남부	76					
10							

정답 ≫ [B9] 셀에 『=DSUM(A2:D6,3,A8:A9)』을 입력합니다.
　　또는 『=DSUM(A2:D6,C2,A8:A9)』을 입력합니다.

② DAVERAGE : 조건에 맞는 값의 평균을 구함

형식 ①	=DAVERAGE(데이터베이스 범위, 필드명, 조건 범위)
형식 ②	=DAVERAGE(데이터베이스 범위, 필드 번호, 조건 범위)
사용 예	=DAVERAGE(A2:D6,4,A8:A9)
결과	[A2:D6] 데이터베이스 영역에서 조건(성별이 '남')인 데이터를 찾아서 4번째 열(점수)의 평균을 구함

문제 >> 성별이 '남'인 점수의 평균을 구하여 [B9] 셀에 표시하시오.

▶ DAVERAGE, ROUND 함수 사용

▶ 평균은 소수점 이하 둘째자리에서 반올림하여 첫째자리까지 표시

[표시 예 : 78.775 → 78.8]

B9		:	× ✓ fx	=ROUND(DAVERAGE(A2:D6,4,A8:A9),1)			
◢	A	B	C	D	E	F	G	H
1								
2	수험번호	이름	성별	점수				
3	202101	유혜리	여	81.4				
4	202102	강현구	남	75.7				
5	202103	김수현	여	77.3				
6	202105	박인혁	남	74.8				
7								
8	성별	평균						
9	남	75.3						
10								

정답 >> [B9] 셀에 『=ROUND(DAVERAGE(A2:D6,4,A8:A9),1)』을 입력합니다.
또는 『=ROUND(DAVERAGE(A2:D6,D2,A8:A9),1)』을 입력합니다.

③ DCOUNT : 조건에 맞는 개수를 구함

형식 ①	=DCOUNT(데이터베이스 범위, 필드명, 조건 범위)
형식 ②	=DCOUNT(데이터베이스 범위, 필드 번호, 조건 범위)
사용 예	=DCOUNT(A2:D6,4,A8:B9)
결과	[A2:D6] 데이터베이스 영역에서 조건(점수가 80점 이상에서 90점 미만)인 데이터를 찾아서 4번째 열(점수)의 개수를 구함

문제 >> 점수가 80점 이상에서 90점 미만인 인원수를 구하여 [C9] 셀에 표시하시오.

▶ DCOUNT 함수와 & 연산자 사용

▶ 인원수 뒤에 "명"을 표시 [표시 예 : 3 → 3명]

C9	▼	:	×	✓	fx	=DCOUNT(A2:D6,4,A8:B9)&"명"

▲	A	B	C	D	E	F	G
1							
2	수험번호	이름	성별	점수			
3	202101	박선영	여	81			
4	202102	강지석	남	75			
5	202103	최진수	남	89			
6	202104	서영희	여	91			
7							
8	점수	점수	인원수				
9	>=80	<90	2명				
10							

정답 ▶▶ [C9] 셀에 『=DCOUNT(A2:D6,4,A8:B9)&"명"』을 입력합니다.

④ DCOUNTA : 조건에 맞는 공백이 아닌 숫자, 문자 개수를 구함

형식 ①	=DCOUNTA(데이터베이스 범위, 필드명, 조건 범위)
형식 ②	=DCOUNTA(데이터베이스 범위, 필드 번호, 조건 범위)
사용 예	=DCOUNTA(A2:D7,1,A9:B10)
결과	데이터베이스 영역에서 조건에 맞는 데이터를 찾아서 개수를 구함

문제 ▶▶ 성별이 '여'이면서 판매량이 30 이상인 인원수를 구하여 [C10] 셀에 표시하시오.
　　　▶ DCOUNTA 함수 사용

C10	▼	:	×	✓	fx	=DCOUNTA(A2:D7,1,A9:B10)

▲	A	B	C	D	E	F
1						
2	사원명	성별	판매량	판매금액		
3	박준모	남	45	2,925,000		
4	김유나	여	33	2,145,000		
5	송유민	남	25	1,625,000		
6	박은지	여	36	2,340,000		
7	송단아	여	27	1,755,000		
8						
9	성별	판매량	인원수			
10	여	>=30	2			
11						

정답 ▶▶ [C10] 셀에 『=DCOUNTA(A2:D7,1,A9:B10)』을 입력합니다.
　　　※ 필드 번호 1 대신에 2 또는 3 또는 4를 입력해도 됩니다.

⑤ DMAX : 조건에 맞는 값의 최대값을 구함

형식 ①	=DMAX(데이터베이스 범위, 필드명, 조건 범위)
형식 ②	=DMAX(데이터베이스 범위, 필드 번호, 조건 범위)
사용 예	=DMAX(A2:D8,4,A10:A11)
결과	데이터베이스 영역에서 조건에 맞는 데이터 중 최대값을 구함

문제 >> 수험번호가 'B' 로 시작하는 점수의 최대값을 구하여 [B11] 셀에 표시하시오.

B11	▼ : × ✓ fx	=DMAX(A2:D8,4,A10:A11)					
◢	A	B	C	D	E	F	G
1							
2	수험번호	이름	성별	점수			
3	A202001	장신희	여	81			
4	A202002	김호진	남	75			
5	A202003	박영국	남	77			
6	B202104	채송희	여	91			
7	B202105	정지석	남	74			
8	B202106	오미정	여	88			
9							
10	수험번호	점수 최대값					
11	B*	91					
12							

정답 >> [B11] 셀에 『=DMAX(A2:D8, 4, A10:A11)』을 입력합니다.

⑥ DMIN : 조건에 맞는 값의 최소값을 구함

형식 ①	=DMIN(데이터베이스 범위, 필드명, 조건 범위)
형식 ②	=DMIN(데이터베이스 범위, 필드 번호, 조건 범위)
사용 예	=DMIN(A2:D6,4,A2:A3)
결과	데이터베이스 영역에서 조건에 맞는 데이터 중 최소값을 구함

문제 >> 소속지점이 '북부' 지점에서 최고판매금액과 최저판매금액의 차이를 [A9] 셀에 구하시오.
▶ DMAX, DMIN 함수 사용

A9	▼ : × ✓ fx	=DMAX(A2:D6,4,A2:A3)-DMIN(A2:D6,4,A2:A3)						
◢	A	B	C	D	E	F	G	H
1								
2	소속지점	사원명	판매량	판매금액				
3	북부	윤선영	62	4,030,000				
4	남부	장아름	50	3,250,000				
5	북부	연남진	37	2,405,000				
6	남부	풍강현	48	3,120,000				
7								
8	판매금액 차이값							
9	1,625,000							
10								

정답 >> [A9] 셀에 『=DMAX(A2:D6, 4, A2:A3)−DMIN(A2:D6, 4, A2:A3)』을 입력합니다.

SECTION
04

문자열 함수

◉ 문자 데이터를 처리하기 위한 함수로 특정 문자열을 추출하거나, 검색, 비교, 길이 등을 사용하여 필요 문자만 추출하고 조합할 수 있습니다.

☑ 문자열 함수.xlsx 파일을 이용하여 계산하시오.

① LEFT : 텍스트 왼쪽에서부터 지정한 문자수 만큼 텍스트를 추출함

형식	사용 예	결과
=LEFT(텍스트, 문자수)	=LEFT("컴퓨터활용능력",3)	컴퓨터

문제 ➤ 주민등록번호를 이용하여 나이를 [C3:C6] 영역에 표시하시오.

▶ 나이 = 2021−(1900+주민등록번호 앞 2자리)

C3	▼	⋮	× ✓ fx	=2021+(1900+LEFT(B3,2))		

▲	A	B	C	D	E
1					
2	성명	주민등록번호	나이		
3	강지수	900127-2324574	31		
4	황인수	741230-1733227	47		
5	박철수	970608-1012341	24		
6	추성연	680803-2451245	53		
7					

정답 ➤ [C3] 셀에 『=2021−(1900+LEFT(B3,2))』을 입력하고
[C6] 셀까지 수식 복사합니다.

② RIGHT : 텍스트 오른쪽에서부터 지정한 문자수 만큼 텍스트를 추출함

형식	사용 예	결과
=RIGHT(텍스트, 문자수)	=RIGHT("컴퓨터활용능력",4)	활용능력

문제 >> 모델명의 오른쪽 두 문자가 "BL"이면 "검정", "GR"이면 "녹색", 그 외에는 "갈색"으로 색상 [B3:B6] 영역에 표시하시오.

▶ IF, RIGHT 함수 사용

B3	▼	:	✕	✓	fx	= IF(RIGHT(A3,2)="BL","검정",IF(RIGHT(A3,2)="GR","녹색","갈색"))

◢	A	B	C	D	E	F	G	H	I
1									
2	모델명	색상							
3	KA111BL	검정							
4	KB522BR	갈색							
5	KC333GR	녹색							
6	KF155GR	녹색							
7									

정답 >> [B3] 셀에 『= IF(RIGHT(A3,2)="BL","검정",IF(RIGHT(A3,2)="GR","녹색","갈색"))』을 입력하고 [B6] 셀까지 수식 복사합니다.

③ MID : 텍스트의 시작 위치에서부터 지정한 문자수 만큼 텍스트를 추출함

형식	사용 예	결과
=MID(텍스트, 시작위치, 문자수)	=MID("컴퓨터활용능력",4,2)	활용

문제 >> 주민등록번호 8번째가 '1'이면 '남', '2'이면 '여'로 성별 [C3:C6] 영역에 표시하시오.

▶ IF, MID 함수 사용

C3	▼	:	✕	✓	fx	=IF(MID(B3,8,1)="1","남","여")

◢	A	B	C	D	E
1					
2	성명	주민등록번호	성별		
3	조강연	940127-2324575	여		
4	임철회	811230-1633228	남		
5	유연길	670608-1012431	남		
6	안수회	480803-2451149	여		
7					

정답 >> [C3] 셀에 『=IF(MID(B3,8,1)="1","남","여")』을 입력하고 [C6] 셀까지 수식 복사합니다.

④ UPPER : 입력된 영문자를 대문자로 변환

형식	사용 예	결과
=UPPER(텍스트)	=UPPER("excel")	EXCEL

문제 ≫ [A3:A5] 영역을 이용하여 [B3:B5] 영역에 대문자로 표시하시오.

B3	▼ :	× ✓ fx	=UPPER(A3)	
◢	A	B	C	D
1				
2	국가	**대문자 변환**		
3	Korea	KOREA		
4	France	FRANCE		
5	Sweden	SWEDEN		
6				

정답 ≫ [B3] 셀에 『=UPPER(A3)』을 입력하고 [B5] 셀까지 수식 복사합니다.

⑤ LOWER : 입력된 영문자를 소문자로 변환

형식	사용 예	결과
=LOWER(텍스트)	=LOWER("EXCEL")	excel

문제 ≫ [A3:A5] 영역을 이용하여 [B3:B5] 영역에 소문자로 표시하시오.

B3	▼ :	× ✓ fx	=LOWER(A3)		
◢	A	B	C	D	E
1					
2	국가	**소문자 변환**			
3	Korea	korea			
4	France	france			
5	Sweden	sweden			
6					

정답 ≫ [B3] 셀에 『=LOWER(A3)』을 입력하고 [B5] 셀까지 수식 복사합니다.

6 PROPER : 입력된 영문자를 첫 글자만 대문자로 변환

형식	사용 예	결과
=PROPER(텍스트)	=PROPER("excel")	Excel

문제 >> [표1]에서 [A3:A5] 영역을 이용하여 [B3:B5] 영역에 첫 글자만 대문자로 표시하시오.

B3	▼ : × ✓ fx	=PROPER(A3)

◢	A	B	C
1	[표1]		
2	국가	첫 글자만 대문자 변환	
3	korea	Korea	
4	france	France	
5	sweden	Sweden	
6			

정답 >> [B3] 셀에 『=PROPER(A3)』을 입력하고 [B5] 셀까지 수식 복사합니다.

문제 >> [표2]에서 국가는 대문자로 변환하고, 수도는 첫 문자를 대문자로 변환하여 국가(수도) [C10:C12] 영역에 표시하시오.

▶ UPPER, PROPER 함수와 & 연산자 사용
▶ 표시 예 : 국가 'Korea', 수도 'seoul'인 경우 'KOREA(Seoul)'로 표시

C10	▼ : × ✓ fx	=UPPER(A10)&"("&PROPER(B10)&")"

◢	A	B	C	D	E
8	[표2]				
9	국가	수도	국가(수도)		
10	Korea	seoul	KOREA(Seoul)		
11	France	paris	FRANCE(Paris)		
12	Sweden	stockholm	SWEDEN(Stockholm)		
13					

정답 >> [C10] 셀에 『=UPPER(A10)&"("&PROPER(B10)&")"』을 입력하고
[C12] 셀까지 수식 복사합니다.

⑦ LEN : 텍스트에서 문자수(길이)를 구함

형식	사용 예	결과
=LEN(텍스트)	=LEN("컴퓨터활용능력")	7

문제 ▶ [표1]에서 [A3:A5]영역의 문자열의 길이를 [B3:B5] 영역에 표시하시오.

B3	▼ :	× ✓ fx	=LEN(A3)	
◢	A	B	C	D
1	[표1]			
2	제품코드	문자수		
3	A0001	5		
4	AA0002	6		
5	AAA0003	7		
6				

정답 ▶ [B3] 셀에 『=LEN(A3)』을 입력하고 [B5] 셀까지 수식 복사합니다.

문제 ▶ [표2]에서 제품코드의 뒤의 4글자를 뺀 나머지 문자를 [B10:B12] 영역에 표시하시오.
▶ LEFT, LEN 함수 사용

B10	▼ :	× ✓ fx	=LEFT(A10,LEN(A10)-4)		
◢	A	B	C	D	E
8	[표2]				
9	제품코드	A 문자만 표시			
10	A0001	A			
11	AA0002	AA			
12	AAA0003	AAA			
13					

정답 ▶ [B10] 셀에 『=LEFT(A10,LEN(A10)−4)』을 입력하고 [B12] 셀까지 수식 복사합니다.

8 TRIM : 텍스트에서 여분의 공백을 제거함

형식	사용 예	결과
=TRIM(텍스트)	=TRIM("컴퓨터 활용능력")	컴퓨터 활용능력

문제 >> 과목 앞뒤에 있는 공백을 제거한 후 전체 문자를 대문자로 변환하고, 변환된 문자열 뒤에 "-2016"을 추가하여 과목-버전 [B3:B6] 영역에 표시하시오.
   ▶ UPPER, TRIM 함수와 & 연산자 사용
   ▶ 표시 예 : 'Excel'인 경우 'EXCEL-2016'로 표시

B3	▼ : ✕ ✓ fx	=UPPER(TRIM(A3))&"-2016"		
◢	A	B	C	D
1				
2	과목	과목-버전		
3	Excel	EXCEL-2016		
4	Access	ACCESS-2016		
5	Word	WORD-2016		
6	Power point	POWER POINT-2016		
7				

정답 >> [B3] 셀에 『=UPPER(TRIM(A3))&"-2016"』을 입력하고 [B6] 셀까지 수식 복사합니다.

9 FIND : 대/소문자를 구분하고 문자의 위치를 글자 단위로 구분하여 찾음
FINDB : 대/소문자를 구분하고 문자의 위치를 바이트 단위로 구분하여 찾음

형식	사용 예	결과
=FIND(찾을 텍스트, 참조할 셀 주소, 찾을 문자의 시작위치)	=FIND("e","Excel")	4
=FINDB(찾을 텍스트, 참조할 셀 주소, 찾을 문자의 시작위치)	=FINDB("e","Excel")	4

문제 >> 내용에 있는 문자열의 시작 위치에서부터 찾을 텍스트를 찾아 그 위치를 결과 위치 [D3:D5] 영역에 표시하시오.

D3	▼ : ✕ ✓ fx	=FIND(B3,A3,C3)		
◢	A	B	C	D
1				
2	내용	찾을 텍스트	시작 위치	결과 위치
3	컴퓨터 활용을 위한 활용 능력	활	6	12
4	언제나 노력하고 힘을 내자	힘	1	10
5	타인을 존중하고 배려하기	중	1	6
6				

정답 >> [D3] 셀에 『=FIND(B3,A3,C3)』을 입력하고 [D5] 셀까지 수식 복사합니다.
   ※ '컴퓨터 활용을 위한 활용 능력' 문자열에서 두 번째 '활'의 위치를 찾고자 할 때
      시작 위치는 5는 첫 번째 '활'의 위치이므로 시작 위치를 6부터 지정합니다.

⑩ SEARCH : 대/소문자를 구분하지 않고 문자의 위치를 글자 단위로 구분하여 찾음

SEARCHB : 대/소문자를 구분하지 않고 문자의 위치를 바이트 단위로 구분하여 찾음

형식	사용 예	결과
=SEARCH(찾을 텍스트, 참조할 셀 주소, 찾을 문자의 시작위치)	=SEARCH("e","Excel Access")	1
=SEARCHB(찾을 텍스트, 참조할 셀 주소, 찾을 문자의 시작위치)	=SEARCHB("e","Excel Access")	1

문제 ≫ E-mail에서 "@"앞의 아이디를 [C3:C6] 영역에 추출하여 표시하시오.

▶ MID, SEARCH 함수 사용

▶ 표시 예 : 'a123@gmail.com'인 경우 'a123'로 표시

C3	▼	:	×	✓	fx	=MID(B3,1,SEARCH("@",B3,1)-1)	

▲	A	B	C	D
1				
2	성명	E-mail	아이디	
3	염정우	woo7421@gmail.com	woo7421	
4	한영석	hyung24@gmail.com	hyung24	
5	김지혜	kjna879@gmail.com	kjna879	
6	강재영	kjy9731@gmail.com	kjy9731	
7				

정답 ≫ [C3] 셀에 『=MID(B3,1,SEARCH("@",B3,1)-1)』을 입력하고 [C6] 셀까지 수식 복사합니다.

※ SEARCH는 @의 위치를 반환하며 @앞의 아이디를 추출하기 위해 -1을 합니다.

※ MID(텍스트, 시작위치, 문자수) : E-mail에서 1번째 위치부터 아이디 문자수 입니다.

SECTION
05 수학과 삼각 함수

◉ 수학 공식에 관련된 값을 구합니다.

※ ROUND, ROUNDUP, ROUNDDOWN, TRUNC 자릿수

자릿수	만	천	백	십	일	.	소수점 첫째자리	둘째자리	셋째자리	넷째자리
	-4	-3	-2	-1	0		1	2	3	4

☑ 수학과 삼각 함수.xlsx 파일을 이용하여 계산하시오.

1 SUM : 참조 범위 셀 또는 인수에 입력된 합계값을 구함

형식	사용 예	결과
=SUM(숫자나 셀 주소)	=SUM(1,2,3,4,5)	15 (=1+2+3+4+5)

문제 ≫ 판매량을 누계하여 누적판매량 [E3:E6] 영역에 표시하시오.

E3	▼ :	× ✓ fx	=SUM($D$3:D3)		
◢	A	B	C	D	E	F
1						
2	성명	성별	직급	판매량	**누적판매량**	
3	강은혁	남	사원	92	92	
4	심지숙	여	사원	95	187	
5	양기철	남	사원	76	263	
6	한은화	여	대리	78	341	
7						

정답 ≫ [E3] 셀에 『=SUM($D$3:D3)』을 입력하고 [E6] 셀까지 수식 복사합니다.

② SUMIF : 조건에 맞는 값의 합계를 구함

형식	사용 예
=SUMIF(조건을 찾을 범위, 조건, 합계 구할 범위)	=SUMIF(A1:A5,"관리부",C1:C5)
결과	[A1:A5] 영역에서 '관리부'인 데이터를 찾아 [C1:C5] 영역에 대응하는 값의 합계를 구함

문제 ≫ 지점이 '대구'인 판매량의 합계를 [C8] 셀에 구하시오.

C8		× ✓ fx	=SUMIF(B3:B7,"대구",C3:C7)		
⏃	A	B	C	D	E	F
1						
2	성명	지점	판매량			
3	남수홍	서울	67			
4	이남수	대구	104			
5	박태린	대구	56			
6	장소영	서울	94			
7	류영희	대구	116			
8	대구 지점 판매량 합계		276			
9						

정답 ≫ [C8] 셀에 『=SUMIF(B3:B7,"대구",C3:C7)』을 입력합니다.

③ SUMIFS : 여러 조건을 만족하는 합계를 구함

형식	사용 예
=SUMIFS(합계 구할 범위, 조건 범위1, 조건1, 조건 범위2, 조건2,...)	=SUMIFS(C1:C5,A1:A5,">=60",B1:B5,">=70")
결과	[A1:A5] 영역에서 60 이상이고, [B1:B5] 영역에서 70점 이상인 조건을 만족하는 [C1:C5] 영역에서 합계를 구함

문제 ≫ 지점이 '대구'이면서 판매량이 100 이상인 합계를 [C8] 셀에 구하시오.

C8		× ✓ fx	=SUMIFS(C3:C7,B3:B7,"대구",C3:C7,">=100")			
⏃	A	B	C	D	E	F	G
1							
2	성명	지점	판매량				
3	남수홍	서울	67				
4	이남수	대구	104				
5	박태린	대구	56				
6	장소영	서울	94				
7	류영희	대구	116				
8	대구 지점 판매량 100 이상인 합계		220				
9							

정답 ≫ [C8] 셀에 『=SUMIFS(C3:C7,B3:B7,"대구",C3:C7,">=100")』을 입력합니다.

④ ABS : 절대값을 구함

형식	사용 예	결과
=ABS(숫자나 셀 주소)	=ABS(-5)	5

문제 >> '서울' 지점의 판매량의 합계와 '대구' 지점의 판매량의 합계의 차이를 구하여 [C8]셀에 절대값으로 표시하시오.

▶ ABS, SUMIF 함수 사용

C8	▼	:	×	✓	*fx*	=ABS(SUMIF(B3:B7,"서울",C3:C7)-SUMIF(B3:B7,"대구",C3:C7))

◢	A	B	C	D	E	F	G	H	I
1									
2	성명	지점	판매량						
3	남수홍	서울	67						
4	이남수	대구	104						
5	박태린	대구	56						
6	장소영	서울	94						
7	류영희	대구	116						
8	판매량 차이값		115						
9									

정답 >> [C8] 셀에 『=ABS(SUMIF(B3:B7,"서울",C3:C7)−SUMIF(B3:B7,"대구",C3:C7))』을 입력합니다.

⑤ POWER : 숫자1을 숫자2만큼 거듭제곱한 값을 구함

형식	사용 예	결과
=POWER(숫자1, 숫자2)	=POWER(3,2)	9 (=3×3)

문제 >> 숫자1, 숫자2를 이용하여 거듭제곱 [C3] 셀에 구하시오.

C3	▼	:	×	✓	*fx*	=POWER(A3,B3)

◢	A	B	C	D
1				
2	숫자1	숫자2	거듭제곱	
3	3	2	9	
4				

정답 >> [C3] 셀에 『=POWER(A3,B3)』을 입력합니다.

6 RAND : 0~1 사이의 난수를 구함

형식	사용 예	결과
=RAND()	=RAND()	0.870877 (값은 실행할때마다 다름)

문제 >> [A3] 셀에 0~1 사이의 난수를 구하시오.

| A3 | ▼ | : | × | ✓ | fx | =RAND() |

▲	A	B	C	D
1				
2	**RAND**			
3	0.359700316			
4				

정답 >> [A3] 셀에 『=RAND()』을 입력합니다.

※ 값은 실행할때마다 달라요.

7 RANDBETWEEN : 최소치 ~ 최대치 사이의 난수를 구함

형식	사용 예	결과
=RANDBETWEEN(최소치, 최대치)	=RANDBETWEEN(1,6)	3 (값은 실행할때마다 다름)

문제 >> 사은품 (1~6) 사이의 추첨번호를 [C3:C8] 영역에 표시하시오.

| C3 | ▼ | : | × | ✓ | fx | =RANDBETWEEN(1,6) |

▲	A	B	C	D	E
1					
2	사은품	성명	**추첨번호**		
3	1. 상품권	박채림	1		
4	2. 가습기	김귀자	5		
5	3. 선풍기	이준형	6		
6	4. 믹서기	김준학	5		
7	5. 화장품	최민호	2		
8	6. 청소기	신강숙	2		
9					

정답 >> [C3] 셀에 『=RANDBETWEEN(1,6)』을 입력하고 [C8] 셀까지 수식 복사합니다.

※ 값은 실행할때마다 달라요.

8 MOD : 인수를 제수로 나눈 결과의 나머지 값을 구함

형식	사용 예	결과
=MOD(인수, 제수)	=MOD(12,5)	2

문제 >> [표1]에서 생산량을 사과개수로 나눈 나머지를 [C3:C4] 영역에 구하시오.

C3	▼	:	×	✓	*fx*	=MOD(A3,B3)

◢	A	B	C	D	E
1	[표1]				
2	생산량	사과개수	나머지		
3	250	20	10		
4	295	20	15		
5					

정답 >> [C3] 셀에 『=MOD(A3,B3)』을 입력하고 [C4] 셀까지 수식 복사합니다.

문제 >> [표2]에서 숫자를 2로 나눈 나머지를 이용하여 '짝수', '홀수'를 [B9:B12] 영역에 구하시오.
▶ IF, MOD 함수 사용

B9	▼	:	×	✓	*fx*	=IF(MOD(A9,2)=0,"짝수","홀수")

◢	A	B	C	D	E	F
7	[표2]					
8	숫자	짝수/홀수				
9	120	짝수				
10	125	홀수				
11	-130	짝수				
12	-135	홀수				
13						

정답 >> [B9] 셀에 『=IF(MOD(A9,2)=0,"짝수","홀수")』을 입력하고 [B12] 셀까지 수식 복사합니다.

⑨ INT : 소수부분을 버리고 정수로 내림

형식	사용 예	결과
=INT(숫자나 셀 주소)	=INT(10.9)	10

문제 » 건구온도와 습구온도를 이용하여, 불쾌지수를 정수로 [D3:D7] 영역에 구하시오.

▶ 불쾌지수 = (건구온도 + 습구온도) × 0.72 + 40.6

D3		⋮	×	✓	fx	=INT((B3+C3)*0.72+40.6)		
◢	A	B	C	D	E	F		
1								
2	날짜	건구온도	습구온도	불쾌지수				
3	2021-07-25	29	29	82				
4	2021-07-26	28.4	34	85				
5	2021-07-27	27.3	30	81				
6	2021-07-28	27.1	26	78				
7	2021-07-29	25.7	24	76				
8								

정답 » [D3] 셀에 『=INT((B3+C3)*0.72+40.6)』을 입력하고 [D7] 셀까지 수식 복사합니다.

⑩ ROUND : 인수를 자릿수로 반올림한 숫자를 구함

형식	사용 예	결과
=ROUND(숫자, 자릿수)	=ROUND(12.8888,2)	12.89

문제 » 소속지점이 '북부' 지점의 판매금액 평균을 [C9] 셀에 구하시오.

▶ ROUND, DAVERAGE 함수 사용
▶ 판매금액의 평균은 반올림하여 천의 자리까지 표시 [표시 예 : 165,725 → 166,000]

C9		⋮	×	✓	fx	=ROUND(DAVERAGE(A2:C8,3,A2:A3),-3)		
◢	A	B	C	D	E	F	G	
1								
2	소속지점	사원명	판매금액					
3	북부	김다은	2,925,500					
4	남부	홍길표	2,145,000					
5	남부	이성현	2,340,000					
6	북부	정임순	1,495,200					
7	남부	김병선	2,210,000					
8	북부	김지우	975,000					
9	북부 지점 판매금액 평균		1,799,000					
10								

정답 » [C9] 셀에 『=ROUND(DAVERAGE(A2:C8,3,A2:A3),-3)』을 입력합니다.

(11) ROUNDUP : 인수를 자릿수로 올림한 숫자를 구함

형식	사용 예	결과
=ROUNDUP(숫자, 자릿수)	=ROUNDUP(7777,−3)	8000

문제 >> 소속지점이 '남부' 지점의 판매금액 합계를 [B9] 셀에 구하시오.

▶ ROUNDUP, SUMIF 함수 사용

▶ 판매금액의 합계는 올림하여 백의 자리까지 표시 [표시 예 : 65,250 → 65,300]

B9	▼ : × ✓ fx	=ROUNDUP(SUMIF(A3:A8,"남부",B3:B8),-2)				
▲	A	B	C	D	E	F
1						
2	소속지점	판매금액				
3	북부	2,925,500				
4	남부	2,145,250				
5	남부	2,340,000				
6	북부	1,495,200				
7	남부	3,210,800				
8	북부	975,000				
9	남부 지점 판매금액 합계	7,696,100				
10						

정답 >> [B9] 셀에 『=ROUNDUP(SUMIF(A3:A8,"남부",B3:B8),−2)』을 입력합니다.

(12) ROUNDDOWN : 인수를 자릿수로 내림한 숫자를 구함

형식	사용 예	결과
=ROUNDDOWN(숫자, 자릿수)	=ROUNDDOWN(7777,−3)	7000

문제 >> 숫자, 소수 자릿수를 이용하여 내림하여 [C3:C9] 영역을 구하시오.

C3	▼ : × ✓ fx	=ROUNDDOWN(A3,B3)		
▲	A	B	C	D	E
1					
2	숫자	소수 자릿수	내림		
3	12,345.678	-3	12,000		
4	12,345.678	-2	12,300		
5	12,345.678	-1	12,340		
6	12,345.678	0	12,345		
7	12,345.678	1	12,345.6		
8	12,345.678	2	12,345.67		
9	12,345.678	3	12,345.678		
10					

정답 >> [C3] 셀에 『=ROUNDDOWN(A3,B3)』을 입력하고 [C9] 셀까지 수식 복사합니다.

⑬ TRUNC : 숫자에서 지정한 자릿수 이하의 수치를 버릴 때 사용

형식	사용 예	결과
=TRUNC(숫자, 자릿수)	=TRUNC(12.7)	12

문제 ≫ 국어, 영어, 수학 점수에 대한 평균을 구하여 [E3:E7] 영역을 구하시오.
   ▶ TRUNC, AVERAGE 함수 사용
   ▶ 반올림 없이 소수 이하 첫째자리까지 표시하시오. [표시 예 : 78.39 → 78.3]

E3	▼	:	✕ ✓	fx	=TRUNC(AVERAGE(B3:D3),1)		
◢	A	B	C	D	E	F	G
1							
2	이름	국어	영어	수학	평균		
3	김재현	94	91	93	92.6		
4	문정남	68	84	75	75.6		
5	박현준	90	71	77	79.3		
6	정희선	91	92	91	91.3		
7	한도희	58	85	74	72.3		
8							

정답 ≫ [E3] 셀에 『=TRUNC(AVERAGE(B3:D3),1)』을 입력하고 [E7] 셀까지 수식 복사합니다.

SECTION
06

통계 함수

⊙ 통계 관련된 값을 구할 수 있습니다.

☑ **통계 함수1.xlsx 파일을 이용하여 계산하시오.**

① AVERAGE : 참조 범위 셀 또는 인수에 입력된 평균값을 구함

형식	사용 예	결과
=AVERAGE(숫자나 셀 주소)	=AVERAGE(1,2,3,4,5)	3

문제 >> 점수가 점수 평균 이상이면 '우수', 그렇지 않으면 공백으로 평가 [C3:C9] 영역에 구하시오.

▶ IF, AVERAGE 함수 사용

| C3 | ▼ | : | × | ✓ | f_x | =IF(B3>=AVERAGE($B$3:$B$9),"우수","") |

◢	A	B	C	D	E	F	G	H
1								
2	성명	점수	평가					
3	홍선아	193.27	우수					
4	남정오	166.33						
5	김보미	173.54						
6	이주영	158.39						
7	한가연	180.77	우수					
8	천영호	189.84	우수					
9	유찬우	192.45	우수					
10								

정답 >> [C3] 셀에 『=IF(B3>=AVERAGE($B$3:$B$9),"우수","")』을 입력하고
[C9] 셀까지 수식 복사합니다.

② AVERAGEA : 빈 셀을 제외한 모든 인수를 포함하여 평균값을 구함

형식	사용 예	결과
=AVERAGEA(숫자나 셀 주소)	=AVERAGEA(1,2,3,4,5,false)	2.5

문제 >> 1차부터 3차까지 점수의 평균값을 [E3:E7] 영역에 구하시오.

▶ '미응시'도 평균값에 포함시킬 것

E3	▼	:	✕	✓	*fx*	=AVERAGEA(B3:D3)

	A	B	C	D	E	F
1						
2	학생명	1차	2차	3차	평균	
3	오민철	88	76	92	85.3	
4	임원혁	미응시	38	76	38.0	
5	전재진	66	미응시	72	46.0	
6	윤지명	84	76	80	80.0	
7	장선미	62	40	76	59.3	
8						

정답 >> [E3] 셀에 『=AVERAGEA(B3:D3)』을 입력하고
[E7] 셀까지 수식 복사합니다.

③ AVERAGEIF : 조건에 맞는 평균을 구함

형식	사용 예
=AVERAGEIF(조건을 찾을 범위, 조건, 평균 구할 범위)	=AVERAGEIF(B3:B8,"경기",C3:C8)
결과	[B3:B8] 영역에서 '경기'인 데이터를 찾아 [C3:C8] 영역에 대응하는 값의 평균을 구함

문제 >> 지점이 '경기'인 판매량 평균을 [C9] 셀에 구하시오.

▶ AVERAGEIF, TRUNC 함수 사용

▶ 소수점 이하는 절삭하여 표시 [표시 예 : 78.9 → 78]

C9	▼	:	✕	✓	*fx*	=TRUNC(AVERAGEIF(B3:B8,"경기",C3:C8))

	A	B	C	D	E	F	G	H
1								
2	성명	지점	판매량					
3	소영희	서울	107					
4	전미영	경기	79					
5	강지석	경기	76					
6	연남영	서울	114					
7	성현구	인천	89					
8	김진아	서울	91					
9	경기 지점		77					
10	판매량 평균							
11								

정답 >> [C9] 셀에 『=TRUNC(AVERAGEIF(B3:B8,"경기",C3:C8))』을 입력합니다.

④ AVERAGEIFS : 여러 조건을 만족하는 평균을 구함

형식	사용 예
=AVERAGEIFS(평균 구할 범위, 조건 범위1, 조건1, 조건 범위2, 조건2,…)	=AVERAGEIFS(C1:C5,A1:A5,">=60",B1:B5,">=70")
결과 [A1:A5] 영역에서 60 이상이고, [B1:B5] 영역에서 70점 이상인 조건을 만족하는 [C1:C5] 영역에서 평균을 구함	

문제 >> 프로그램명이 '역사'로 시작하면서 신청인원이 10 이상인 신청인원 평균을 [C11] 셀에 구하시오.

C11		▼ : × ✓ fx	=AVERAGEIFS(C3:C10,A3:A10,"역사*",C3:C10,">=10")					
◢	A	B	C	D	E	F	G	H
1								
2	프로그램명	강사명	신청인원					
3	전래놀이	남민형	5					
4	역사공부	송혜성	12					
5	수공예	김승현	17					
6	동화이야기	문여명	7					
7	색채심리	지명찬	20					
8	역사탐방	김지은	14					
9	영어회화	강나영	12					
10	플로리스트	최여민	9					
11 12	역사로 시작하는 신청인원 10명이상 평균		13					
13								

정답 >> [C11] 셀에 『=AVERAGEIFS(C3:C10,A3:A10,"역사*",C3:C10,">=10")』을 입력합니다.

※ 만능문자 : 하나 또는 많은 문자를 나타내는데 사용되는 문자이며
'?'는 임의의 문자 1개를 의미하며, '*'는 0개 또는 그 이상인 임의의 문자를 의미합니다.

(5) MAX : 인수들 중에서 최대값을 구함

형식	사용 예	결과
=MAX(숫자나 셀 범위)	=MAX(1,2,3,4,5)	5

문제 ≫ 총점 점수 중에서 최고점수를 [D10] 셀에 구하시오.

D10 : fx =MAX(D3:D9)

	A	B	C	D	E
1					
2	성명	듣기	회화	총점	
3	최선미	87	98	185	
4	양미애	94	78	172	
5	서승환	80	48	128	
6	남준호	75	68	143	
7	황은경	88	65	153	
8	권정희	79	64	143	
9	홍성민	76	75	151	
10	총점 최대값			185	
11					

정답 ≫ [D10] 셀에『=MAX(D3:D9)』을 입력합니다.

(6) MAXA : 숫자, 텍스트, 논리 값 중에서 최대값을 구함

형식	사용 예	결과
=MAXA(값1,값2,값3,…)	=MAXA(FALSE,TRUE,2)	2

문제 ≫ 차수별 최고점수를 [B8:D8] 영역에 구하시오.

B8 : fx =MAXA(B3:B7)

	A	B	C	D	E	F
1						
2	학생명	1차	2차	3차		
3	김호진	0.62	0.84	0.71		
4	문정진	0.41	0.92	0.71		
5	박선유	TRUE	0.68	0.64		
6	이영광	0.78	TRUE	0.78		
7	유민주	0.67	0.48	0.81		
8	최대값	1	1	0.81		
9						

정답 ≫ [B8] 셀에『=MAXA(B3:B7)』을 입력하고 [D8] 셀까지 수식 복사합니다.
※ TRUE는 1을 나타내며 [B3:B7] 영역에서 가장 큰 값입니다.

⑦ MIN : 인수들 중에서 최소값을 구함

형식	사용 예	결과
=MIN(숫자나 셀 범위)	=MIN(1,2,3,4,5)	1

문제 ≫ 달리기 기록 중에서 1위 기록을 [B9] 셀에 구하시오.

B9	▼ : × ✓ fx	=MIN(B3:B8)	
◢	A	B	C
1			
2	성명	달리기 기록	
3	박현이	4:50	
4	이남영	4:16	
5	송우택	3:27	
6	김채진	5:30	
7	양정화	4:20	
8	김은숙	3:29	
9	1위 기록	3:27	
10			

정답 ≫ [B9] 셀에 『=MIN(B3:B8)』을 입력합니다.

⑧ MINA : 숫자, 텍스트, 논리 값 중에서 최소값을 구함

형식	사용 예	결과
=MINA(값1,값2,값3,...)	=MINA(FALSE,TRUE,2)	0

문제 ≫ 차수별 최저점수를 [B8:D8] 영역에 구하시오.

B8	▼ : × ✓ fx	=MINA(B3:B7)			
◢	A	B	C	D	E	F
1						
2	학생명	1차	2차	3차		
3	강은경	0.95	0.92	0.89		
4	최요한	0.92	0.76	0.78		
5	최유철	FALSE	0.92	0.84		
6	김시은	0.92	0.94	0.87		
7	이현정	0.81	0.68	0.62		
8	최소값	0	0.68	0.62		
9						

정답 ≫ [B8] 셀에 『=MINA(B3:B7)』을 입력하고 [D8] 셀까지 수식 복사합니다.
※ FALSE는 0을 나타내며 [B3:B7] 영역에서 가장 작은 값입니다.

⑨ VAR : 표본의 범위에서 분산을 구함

형식	사용 예	결과
=VAR(표본의 범위)	=VAR(B3:B8)	[B3:B8] 영역의 분산을 구함

문제 ≫ 키에 대한 분산을 [B9] 셀에 구하시오.

B9	▼	:	✕	✓	fx	=VAR(B3:B8)		

⊿	A	B	C	D	E
1					
2	성명	키			
3	이준우	154			
4	정하랑	148			
5	주희선	145			
6	조용준	138			
7	한나영	151			
8	김시우	162			
9	분산	67			
10					

정답 ≫ [B9] 셀에 『=VAR(B3:B8)』을 입력합니다.

⑩ STDEV : 표본의 범위에서 표준편차를 구함

형식	사용 예	결과
=STDEV(표본의 범위)	=STDEV(B3:B10)	[B3:B10] 영역의 표준편차를 구함

문제 ≫ 국어, 영어, 수학의 표준편차가 전체 표준편차 [B3:D7] 이상이면 "노력요함"을 그 외에는 공백으로 비고 [E3:E7] 영역에 구하시오.
▶ IF, STDEV 함수 사용

E3	▼	:	✕	✓	fx	=IF(STDEV(B3:D3)>=STDEV($B$3:$D$7),"노력요함","")		

⊿	A	B	C	D	E	F	G	H	I
1									
2	학생명	국어	영어	수학	비고				
3	신영길	84	74	94					
4	안영호	62	65	76					
5	김보미	62	32	82	노력요함				
6	조희철	74	84	80					
7	임수영	88	92	98					
8									

정답 ≫ [E3] 셀에 『=IF(STDEV(B3:D3)>=STDEV($B$3:$D$7),"노력요함","")』을 입력하고
[E7] 셀까지 수식 복사합니다.

(11) MODE : 인수들 중에서 가장 많이 나오는 최빈값을 구함

형식	사용 예	결과
=MODE(숫자나 셀 범위)	=MODE(72,84,84,84,97)	84

문제 >> 합격점수 중에서 가장 많이 나오는 최빈수를 [B11] 셀에 구하시오.

B11	▼	:	×	✓	fx	=MODE(B3:B10)

	A	B	C	D	E
1					
2	학생명	합격점수			
3	독고광	84			
4	평이철	78			
5	최보영	84			
6	김혜은	98			
7	임수영	88			
8	강은진	100			
9	임석환	94			
10	승현철	84			
11	**최빈수**	84			
12					

정답 >> [B11] 셀에 『=MODE(B3:B10)』을 입력합니다.

(12) MEDIAN : 인수들 중에서 중간값을 구함

형식	사용 예	결과
=MEDIAN(숫자나 셀 범위)	=MEDIAN(1,2,3,4,5)	3

문제 >> 모집합계의 중앙값 이상이면 "인기과목", 그 이외에는 공백으로 비고 [F3:F7] 영역에 구하시오.
▶ IF, MEDIAN 함수 사용

F3	▼	:	×	✓	fx	=IF(E3>=MEDIAN($E$3:$E$7),"인기과목","")

	A	B	C	D	E	F	G	H
1								
2	과목코드	10월	11월	12월	모집합계	비고		
3	1A-35	64	54	87	205			
4	2B-70	80	78	76	234	인기과목		
5	3B-90	94	69	64	227			
6	1A-50	82	71	80	233	인기과목		
7	2B-80	78	75	80	233	인기과목		
8								

정답 >> [F3] 셀에 『=IF(E3>=MEDIAN($E$3:$E$7),"인기과목","")』을 입력하고
[F7] 셀까지 수식 복사합니다.

☑ **통계 함수2.xlsx 파일을 이용하여 계산하시오.**

⑬ LARGE : 배열(범위) 중에서 몇 번째 큰 값을 구함

형식	사용 예	결과
=LARGE(배열, k)	=LARGE({50,60,70,80,90,100},2)	90

문제 ≫ 평가점수에 대한 순위를 구하여 3위까지 '진출', 그 이외에는 공백으로 결과 [C3:C9] 영역에 표시하시오.

▶ IF, LARGE 함수 사용

C3	▾	:	×	✓	*fx*	=IF(B3>=LARGE($B$3:$B$9,3),"진출","")

◢	A	B	C	D	E	F	G	H
1								
2	성명	평가점수	결과					
3	홍선아	193.27	진출					
4	남정오	166.33						
5	김보미	173.54						
6	이주영	158.39						
7	한가연	180.77						
8	천영호	189.84	진출					
9	유찬우	192.45	진출					
10								

정답 ≫ [C3] 셀에 『=IF(B3>=LARGE($B$3:$B$9,3),"진출","")』을 입력하고
[C9] 셀까지 수식 복사합니다.
※ 3번째 점수 이상을 구합니다.

⑭ SMALL : 배열(범위) 중에서 몇 번째 작은 값을 구함

형식	사용 예	결과
=SMALL(배열, k)	=SMALL({50,60,70,80,90,100},2)	60

문제 ▶ 달리기 기록에 대한 순위를 구하여 3위까지 '진출', 그 이외에는 공백으로 결과 [C3:C9] 영역에 표시하시오.

▶ IF, SMALL 함수 사용

	C3	▼	:	×	✓	fx	=IF(B3<=SMALL($B$3:$B$9,3),"진출","")

⊿	A	B	C	D	E	F	G
1							
2	성명	달리기 기록	결과				
3	박현이	4:50					
4	이남영	4:16	진출				
5	송우택	3:27	진출				
6	김채진	5:30					
7	양정화	4:20					
8	김은숙	3:29	진출				
9	정인영	4:48					
10							

정답 ▶ [C3] 셀에 『=IF(B3<=SMALL($B$3:$B$9,3),"진출","")』을 입력하고

[C9] 셀까지 수식 복사합니다.

※ 3번째 기록 이하를 구합니다.

⑮ RANK.EQ : 범위에서 값의 순위를 구하되, 동일한 값들은 동일하지 않을 경우 나올 수 있는 순위들 중 가장 높은 순위를 표시함

형식	사용 예
=RANK.EQ(숫자,범위,순위 결정 방법) → 순위 결정 방법 0이나 생략 : 내림차순(숫자가 큰 값이 1등으로 순위 결정) 1 : 오름차순(숫자가 작은 값이 1등으로 순위 결정) ※ 범위는 고정된 영역을 참조해야 하므로 절대 주소 형식을 사용함	=RANK.EQ(B3,$B$3:$B$10)
결과	[B3:B10] 영역에서 [B3] 셀의 순위를 구하며 동일한 값들은 동일하지 않을 경우 나올 수 있는 순위들 중 가장 높은 순위를 표시함

문제 ▶ 평가점수에 대한 순위를 구하여 3위까지 '진출', 그 이외에는 공백으로 [C3:C9] 영역에 표시하시오.

▶ IF, RANK.EQ 함수 사용

▶ 평가점수는 가장 높은 점수가 1위

	C3	▼	:	×	✓	fx	=IF(RANK.EQ(B3,$B$3:$B$9,0)<=3,"진출","")		

◢	A	B	C	D	E	F	G	H
1								
2	성명	평가점수	결과					
3	김호진	85.7	진출					
4	김티나	94.2	진출					
5	최대현	80.4						
6	최지훈	77.6						
7	강민수	78.4						
8	나영진	79.4						
9	길앤디	97.3	진출					
10								

정답 ➤➤ [C3] 셀에 『=IF(RANK.EQ(B3,$B$3:$B$9,0)<=3,"진출","")』을 입력하고
[C9] 셀까지 수식 복사합니다.
※ 순위는 3위 이내까지 구함

16 RANK.AVG : 범위에서 값의 순위를 구하되, 동일한 값들은 동일하지 않을 경우 나올 수 있는 순위들의 평균을
계산하여 동일하게 표시함

형식	사용 예
=RANK.AVG(숫자,범위,순위 결정 방법) → 순위 결정 방법 0이나 생략 : 내림차순(숫자가 큰 값이 1등으로 순위 결정) 1 : 오름차순(숫자가 작은 값이 1등으로 순위 결정) ※ 범위는 고정된 영역을 참조해야 하므로 절대 주소 형식을 사용함	=RANK.AVG(B3,$B$3:$B$10)
결과	[B3:B10] 영역에서 [B3] 셀의 순위를 구하며 동일한 값들은 동일하지 않을 경우 나올 수 있는 순위들의 평균을 계산하여 동일하게 표시함

문제 ➤➤ 달리기 기록에 대한 순위를 구하여 [C3:C9] 영역에 표시하시오.
  ▶ RANK.AVG 함수 사용
  ▶ 달리기 기록은 가장 낮은 점수가 1위

	C3	▼	:	×	✓	fx	=RANK.AVG(B3,$B$3:$B$9,1)	

◢	A	B	C	D	E	F
1						
2	성명	달리기 기록	순위			
3	박아랑	3:50	3			
4	곽시환	4:20	4.5			
5	노혜미	3:27	1			
6	김찬혁	5:15	7			
7	윤영희	4:20	4.5			
8	손가연	3:48	2			
9	이송이	4:41	6			
10						

정답 ➤➤ [C3] 셀에 『=RANK.AVG(B3,$B$3:$B$9,1)』을 입력하고
[C9] 셀까지 수식 복사합니다.

⑰ COUNT : 인수들에서 숫자가 입력된 개수를 구함

형식	사용 예	결과
=COUNT(숫자나 셀 주소)	=COUNT(1,2,3)	3

문제 >> 가입금액을 이용하여 총 인원수를 [B11] 셀에 구하시오.

▶ COUNT 함수와 & 연산자 사용 [표시 예 : 5 → 5명]

B11	▼ :	✕ ✓	fx	=COUNT(B3:B10)&"명"		
◢	A	B	C	D	E	F
1						
2	성명	가입금액				
3	박은주	20,000				
4	김윤주	25,800				
5	한유정	28,800				
6	김기훈	32,000				
7	유민주	35,000				
8	강민희	45,000				
9	신애정	55,800				
10	이수진	89,500				
11	총인원수	8명				
12						

정답 >> → [B11] 셀에 『=COUNT(B3:B10)&"명"』을 입력합니다.

⑱ COUNTA : 인수들에서 공백을 제외한 인수의 개수를 구함

형식	사용 예	결과
=COUNTA(숫자나 셀 주소)	=COUNTA(1,2,3,가,나)	5

문제 >> 1일차부터 4일차까지 출석일수를 [G3:G9] 영역에 구하시오.

G3	▼ :	✕ ✓	fx	=COUNTA(C3:F3)				
◢	A	B	C	D	E	F	G	H
1								
2	반	성명	1일차	2일차	3일차	4일차	출석일수	
3	멋진반	박아랑	O	O	O		3	
4	사랑반	노혜미	O	O	O		3	
5	사랑반	김찬혁	O	O	O	O	4	
6	새싹반	윤영회	O	O	O		3	
7	새싹반	손가연	O	O	O	O	3	
8	새싹반	이송이	O	O	O	O	4	
9	잎새반	곽도빈		O	O	O	3	
10								

정답 >> [G3] 셀에 『=COUNTA(C3:F3)』을 입력하고 [G9] 셀까지 수식 복사합니다.

⑲ COUNTBLANK : 범위 중에서 빈 셀(자료가 없는) 개수를 구함

형식	사용 예	결과
=COUNTBLANK(셀 범위)	=COUNTBLANK(A3:A12)	[A3:A12] 영역에서 공백의 개수를 구함

문제 >> 1일차부터 4일차까지 결석일수를 [G3:G9] 영역에 구하시오.

G3		▼	:	×	✓	fx	=COUNTBLANK(C3:F3)	
	A	B	C	D	E	F	G	H
1								
2	반	성명	1일차	2일차	3일차	4일차	결석일수	
3	멋진반	박아랑	O	O	O		1	
4	사랑반	노혜미	O	O	O		1	
5	사랑반	김찬혁	O	O	O	O	0	
6	새싹반	윤영희	O	O	O		1	
7	새싹반	손가연	O		O	O	1	
8	새싹반	이송이	O	O	O	O	0	
9	잎새반	곽도빈		O	O	O	1	
10								

정답 >> [G3] 셀에 『=COUNTBLANK(C3:F3)』을 입력하고 [G9] 셀까지 수식 복사합니다.

⑳ COUNTIF : 조건에 맞는 개수를 구함

형식	사용 예
=COUNTIF(조건을 찾을 범위, 조건)	=COUNTIF(A1:A5,")=70")
결과	[A1:A5] 영역에서 70 이상인 데이터의 개수를 구함

문제 >> [표1]에서 '인천' 지점의 사원수를 [C9] 셀에 구하시오.

C9		▼	:	×	✓	fx	=COUNTIF(B3:B8,"인천")
	A	B	C	D	E	F	
1	[표1]						
2	사원명	지점	판매량				
3	소영희	서울	107				
4	전미영	인천	79				
5	강지석	경기	76				
6	연남영	서울	114				
7	성현구	인천	89				
8	김진아	서울	91				
9	인천지점 사원수		2				
10							

정답 >> [C9] 셀에 『=COUNTIF(B3:B8,"인천")』을 입력합니다.

문제 ▶▶ [표2]에서 컴퓨터일반, 스프레드시트, 데이터베이스 세 과목 모두 40점 이상이며, 평균이 60점 이상이면 '합격', 그 이외에는 '불합격'으로 평가 [E14:E18] 영역에 구하시오.

▶ AVERAGE, IF, AND, COUNTIF 함수 사용

| E14 | ▼ : × ✓ fx | =IF(AND(COUNTIF(B14:D14,">=40")=3,AVERAGE(B14:D14)>=60),"합격","불합격") |

▲	A	B	C	D	E	F	G	H	I	J
12	[표2]									
13	성명	컴퓨터일반	스프레드시트	데이터베이스	평가					
14	오민철	88	76	92	합격					
15	임원혁	64	38	76	불합격					
16	정임순	66	84	72	합격					
17	신서연	84	76	80	합격					
18	장혁권	62	40	76	불합격					
19										

정답 ▶▶ [E14] 셀에 『=IF(AND(COUNTIF(B14:D14,">=40")=3,AVERAGE(B14:D14)>=60),"합격","불합격")』을 입력하고 [E18] 셀까지 수식 복사합니다.

㉑ COUNTIFS : 여러 조건을 만족하는 개수를 구함

형식	사용 예
=COUNTIFS(조건 범위1, 조건1, 조건 범위2, 조건2,...)	=COUNTIFS(A1:A5,">=60",B1:B5,">=70")
결과	[A1:A5] 영역에서 60 이상이고, [B1:B5] 영역에서 70점 이상인 조건을 만족하는 개수를 구함

문제 ▶▶ 과목별 80점대인 학생수를 [B8:D8] 영역에 구하시오.

▶ COUNTIFS 함수와 & 연산자 사용

▶ 숫자 뒤에 "명"을 표시 [표시 예 : 2 → 2명]

| B8 | ▼ : × ✓ fx | =COUNTIFS(B3:B7,">=80",B3:B7,"<90")&"명" |

▲	A	B	C	D	E	F
1						
2	성명	컴퓨터일반	스프레드시트	데이터베이스		
3	강효근	92	76	92		
4	한강철	84	84	74		
5	최남영	67	92	92		
6	권희선	88	88	89		
7	안송이	72	82	79		
8	과목별 80점대 학생수	2명	3명	1명		
9						

정답 ▶▶ [B8] 셀에 『=COUNTIFS(B3:B7,">=80",B3:B7,"<90")&"명"』을 입력하고 [D8] 셀까지 수식 복사합니다.

SECTION
07

찾기/참조 함수

⊙ 찾는 값과 찾을 범위, 배열(셀 범위)를 참조하여 추출할 행/열 번호를 설정하여 특정한 값을 찾아주거나 필요한 정보를 가져오는 함수입니다.

☑ 찾기와 참조 함수.xlsx 파일을 이용하여 계산하시오.

① COLUMN : 참조 영역의 열 번호를 나타냄

형식	사용 예	결과
=COLUMN(참조)	=COLUMN(D3)	4(D는 네 번째 열)

문제 ≫ [B2:F2] 영역에 일련번호를 표시하시오.

B2	▼ :	× ✓	fx	=COLUMN()-1		
◢	A	B	C	D	E	F	G
1						
2	번호	1	2	3	4	5
3	강사명	김준혁	한현덕	김지원	정예은	박준모
4	과목	국어	영어	수학	과학	국사
5						

정답 ≫ [B2] 셀에 『=COLUMN()-1』을 입력하고 [F2] 셀까지 수식 복사합니다.

② COLUMNS : 참조 영역의 열 개수를 구함

형식	사용 예	결과
=COLUMNS(배열)	=COLUMNS(A2:C5)	3(A, B, C의 열)

문제 ≫ [A2:B7] 영역의 참조 열의 수를 [B8] 셀에 표시하시오.

B8	▼ :	× ✓	fx	=COLUMNS(A2:B7)
◢	A	B	C	D	E
1					
2	강사명	과목			
3	김준혁	국어			
4	한현덕	영어			
5	김지원	수학			
6	정예은	과학			
7	박준모	국사			
8	참조 열 개수	2			
9					

정답 ≫ [B8] 셀에 『=COLUMNS(A2:B7)』을 입력합니다.

③ ROW : 참조 영역의 행 번호를 나타냄

형식	사용 예	결과
=ROW(참조)	=ROW(D3)	3(세 번째 행)

문제 ▶▶ [A3:A7] 영역에 일련번호를 표시하시오.

A3	▼	:	×	✓	fx	=ROW()-2

◢	A	B	C	D	E
1					
2	번호	강사명	과목		
3	1	김준혁	국어		
4	2	한현덕	영어		
5	3	김지원	수학		
6	4	정예은	과학		
7	5	박준모	국사		
8					

정답 ▶▶ [A3] 셀에 『=ROW()-2』을 입력하고 [A7] 셀까지 수식 복사합니다.

④ ROWS : 참조 영역의 행 개수를 구함

형식	사용 예	결과
=ROWS(참조)	=ROWS(A1:C5)	5(1,2,3,4,5의 행)

문제 ▶▶ [A2:F3] 영역의 참조 행의 수를 [B4] 셀에 표시하시오.

B4	▼	:	×	✓	fx	=ROWS(B2:F3)

◢	A	B	C	D	E	F	G
1							
2	강사명	김준혁	한현덕	김지원	정예은	박준모	
3	과목	국어	영어	수학	과학	국사	
4	참조 행 개수	2					
5							

정답 ▶▶ [B4] 셀에 『=ROWS(B2:F3)』을 입력합니다.

⑤ CHOOSE : 순서대로 입력된 반환 값 중에서 N번째 값을 추출함
※ 순서 N번째 : 반환 값에서 추출할 N번째 번호이며 1이상의 정수를 나타내는 숫자(또는 수식)을 입력함

형식	사용 예	결과
=CHOOSE(순서 N, 값1, 값2, 값3,...)	=CHOOSE(2,"A","B","C")	B

문제 ▶▶ 사원코드의 오른쪽 끝문자가 '1'이면 '관리부', '2'이면 '인사부', '3'이면 '영업부', '4'이면 '총무부'로
소속부서 [C3:C7] 영역에 표시하시오.

▶ CHOOSE, RIGHT 함수 사용

C3		× ✓ fx	=CHOOSE(RIGHT(A3,1),"관리부","인사부","영업부","총무부")					
◢	A	B	C	D	E	F	G	H
1								
2	사원코드	사원명	소속부서					
3	H123-1	김서현	관리부					
4	K123-4	양선유	총무부					
5	M123-2	박채민	인사부					
6	G123-2	최동준	인사부					
7	D123-3	이재현	영업부					
8								

정답 ▶▶ [C3] 셀에 『=CHOOSE(RIGHT(A3,1),"관리부","인사부","영업부","총무부")』을 입력하고
[C7] 셀까지 수식 복사합니다.

⑥ MATCH : 범위내에서 검색값과 같은 데이터를 찾아 옵션을 적용하여 그 위치를 일련번호로 반환함

형식	사용 예	결과

=MATCH(검색값, 검사범위, [검사 유형])
→ 검사 유형
• 0 : 검색값과 정확하게 일치하는 첫 번째 값을 추출
• 1 : 검색값보다 작거나 같은 값 중에서 최대값을 찾음
  (단, 검사범위가 오름차순 정렬되어야 함)
• −1 : 검색값보다 크거나 같은 값 중에서 최소값을 찾음
  (단, 검사범위가 내림차순 정렬되어야 함)
	=MATCH("B",{"A","B","C"},0)
	=MATCH(28,{10,20,30,40,50},1)
		2

문제 ▶▶ [표1]에서 가입나이 [E4:J4] 영역에서 가입나이별 위치를 [B3:B7] 영역에 표시하시오.

B3		× ✓ fx	=MATCH(A3,$E$4:$J$4,1)								
◢	A	B	C	D	E	F	G	H	I	J	K
1	[표1]										
2	나이	가입나이별 위치		[가입나이별 가입금액표]							
3	28세	2		가입금액	25,800	28,800	32,000	35,000	45,000	55,800	
4	43세	4		가입나이	10	20	30	40	50	60	
5	37세	3									
6	56세	5									
7	15세										
8											

정답 ▶▶ [B3] 셀에 『=MATCH(A3,$E$4:$J$4,1)』을 입력하고
[B7] 셀까지 수식 복사합니다.
※ 나이 28세는 30대에 가까운 숫자지만 20대이므로 2번째 위치에 있어야 함.
검사유형 1 : 검색값보다 작거나 같은 값 중에서 위치를 찾음 (단, 검사범위가 오름차순 정렬되어
야 함)

문제 >> [표2]에서 제품코드 [D12:D14] 영역에서 제품코드별 위치를 [B12:B15] 영역에 표시하시오.

| B12 | | : | × | ✓ | *fx* | =MATCH(A12,$D$12:$D$14,0) |

◢	A	B	C	D	E	F
10	[표2]			[제품코드별 판매가격표]		
11	제품코드	제품코드별 위치		제품코드	판매가격	
12	H-101	1		H-101	28,000	
13	H-102	2		H-102	30,000	
14	H-101	1		H-103	35,000	
15	H-103	3				
16						

정답 >> [B12] 셀에 『=MATCH(A12,$D$12:$D$14,0)』을 입력하고
[B15] 셀까지 수식 복사합니다.
※ 제품코드 검색값이 참조범위에 정확하게 있음
검사유형 0 : 검색값과 정확하게 일치하는 값을 추출

---

⑦ VLOOKUP : 검색값을 참조 범위에서 찾아서 지정한 열 번호에서 같은 행에 있는 값을 표시

형식
=VLOOKUP(검색값, 참조 범위, 추출할 값의 열 번호, [검색 유형])

→ 검색 유형
• TRUE(또는 생략) : 정확한 값이 없는 경우 근사값을 찾는 경우에는 참조 범위가 정렬되어야 유사한 값을 표시함
• FALSE(또는 0) : 정확하게 일치하는 값 표시 (검색값이 참조범위에 없을 경우 #N/A 표시됨)
※ 참조 범위는 검색 값이 가장 왼쪽 열에, 추출할 값은 오른쪽 열에 있어야 함

사용 예	결과
=VLOOKUP("연필",B2:C4,2,FALSE) | ◢	A	B	C	D | |---|---|---|---|---| | 1 | | | | | | 2 | | 지우개 | 1000 | | | 3 | | 연필 | 1500 | | | 4 | | 공책 | 2000 | | | 5 | | | | |	정답) 1500 B열에서 "연필"을 찾아서 C열의 같은 행에 있는 값(1500)을 추출함

문제 >> 점수와 [점수별 등급표]를 참조하여 등급을 [C3:C7] 영역에 구하시오.

| C3 | ▼ : | ✕ ✓ fx | =VLOOKUP(B3,$E$4:$F$8,2,TRUE) |

◢	A	B	C	D	E	F	G
1							
2	성명	점수	등급		[점수별 등급표]		
3	김현수	35	C		점수	등급	
4	견원찬	25	D		10	F	
5	서동진	50	A		20	D	
6	연유정	45	B		30	C	
7	김태현	15	F		40	B	
8					50	A	
9							

정답 >> [C3] 셀에 『=VLOOKUP(B3,$E$4:$F$8,2,TRUE)』을 입력하고 [C7] 셀까지 수식 복사합니다.

※ 점수 검색값이 참조범위에 유사하게 있으므로 TRUE

※ TRUE는 생략 또는 1을 사용해도 됩니다.

⑧ HLOOKUP : 검색값을 참조 범위에서 찾아서 지정한 행 번호에서 같은 열에 있는 값을 표시

형식
=HLOOKUP(검색값, 참조 범위, 추출할 값의 행 번호, [검색 유형])

→ 검색 유형
• TRUE(또는 생략) : 정확한 값이 없는 경우 근사값을 찾는 경우에는 참조 범위가 정렬되어야 유사한 값을 표시함
• FALSE(또는 0) : 정확하게 일치하는 값 표시 (검색값이 참조범위에 없을 경우 #N/A 표시됨)
※ 참조 범위는 검색 값이 제일 위쪽 행에, 추출할 값은 아래쪽 행에 있어야 함

사용 예	결과
=HLOOKUP("공책",B2:D3,2,FALSE) | ◢	A	B	C	D	E | |---|---|---|---|---|---| | 1 | | | | | | | 2 | | 지우개 | 연필 | 공책 | | | 3 | | 1000 | 1500 | 2000 | | | 4 | | | | | |	정답) 2000 2행에서 "공책"을 찾아서 3행의 같은 열에 있는 값(2000)을 추출함

문제 >> 제품코드와 [제품코드별 판매가격표]를 참조하여 판매가격을 [B3:B6] 영역에 구하시오.

| B3 | ▼ | : | × | ✓ | fx | =HLOOKUP(A3,$E$3:$G$4,2,FALSE) |

	A	B	C	D	E	F	G	H
1								
2	제품코드	판매가격		[제품코드별 판매가격표]				
3	H-101	28,000		제품코드	H-101	H-102	H-103	
4	H-102	30,000		판매가격	28,000	30,000	35,000	
5	H-101	28,000						
6	H-103	35,000						
7								

정답 >> [B3] 셀에 『=HLOOKUP(A3,$E$3:$G$4,2,FALSE)』을 입력하고 [B6] 셀까지 수식 복사합니다.
※ 제품코드 검색값이 참조범위에 정확하게 있으므로 FALSE
※ FALSE는 0을 사용해도 됩니다.

⑨ INDEX : 참조 범위에서 행/열 번호의 교차점에 셀 값을 추출함

형식
=INDEX(참조 범위, 행 번호, 열 번호)

• 참조 범위 : 값을 찾을 참조 범위
• 행 번호 : 참조 범위의 시작을 기준으로 행 방향으로 나열된 순번과 같음
• 열 번호 : 참조 범위의 시작을 기준으로 열 방향으로 나열된 순번과 같음
 ※ 단, 참조 범위가 하나의 행일 경우 행 번호(1)생략 할 수 있고, 열 번호만 입력 할 수 있음
    참조 범위가 하나의 열일 경우 행 번호 입력하고, 열 번호(1)는 생략할 수 있음

사용 예	결과
=INDEX(C3:C5,3,1) 	A	B	C	D	 1 2 구분 판매가 3 가방 30,000 4 신발 (참조 범위) 20,000 ↓열 5 옷 50,000 6 → 행	정답) 50000 [C3:C5] 참조 범위에서 3행, 1열의 값을 추출함

문제 >> 나이와 [가입나이별 가입금액표]를 참조하여 가입금액을 [B3:B7] 영역에 구하시오.

▶ INDEX, MATCH 함수 사용

| B3 | | ▼ | : | × | ✓ | fx | =INDEX($E$3:$J$3,1,MATCH(A3,$E$4:$J$4,1)) |

▲	A	B	C	D	E	F	G	H	I	J
1										
2	나이	가입금액		[가입나이별 가입금액표]						
3	28세	28,800		가입금액	25,800	28,800	32,000	35,000	45,000	55,800
4	43세	35,000		가입나이	10대	20대	30대	40대	50대	60대
5	37세	32,000								
6	56세	45,000								
7	15세	25,800								
8										

정답 >> [B3] 셀에 『=INDEX($E$3:$J$3,1,MATCH(A3,$E$4:$J$4,1))』을 입력하고 [B7] 셀까지 수식 복사합니다.

 ※ INDEX(가입금액범위, 가입금액 행(1)이므로 생략 할 수 있음, 가입나이마다 열번호 위치가 다름)

 단, 참조 범위가 하나의 행일 경우 행 번호(1)생략 할 수 있고, 열 번호만 입력 할 수 있음

함수문제 유형 1~3

🔒 유형 1

함수 문제1.xlsx 파일을 열어 작업하시오.

① [표1]에서 직급[B3:B10]이 "대리"인 판매량[C3:C10] 중 최대값과 최소값을 [C11]셀에 표시하시오.

▶ 표시 예 : 최대 95 ~ 최소 27

▶ 조건은 [E9:E10] 영역에 입력하시오.

▶ DMAX, DMIN 함수와 & 연산자 사용

② [표2]에서 성별[I3:I10]이 "남"이면서 중간고사[J3:J10]가 90 이상이거나 성별[I3:I10]이 "여"이면서 기말고사[K3:K10]가 90 이상인 학생의 총점[L3:L10]에 대한 평균을 [L11]셀에 계산하시오..

▶ 조건은 [N9:P11] 영역에 입력하시오.

▶ DSUM, DAVERAGE, DCOUNT 중 알맞은 함수 사용

③ [표3]에서 1차[B16:B24]에서 가장 높은 빈도를 가진 결과[D16:D24] 합계를 [D25] 셀에 계산하시오.

▶ SUMIF, MODE 함수 사용

④ [표4]에서 성별[I16:I23]이 "여"이면서 지역[J16:J23]이 "서울"로 시작하는 판매금액[K16:K23] 합계를 [K24]셀에 계산하시오.

▶ AVERAGEIFS, SUMIFS, COUNTIFS 함수 중 알맞은 함수 사용

⑤ [표5]에서 사원코드[A29:A36]의 5번째 문자가 "1"이면 "홍보부", "2"이면 "인사부", "3"이면 "총무부"로 부서명[D29:D36]에 표시하시오.

▶ IF, MID 함수 사용

🔑 따라하기

① [C11]셀의 수식 『="최대"&DMAX(A2:C10,3,E9:E10)&"~ 최소"&DMIN(A2:C10,3,E9:E10)』를 입력합니다.

② [L11]셀의 수식 『=DAVERAGE(H2:L10,5,N9:P11)』를 입력합니다.

③ [D25]셀의 수식 『=SUMIF(B16:B24,MODE(B16:B24),D16:D24)』를 입력합니다.

④ [K24]셀의 수식 『=SUMIFS(K16:K23,I16:I23,"여",J16:J23,"서울*")』를 입력합니다.

⑤ [D29]셀의 수식 『=IF(MID(A29,5,1)="1","홍보부",IF(MID(A29,5,1)="2","인사부","총무부"))』를 입력하고 [D36]셀까지 복사합니다.

🔓 따라하기 결과

	A	B	C	D	E	F	G	H	I	J	K	L	M	N	O	P	Q
1	[표1]	판매량 현황						[표2]	1학기 성적표								
2	사원명	직급	판매량					성명	성별	중간고사	기말고사	총점					
3	송효연	사원	56					천수철	남	78	92	170					
4	윤여진	대리	42					나민주	여	92	98	190					
5	노진아	대리	92					김영옥	남	80	78	158					
6	김남희	사원	84					백이영	여	90	92	182					
7	김병선	대리	51					유찬우	남	96	98	194					
8	신은경	과장	63			<조건>		김혜ás	여	76	74	150			<조건>		
9	남채석	사원	54			직급		안선영	여	90	74	164			성별	중간고사	기말고사
10	이가연	대리	28			대리		김동준	남	92	90	182			남	>=90	
11	직급이 대리의		최대 92 ~ 최소 28						총점 평균			187			여		>=90
12	판매량 최대값과 최소값																
13																	
14	[표3]	훈련 결과						[표4]	지역별 판매금액 현황								
15	선수명	1차	2차	결과				사원명	성별	지역	판매금액						
16	홍다윤	8	8	16				이사랑	여	서울본사	1,250,000						
17	이승희	8	5	13				강진원	남	인천지점	1,000,000						
18	김윤혁	5	5	10				김여명	남	안양지점	1,340,000						
19	양윤영	6	6	12				양미정	여	서울지점	1,090,000						
20	홍길표	6	3	9				정시철	남	안산지점	1,290,000						
21	강윤지	7	4	11				민철우	남	수원지점	1,150,000						
22	채윤아	6	8	14				김지은	여	일산지점	1,320,000						
23	김수현	9	8	17				길연디	남	광주지점	1,330,000						
24	유혜리	8	9	17				서울지역 여사원 판매금액 합계			2,340,000						
25	1차 빈도 높은 결과 합계			46													
26																	
27	[표5]	사원 관리 현황															
28	사원코드	입사년도	사원명	부서명													
29	2-M-11	2020년	최광열	홍보부													
30	1-M-26	2019년	전인수	인사부													
31	1-M-27	2019년	안선순	인사부													
32	2-M-35	2021년	정다회	총무부													
33	2-M-14	2018년	신서경	홍보부													
34	2-M-33	2019년	김승아	총무부													
35	1-M-11	2021년	이견용	홍보부													
36	1-M-23	2019년	이지민	인사부													
37																	

함수 문제2.xlsx 파일을 열어 작업하시오.

① [표1]에서 주민등록번호[C3:C10]를 이용하여 성별[E3:E10]을 표시하시오.

> ▶ 주민등록번호의 여덟 번째 숫자가 "1" 또는 "3"이면 "남", "2" 또는 "4"이면 "여"로 표시

> ▶ IF, OR, MID 함수 사용

② [표2]에서 가산점에 면접점수[I3:I10]를 더한 점수가 면접점수의 평균값 이상이면 "합격", 그렇지 않으면 "불합격"으로 합격여부[J3:J10]에 표시하시오.

> ▶ 가산점은 자격증여부[H3:H10]가 "유"이면 3점을 부여하고, "무"이면 없음

> ▶ IF, AVERAGE 함수 사용

③ [표3]에서 각 회차[B14:D21]의 표준편차[B22:D22]를 계산하시오.

> ▶ 소수점 이하 둘째 자리에서 내림하여 첫째 자리까지 표시 [표시 예 : 15.45 → 15.4]

> ▶ ROUNDDOWN, STDEV 함수 사용

④ [표4]에서 휴가시작일[I14:I22]과 휴가일수[J14:J22]를 이용하여 출근일[K14:K22]을 표시하시오.

> ▶ 주말(토, 일요일)은 제외

> ▶ WORKDAY, WEEKDAY, DATE 함수 중 알맞은 함수 사용

⑤ [표5]에서 생산량[C26:C34]과 재고량[D26:D34]을 이용하여 판매현황[E26:E34]을 표시하시오.

> ▶ 판매현황 : 생산량이 500 이상이고 재고량이 15 미만이면 "인기",
>   생산량이 250 이상이고 재고량이 25 미만이면 "보통", 그 외에는 공백을 표시함

> ▶ IF, AND 함수 사용

🔑 **따라하기**

① [E3]셀의 수식 『=IF(OR(MID(C3,8,1)="1",MID(C3,8,1)="3"),"남","여")』를 입력하고 [E10]셀까지 복사합니다.

② [J3]셀의 수식 『=IF(IF(H3="유",3,0)+I3>=AVERAGE($I$3:$I$10),"합격","불합격")』를 입력하고 [J10]셀까지 복사합니다.

> ※ 가산점 : =IF(H3="유",3,0)

③ [B22]셀의 수식 『=ROUNDDOWN(STDEV(B14:B21),1)』를 입력하고 [D22]셀까지 복사합니다.

④ [K14]셀의 수식 『=WORKDAY(I14,J14)』를 입력하고 [K22]셀까지 복사합니다.

⑤ [E26]셀의 수식 『=IF(AND(C26>=500,D26<15),"인기",IF(AND(C26>=250,D26<25),"보통",""))』를 입력하고 [E34]셀까지 복사합니다.

따라하기 결과

	A	B	C	D	E	F	G	H	I	J	K	L
1	[표1]	동호회 회원 현황					[표2]	면접 현황				
2	성명	지역	주민등록번호		성별		성명	자격증여부	면접점수	합격여부		
3	남영진	서초구	900725-1******		남		김현정	유	96	합격		
4	이재진	노원구	070126-3******		남		최문영	무	84	불합격		
5	김세라	마포구	841205-2******		여		김규정	유	76	불합격		
6	이미영	관악구	090615-4******		여		김수현	유	82	합격		
7	유현진	서초구	961008-2******		여		서승환	무	94	합격		
8	기진희	관악구	040904-3******		남		이상철	유	82	합격		
9	김진우	마포구	791112-1******		남		채준우	무	90	합격		
10	이미영	노원구	070807-4******		여		정선길	유	72	불합격		
11												
12	[표3]	결과표					[표4]	8월 휴가 현황				
13	응시번호	1차	2차	3차			사원명	부서명	휴가시작일	휴가일수	출근일	
14	21001	86	94	90			남현우	영업부	2020-08-02	8	2020-08-12	
15	21002	82	86	76			김윤지	영업부	2020-08-04	5	2020-08-11	
16	21003	92	45	92			이동민	영업부	2020-08-03	4	2020-08-07	
17	21004	88	76	66			정하연	기획부	2020-08-05	6	2020-08-13	
18	21005	92	80	72			김시온	기획부	2020-08-11	7	2020-08-20	
19	21006	84	82	76			최진우	기획부	2020-08-15	5	2020-08-21	
20	21007	64	62	80			김지우	홍보부	2020-08-06	6	2020-08-14	
21	21008	56	58	76			전혜영	홍보부	2020-08-20	4	2020-08-26	
22	표준편차	13.2	16.3	8.7			김민성	홍보부	2020-08-07	5	2020-08-14	
23												
24	[표5]	제품 현황										
25	제품코드	생산원가	생산량	재고량	판매현황							
26	HA-101	12,500	585	12	인기							
27	HB-102	13,500	245	5								
28	HC-103	14,500	267	24	보통							
29	HD-201	15,500	197	3								
30	HE-202	16,500	280	14	보통							
31	HF-203	17,500	150	0								
32	HG-301	18,500	700	12	인기							
33	HI-302	19,500	190	10								
34	HJ-303	20,500	120	30								
35												

🔒 유형 3

함수 문제3.xlsx 파일을 열어 작업하시오.

① [표1]에서 제품코드, 주문수량, 단가, 할인율표를 이용하여 할인금액[D3:D10]을 계산하시오.

- ▶ 할인금액 : 주문수량×단가×(1−할인율)
- ▶ 할인율은 제품코드를 이용하여 〈할인율표〉에서 찾아 계산
- ▶ VLOOKUP, LEFT 함수 사용

② [표2]에서 실적[K3:K10]이 30 이상인 총점[L3:L10] 평균을 계산하여 [L11]셀에 계산하시오.

- ▶ AVERAGEIF, SUMIF, COUNTIF 중 알맞은 함수 사용

③ [표3]에서 생년월일[D14:D21]과 요일구분표[G15:H21]를 이용하여 태어난요일[E14:E21]을 표시하시오.

- ▶ 요일은 "월요일"이 1로 시작하는 유형으로 지정
- ▶ VLOOKUP, WEEKDAY 함수 사용

④ [표4]에서 점수[K15:K21] 중 세 번째로 높은 점수를 3위 점수 [L15]에 표시하시오.

- ▶ MAX, MIN, SMALL, LARGE 중 알맞은 함수 사용

⑤ [표5]에서 버스 요금표[B25:E28] 영역을 참조하여 출발지(인천)에서 도착지(안양)까지의 버스요금을 계산하여 [E30]셀에 표시하시오.

- ▶ 출발코드[C30]와 도착코드[D30]의 ( )안의 숫자를 이용함
- ▶ INDEX, MID 함수 사용

🔑 따라하기

① [D3]셀의 수식 『=B3*C3*(1−VLOOKUP(LEFT(A3,1),$F$6:$G$10,2,FALSE))』를 입력하고 [D10]셀까지 복사합니다.

② [L11]셀의 수식 『=AVERAGEIF(K3:K10,">=30",L3:L10)』를 입력합니다.

③ [E14]셀의 수식 『=VLOOKUP(WEEKDAY(D14,2),$G$15:$H$21,2,0)』를 입력하고 [E21]셀까지 복사합니다.

④ [L15]셀의 수식 『=LARGE(K15:K21,3)』를 입력합니다.

⑤ [E30]셀의 수식 『=INDEX(B25:E28,MID(C30,4,1),MID(D30,4,1))』를 입력합니다.

🔓 따라하기 결과

	A	B	C	D	E	F	G	H	I	J	K	L	M
1	[표1]	주문 현황							[표2]		승진심사 결과표		
2	제품코드	주문수량	단가	할인금액					사원명	근태	실적	총점	
3	F-6-4	25	15,000	356,250					김혜은	24	32	68	
4	B-7-2	34	12,000	326,400		<할인율표>			유찬우	40	36	76	
5	C-3-5	47	17,000	679,150		코드	할인율		정임순	42	36	80	
6	D-6-4	52	25,000	1,170,000		A	25%		황가희	32	12	44	
7	A-4-8	16	10,000	120,000		B	20%		임미선	28	20	48	
8	F-8-9	25	35,000	831,250		C	15%		이용욱	14	25	39	
9	D-6-4	35	30,000	945,000		D	10%		김동연	12	20	32	
10	F-5-8	24	35,000	798,000		F	5%		최국현	5	15	20	
11									실적이 30 이상인 총점 평균			75	
12	[표3]	학생 정보 관리							[표4]		컴퓨터 평가		
13	반	성명	성별	생년월일	태어난요일		<요일구분표>		응시번호	점수	3위 점수		
14	CAD	오윤하	여	2001-05-04	금요일		구분	요일	210303	84	84		
15	OA	박태형	남	1996-07-06	토요일		1	월요일	210302	68			
16	BIG DATA	홍승아	여	1997-02-25	화요일		2	화요일	210303	78			
17	PHOTO	김현수	남	1994-03-21	월요일		3	수요일	210304	90			
18	GRAPHICS	손진철	남	2003-07-17	목요일		4	목요일	210305	94			
19	ITQ	유관영	남	2002-09-28	토요일		5	금요일	210306	76			
20	CAD	임정아	여	1977-12-21	수요일		6	토요일	210307	66			
21	OA	김상호	남	1990-11-29	목요일		7	일요일					
22													
23	[표5]	버스 요금표											
24	✕	서울(1)	인천(2)	안산(3)	안양(4)								
25	서울(1)	1,800	2,000	2,500	3,000								
26	인천(2)	2,000	1,800	2,400	2,800								
27	안산(3)	3,000	2,500	2,000	2,200								
28	안양(4)	2,500	2,800	2,400	2,000								
29			출발코드	도착코드	요금								
30			인천(2)	안양(4)	2,800								
31													

컴퓨터
활용능력
2급 실기

CHAPTER

03

분석작업

SECTION 01 정렬

⊙ 데이터를 특정 필드를 기준으로 보기 편하도록 오름차순, 내림차순, 사용자 지정 순서 등으로 재배열 하는 것을 정렬이라고 합니다.
⊙ 영역을 범위 지정하거나 데이터에서 임의의 셀을 클릭하여 [데이터]–[정렬 및 필터]탭의 [정렬]을 클릭합니다.

🔒 유형 1

정렬1.xlsx 파일을 열어 작업하시오.

▶ '1/4분기 판매현황' 표에서 '판매월'을 첫째기준으로 오름차순, '지역'을 둘째기준으로 내림차순 정렬하시오.

🔑 따라하기

① [A3:E18] 영역을 범위 지정 한 후 [데이터]탭–[정렬 및 필터]영역의 [정렬]을 클릭합니다.

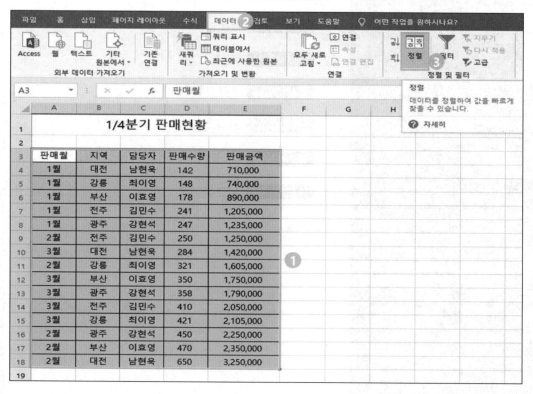

② [정렬]에서 다음과 같이 지정하고 [확인] 버튼을 클릭합니다.

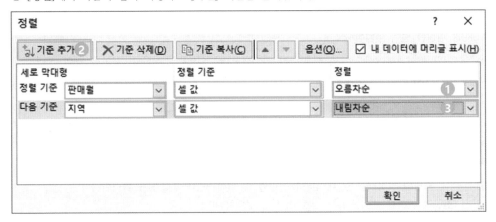

따라하기 결과

판매월	지역	담당자	판매수량	판매금액
		1/4분기 판매현황		
1월	전주	김민수	241	1,205,000
1월	부산	이효영	178	890,000
1월	대전	남현욱	142	710,000
1월	광주	강현석	247	1,235,000
1월	강릉	최이영	148	740,000
2월	전주	김민수	250	1,250,000
2월	부산	이효영	470	2,350,000
2월	대전	남현욱	650	3,250,000
2월	광주	강현석	450	2,250,000
2월	강릉	최이영	321	1,605,000
3월	전주	김민수	410	2,050,000
3월	부산	이효영	350	1,750,000
3월	대전	남현욱	284	1,420,000
3월	광주	강현석	358	1,790,000
3월	강릉	최이영	421	2,105,000

유형 2

정렬2.xlsx 파일을 열어 작업하시오.

▶ '컴퓨터 1학기 성적'표에서 '전공학과'를 '국문-경영-영문' 순으로 정렬하고, 동일한 경우 '성명'의 셀 색이 'RGB(231, 230, 230)'인 값이 위에 표시되도록 정렬하시오.

따라하기

① [A3:G14] 영역을 범위 지정 한 후 [데이터]탭-[정렬 및 필터]영역의 [정렬]을 클릭합니다.
② [정렬]에서 '전공학과', '셀 값', '사용자 지정 목록'을 선택합니다.

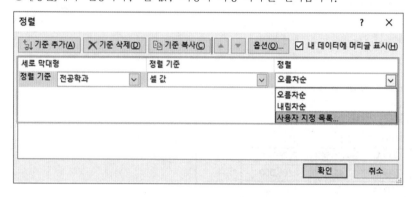

③ [사용자 지정 목록]에서 '목록 항목'에서 '국문', '경영', '영문'을 순서대로 입력하고 [추가] 버튼을 클릭한 후 [확인] 버튼을 클릭합니다.

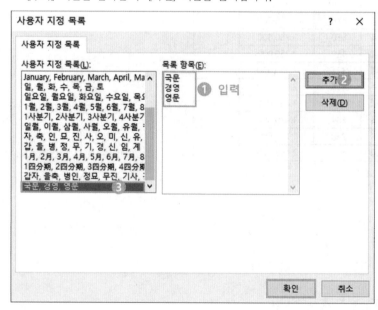

④ [기준추가]를 클릭하고, 다음과 같이 선택하고 [확인] 버튼을 클릭합니다.

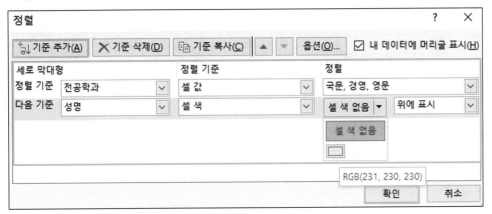

🔓 따라하기 결과

전공학과	성명	과제	중간	기말	출결	결석	
국문	오연길	81	77	67	100	0	
국문	박수정	74	88	90	91	0	
국문	한현숙	81	92	96	92	2	
국문	김남영	76	89	98	96	1	
경영	남은희	87	98	95	88	3	
경영	한다현	78	78	78	87	2	
경영	송산애	59	86	96	84	2	
영문	김은아	98	97	96	94	0	
영문	이호석	68	84	80	98	0	
영문	최예은	57	89	90	90	3	
영문	이선영	92	96	90	90	1	

컴퓨터 1학기 성적

SECTION 02 부분합

⊙ 부분합이란 동일한 데이터 항목별로 그룹화하고 각 그룹의 요약 결과를 표시하며, 특정 필드를 기준으로 데이터를 분류하고 각 항목별로 합계, 개수, 평균 등 계산을 할 수 있는 기능입니다.

⊙ 데이터 양이 많을 경우 윤곽기호를 선택하면 단계적으로 요약 결과를 볼 수 있습니다.

⊙ 부분합을 계산하기 전에는 그룹화할 항목을 기준으로 데이터를 정렬해야 합니다.

⊙ 기존 부분합이 적용 되어 있는 상태에서 부분합을 추가 할 경우에는 '새로운 값으로 대치' 체크박스를 해제합니다.

※ '새로운 값으로 대치'를 해제 하지 않으면 기존 부분합 위에 덮어 쓰여 집니다.

🔒 유형 1

부분합1.xlsx 파일을 열어 작업하시오.

▶ [부분합] 기능을 이용하여 '분기별 영업실적' 표에서 지점별 '1분기', '2분기', '3분기', '4분기'의 최대값과 합계를 계산하시오.

▶ 정렬은 '지점'을 기준으로 오름차순으로 처리하시오.

🔎 따라하기

① [A3] 셀을 선택하고 [데이터]탭의 [정렬 및 필터]영역의 [텍스트 오름차순 정렬]을 클릭합니다.

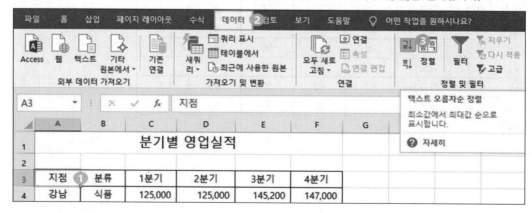

② [데이터]탭—[개요]영역의 [부분합] 메뉴를 클릭합니다.

③ [부분합]에서 '그룹화할 항목'에 '지점', '사용할 함수'에 '최대'를 선택하고,
   '부분합 계산 항목'에 '1분기', '2분기', '3분기', '4분기'를 체크한 후 [확인] 버튼을 클릭합니다.

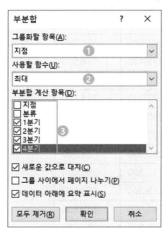

④ 다시 한번 [데이터]탭—[개요]영역의 [부분합] 메뉴를 클릭하고,
   [부분합]에서 '그룹화할 항목'에 '지점', '사용할 함수'에 '합계'를 선택하고,
   '부분합 계산 항목'에 '1분기', '2분기', '3분기', '4분기'를 체크하고,
   '새로운 값으로 대치'를 체크를 해제한 후 [확인] 버튼을 클릭합니다.

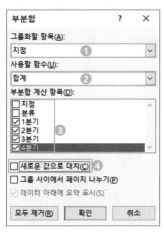

1 2 3 4	A	B	C	D	E	F	G
1	분기별 영업실적						
2							
3	지점	분류	1분기	2분기	3분기	4분기	
4	강남	식품	125,000	125,000	145,200	147,000	
5	강남	잡화	147,800	145,000	135,600	198,000	
6	강남	의류	158,000	164,700	127,400	235,000	
7	강남	가전	230,000	268,000	132,500	156,000	
8	강남 요약		660,800	702,700	540,700	736,000	
9	강남 최대		230,000	268,000	145,200	235,000	
10	구로	의류	156,300	142,000	125,000	245,000	
11	구로	가전	168,000	257,000	147,500	170,000	
12	구로	잡화	169,000	213,000	125,400	178,500	
13	구로	식품	178,500	142,300	235,000	125,600	
14	구로 요약		671,800	754,300	632,900	719,100	
15	구로 최대		178,500	257,000	235,000	245,000	
16	신촌	의류	125,700	125,000	187,000	221,300	
17	신촌	식품	145,700	256,000	263,500	136,500	
18	신촌	가전	154,000	241,000	145,200	256,100	
19	신촌	잡화	187,000	125,000	135,600	198,600	
20	신촌 요약		612,400	747,000	731,300	812,500	
21	신촌 최대		187,000	256,000	263,500	256,100	
22	종로	식품	157,400	235,100	215,300	125,400	
23	종로	잡화	192,000	168,000	147,000	175,000	
24	종로	의류	196,000	149,000	135,700	168,900	
25	종로	가전	247,000	230,000	154,200	253,000	
26	종로 요약		792,400	782,100	652,200	722,300	
27	종로 최대		247,000	235,100	215,300	253,000	
28	총합계		2,737,400	2,986,100	2,557,100	2,989,900	
29	전체 최대값		247,000	268,000	263,500	256,100	

🔒 유형 2

부분합2.xlsx 파일을 열어 작업하시오.

▶ [부분합] 기능을 이용하여 부서명별 '성명'의 인원수와 부서명별 '근무년수', '업무'의 평균을 계산하시오.

▶ 정렬은 '부서명'을 기준으로 내림차순으로 처리하시오.

▶ ○○○개수를 ○○○ 인원수로 처리하시오.

▶ 평균은 셀 서식에서 '숫자' 범주를 이용하여 소수 첫째까지만 표시하시오.

🔑 따라하기

① [B2] 셀을 선택하고 [데이터]탭의 [정렬 및 필터]에서 [텍스트 내림차순 정렬]을 클릭합니다.

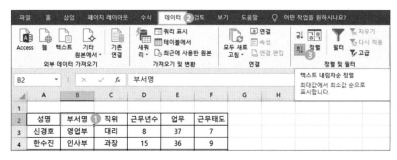

② [데이터]탭-[개요]영역의 [부분합] 메뉴를 클릭합니다.

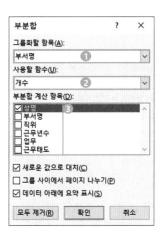

③ [부분합]에서 '그룹화할 항목'에 '부서명', '사용할 함수'에 '개수'를 선택하고, '부분합 계산 항목'에 '성명'을 체크한 후 [확인] 버튼을 클릭합니다.

④ 다시 한번 [데이터]탭-[개요]영역의 [부분합] 메뉴를 클릭하고,
　　[부분합]에서 '그룹화할 항목'에 '부서명', '사용할 함수'에 '평균'을 선택하고,
　　'부분합 계산 항목'에 '근무년수', '업무'를 체크하고,
　　'새로운 값으로 대치'를 체크를 해제한 후 [확인] 버튼을 클릭합니다.

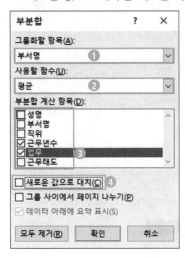

⑤ [A2] 셀을 선택하고 [홈]탭의 [편집]에서 [찾기 및 선택]을 클릭하거나 (또는 CTRL+H)를 누릅니다.

⑥ 찾기 및 바꾸기에서 '바꾸기'에서 '찾을 내용'에 '개수'를 입력하고, '바꿀 내용'에 '인원수'를 입력하고
'모두 바꾸기'하고 [닫기] 버튼을 클릭합니다.

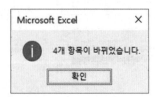

⑦ [D6:E6], [D14:E14], [D19:E19], [D21:E21]셀을 선택한 후 마우스 오른쪽 버튼을 클릭하여 [셀서식] 대화상
자의 [표시 형식] 탭에서 '숫자'를 선택하고 소수 자릿수 1로 지정하고 [확인]을 클릭합니다.

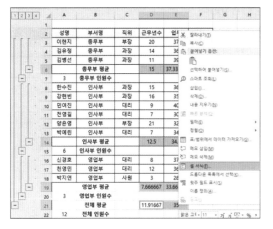

🔓 따라하기 결과

1 2 3 4		A	B	C	D	E	F	G
	1							
	2	성명	부서명	직위	근무년수	업무	근무태도	
	3	이현지	총무부	부장	20	37	10	
	4	김유정	총무부	과장	14	36	8	
	5	김병선	총무부	과장	11	39	9	
	6		총무부 평균		15.0	37.3		
	7	3	총무부 인원수					
	8	한수진	인사부	과장	15	36	9	
	9	강현빈	인사부	과장	16	35	8	
	10	민여진	인사부	대리	9	40	7	
	11	전영길	인사부	대리	7	30	10	
	12	양은영	인사부	부장	21	32	7	
	13	박예린	인사부	대리	7	34	7	
	14		인사부 평균		12.5	34.5		
	15	6	인사부 인원수					
	16	신경호	영업부	대리	8	37	7	
	17	천영민	영업부	대리	12	36	9	
	18	박지연	영업부	사원	3	28	9	
	19		영업부 평균		7.7	33.7		
	20	3	영업부 인원수					
	21		전체 평균		11.9	35.0		
	22	12	전체 인원수					

▶ 부분합 지우는 방법

[A2]셀을 선택하거나 [A2:F22] 적용된 범위를 지정한 후 [데이터]탭-[개요]영역의 [부분합]메뉴를 클릭하고, [부분합]에서 [모두 제거]를 클릭한 후 [확인] 버튼을 클릭합니다.

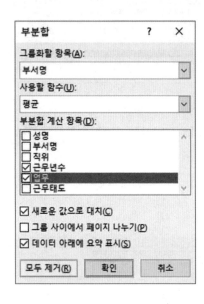

SECTION
03 통합

⊙ 분산된 여러 개의 데이터를 하나로 통합하기 위해 사용합니다.
⊙ 통합 결과가 표시 될 영역을 지정 한 후 [데이터]탭–[데이터 도구]영역의 [통합]을 클릭합니다.
※ 통합할 데이터의 첫 번째 필드명을 기준으로 분산된 데이터가 통합 됩니다.

🔒 유형 1

통합1.xlsx 파일을 열어 작업하시오.

▶ 데이터 통합기능을 이용하여 [표1], [표2], [표3]의 지출 내역서에 대한 '항목'별 '1월', '2월', '3월'의 지출 평균을 [표4] 1/4분기 평균지출 내역서[G5:J9] 영역에 계산하시오.

🔑 따라하기

① [G5:J9] 영역을 범위 지정 한 후 [데이터]탭–[데이터 도구]영역의 [통합]을 클릭합니다.

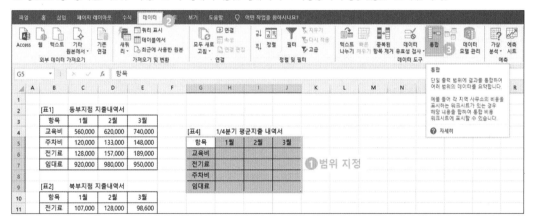

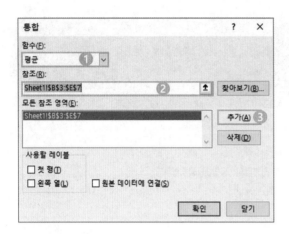

② [통합]에서 '함수'는 '평균'을 선택하고, '참조'는 [B3:E7] 영역을 범위 지정한 후 [추가] 버튼을 클릭합니다.

③ '참조'에 같은 방법으로 [B10:E14] 영역을 범위 지정한 후 [추가] 버튼을 클릭하고, [B17:E21] 영역을 범위 지정한 후 추가하고, '사용할 레이블'에 '첫 행', '왼쪽 열'을 체크한 후 [확인] 버튼을 클릭합니다.

🔓 따라하기 결과

	A	B	C	D	E	F	G	H	I	J	K
1											
2		[표1]	동부지점 지출내역서								
3		항목	1월	2월	3월						
4		교육비	560,000	620,000	740,000		[표4]	1/4분기 평균지출 내역서			
5		주차비	120,000	133,000	148,000		항목	1월	2월	3월	
6		전기료	128,000	157,000	189,000		교육비	433,333	496,667	620,000	
7		임대료	920,000	980,000	950,000		전기료	111,200	144,000	141,500	
8							주차비	112,333	135,667	147,667	
9		[표2]	북부지점 지출내역서				임대료	896,667	913,333	880,000	
10		항목	1월	2월	3월						
11		전기료	107,000	128,000	98,600						
12		임대료	850,000	880,000	800,000						
13		교육비	390,000	420,000	570,000						
14		주차비	97,000	102,000	157,000						
15											
16		[표3]	서부지점 지출내역서								
17		항목	1월	2월	3월						
18		주차비	120,000	172,000	138,000						
19		교육비	350,000	450,000	550,000						
20		임대료	920,000	880,000	890,000						
21		전기료	98,600	147,000	136,900						
22											

🔒 유형 2

통합2.xlsx 파일을 열어 작업하시오.

▶ 데이터 통합기능을 이용하여 [표1], [표2], [표3] 지점별 실적현황에 대한 '직위'별 '목표', '실적'의 합계를 [G12:I15] 영역에 계산하시오.

🔑 따라하기

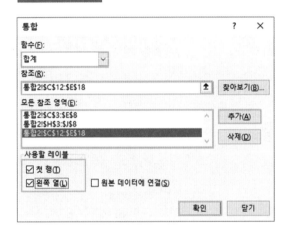

① [G12:I15] 영역을 범위 지정 한 후 [데이터]탭 −[데이터 도구]영역의 [통합]을 클릭합니다.
② [통합]에서 '함수'는 '합계'을 선택하고, '참조'에서 [C3:E8], [H3:J8], [C12:E18] 영역을 순서대로 지정한 뒤
[추가] 버튼을 클릭하고, '사용할 레이블'에 '첫 행', '왼쪽 열'을 체크한 후 [확인] 버튼을 클릭합니다.

🔓 따라하기 결과

	A	B	C	D	E	F	G	H	I	J	K
1											
2		[표1]	수원지점 실적현황				[표2]	안산지점 실적현황			
3		사원명	직위	목표	실적		사원명	직위	목표	실적	
4		정예은	대리	150,000	134,000		이용우	사원	170,000	167,000	
5		서민혁	사원	120,000	117,000		김유진	대리	185,000	192,000	
6		박동식	사원	120,000	124,000		박신회	사원	170,000	168,500	
7		최대현	팀장	170,000	180,000		정수연	팀장	200,000	210,400	
8		한현덕	대리	160,000	154,000		문효린	사원	170,000	180,000	
9											
10											
11		[표3]	안양지점 실적현황				[표4]	직위별 실적 합계			
12		사원명	직위	목표	실적		직위	목표	실적		
13		박준모	대리	164,000	170,800		사원	1,064,000	1,064,500		
14		강명호	사원	157,000	148,000		대리	843,000	847,800		
15		이영찬	사원	157,000	160,000		팀장	762,000	807,400		
16		윤수현	팀장	196,000	220,000						
17		최민성	대리	184,000	197,000						
18		구민혜	팀장	196,000	197,000						
19											

SECTION
04

목표값 찾기

⊙ 목표값 찾기 기능은 수식 셀에서 목표한 결과 값을 얻기 위하여 역으로 수식의 참조 값이 어떻게 변경되어야 하는지 알고자 할 때 사용하는 기능입니다.

⊙ [데이터]탭–[예측]영역의 [가상 분석]–[목표값 찾기] 메뉴를 사용합니다.

🔒 유형 1

목표값 찾기1.xlsx 파일을 열어 작업하시오.

▶ '가전제품 판매 현황'표에서 '춘천점'의 냉장고 판매총액[E11]이 100,000,000이 되려면 판매량 [D11]이 얼마가 되어야 하는지 목표값 찾기 기능을 이용하여 계산하시오.

🔑 따라하기

① [E11] 셀을 선택하고 [데이터]탭–[예측]영역의 [가상 분석]–[목표값 찾기] 메뉴를 클릭합니다.

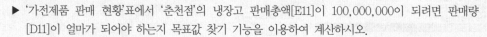

가전제품 판매 현황

지점	제품명	판매가격	판매량	판매총액
노원점	TV	1,650,000	48	79,200,000
노원점	냉장고	2,800,000	57	159,600,000
노원점	세탁기	1,800,000	67	120,600,000
일산점	TV	1,650,000	38	62,700,000
일산점	냉장고	2,800,000	46	128,800,000
일산점	세탁기	1,800,000	54	97,200,000
춘천점	TV	1,650,000	57	94,050,000
춘천점	냉장고	2,800,000	32	89,600,000 ❶
춘천점	세탁기	1,800,000	41	73,800,000

② [목표값 찾기]에서 '수식 셀'은 [E11]셀, '찾는 값'은 '100000000','값을 바꿀 셀'은 [D11] 셀을 지정하고
[확인] 버튼을 클릭하고 [목표값 찾기 상태]에서 [확인] 버튼을 클릭합니다.

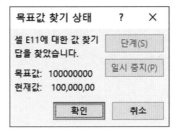

🔓 따라하기 결과

	A	B	C	D	E	F
1	가전제품 판매 현황					
2						
3	지점	제품명	판매가격	판매량	판매총액	
4	노원점	TV	1,650,000	48	79,200,000	
5	노원점	냉장고	2,800,000	57	159,600,000	
6	노원점	세탁기	1,800,000	67	120,600,000	
7	일산점	TV	1,650,000	38	62,700,000	
8	일산점	냉장고	2,800,000	46	128,800,000	
9	일산점	세탁기	1,800,000	54	97,200,000	
10	춘천점	TV	1,650,000	57	94,050,000	
11	춘천점	냉장고	2,800,000	36	100,000,000	
12	춘천점	세탁기	1,800,000	41	73,800,000	
13						

목표값 찾기2.xlsx 파일을 열어 작업하시오.

▶ '분기별 영업실적'표에서 '의류'의 총계[F6]가 800,000이 되려면 2분기 실적[C6]이 얼마가 되어야 하는지 목표값 찾기 기능을 이용하여 계산하시오.

🔑 **따라하기**

① [F6] 셀을 선택하고 [데이터]탭-[예측]영역의 [가상 분석]-[목표값 찾기] 메뉴를 클릭합니다.

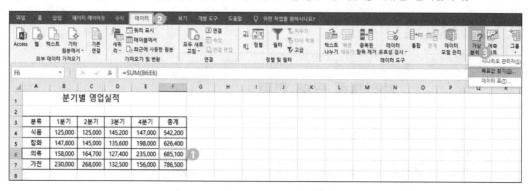

② [목표값 찾기]에서 '수식 셀'은 [F6]셀, '찾는 값'은 '800000', '값을 바꿀 셀'은 [C6] 셀을 지정하고 [확인] 버튼을 클릭하고 [목표값 찾기 상태]에서 [확인] 버튼을 클릭합니다.

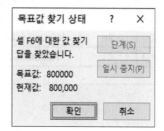

🔓 **따라하기 결과**

	A	B	C	D	E	F	G
1		분기별 영업실적					
2							
3	분류	1분기	2분기	3분기	4분기	총계	
4	식품	125,000	125,000	145,200	147,000	542,200	
5	잡화	147,800	145,000	135,600	198,000	626,400	
6	의류	158,000	279,600	127,400	235,000	800,000	
7	가전	230,000	268,000	132,500	156,000	786,500	
8							

SECTION 05 시나리오

⊙ 시나리오 기능은 다양한 변수를 입력하여 여러 가지 상황에 따른 결과 값의 변화를 예측 할 수 있도록 분석하는 기능입니다.

⊙ [데이터]탭-[예측]영역의 [가상 분석]-[시나리오] 메뉴를 사용합니다.

※ 셀 이름 정의의 경우 시나리오 하기 전에 먼저 진행합니다.

🔒 유형 1

시나리오1.xlsx 파일을 열어 작업하시오.

'강좌 모집 현황' 표에서 할인율[C14]이 다음과 같이 변동하는 경우 수강료평균[E12]의 변동 시나리오를 작성하시오.

▶ 셀 이름 정의 : [C14] 셀은 '할인율', [E12] 셀은 '수강료평균'으로 정의하시오.

▶ 시나리오1 : 시나리오 이름은 '할인율인상', 할인율을 20%로 설정하시오.

▶ 시나리오2 : 시나리오 이름은 '할인율인하', 할인율을 10%로 설정하시오.

🔑 따라하기

① [C14] 셀을 선택하고 [수식]탭-[정의된 이름]영역의의 [이름 정의] 메뉴를 클릭하고 [새이름]에서 '이름'을 '할인율' 입력하고 [확인] 버튼을 클릭합니다.

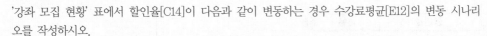
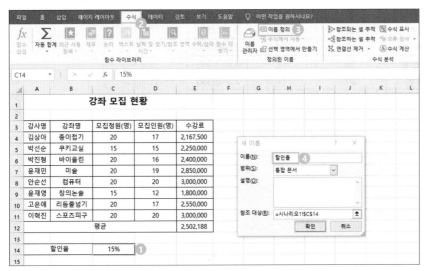

또는 [C14] 셀을 선택하고 [이름상자]에서 '할인율'을 입력하고 Enter 키를 누릅니다.

| 할인율 | | | 15% | | |

강좌 모집 현황

강사명	강좌명	모집정원(명)	모집인원(명)	수강료
김상아	종이접기	20	17	2,167,500
박선순	쿠키교실	15	15	2,250,000
박진형	바이올린	20	16	2,400,000
윤재민	미술	20	19	2,850,000
안순선	컴퓨터	20	20	3,000,000
윤재영	창의논술	15	12	1,800,000
고은애	리듬줄넘기	20	17	2,550,000
이혁진	스포츠피구	20	20	3,000,000
평균				2,502,188
할인율		15% ❶		

② [E12] 셀을 선택하고 [이름상자]에서 '수강료평균'을 입력하고 Enter 키를 누릅니다.

| 수강료평균 | | | =AVERAGE(E4:E11) | | |

강좌 모집 현황

강사명	강좌명	모집정원(명)	모집인원(명)	수강료
김상아	종이접기	20	17	2,167,500
박선순	쿠키교실	15	15	2,250,000
박진형	바이올린	20	16	2,400,000
윤재민	미술	20	19	2,850,000
안순선	컴퓨터	20	20	3,000,000
윤재영	창의논술	15	12	1,800,000
고은애	리듬줄넘기	20	17	2,550,000
이혁진	스포츠피구	20	20	3,000,000
평균				2,502,188 ❶
할인율		15%		

③ [C14] 셀을 선택하고 [데이터]탭-[예측]영역의 [가상 분석]-[시나리오 관리자] 메뉴 클릭합니다.

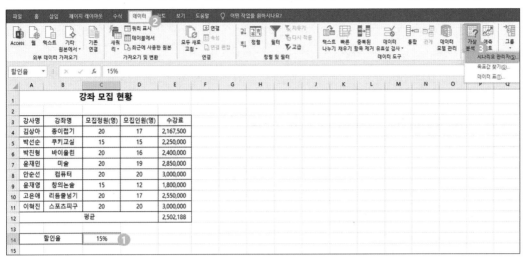

④ [시나리오 관리자]에서 [추가] 버튼을 클릭합니다.

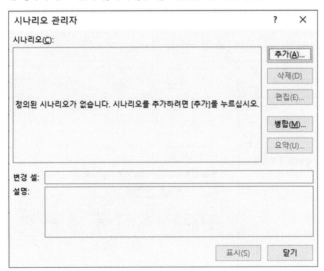

⑤ '시나리오 이름'에 '할인율인상'을 입력하고, '변경 셀'은 [C14]셀 지정하고 [확인] 버튼을 클릭하고
   [시나리오 값]에서 '할인율'에 '0.2(또는 20%)'를 입력하고 [추가] 버튼을 클릭합니다.

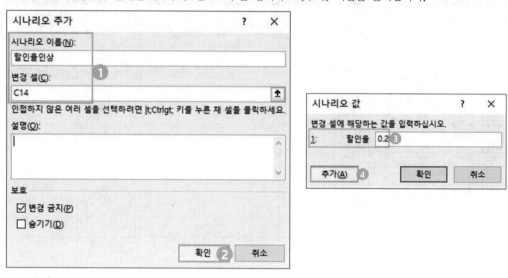

⑥ 이어서 '시나리오 이름'에 '할인율인하'를 입력하고, '변경 셀'은 [C14] 셀 지정하고 [확인] 버튼을 클릭하고
   [시나리오 값]에서 '할인율'에 '0.1(또는 10%)'를 입력하고 [확인] 버튼을 클릭합니다.

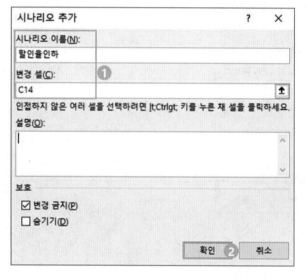

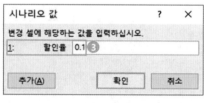

⑦ [시나리오 관리자]에서 [요약] 버튼을 클릭하고, [시나리오 요약]에서 '보고서 종류'는 '시나리오 요약'을 선택한 후, '결과 셀'은 [E12] 셀을 지정하고 [확인] 버튼을 클릭합니다.

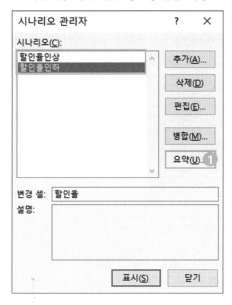

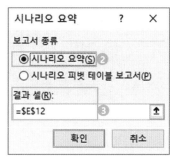

따라하기 결과

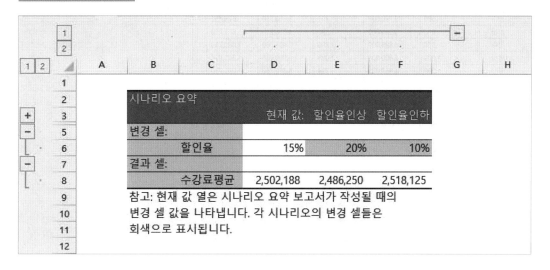

	현재 값:	할인율인상	할인율인하
시나리오 요약			
변경 셀:			
할인율	15%	20%	10%
결과 셀:			
수강료평균	2,502,188	2,486,250	2,518,125

참고: 현재 값 열은 시나리오 요약 보고서가 작성될 때의
변경 셀 값을 나타냅니다. 각 시나리오의 변경 셀들은
회색으로 표시됩니다.

시나리오2.xlsx 파일을 열어 작업하시오.

'지점별 제품 판매 현황' 표에서 마진율[C13]이 다음과 같이 변동하는 경우 판매금액합계[E10], 이익금액합계[F10]의 변동 시나리오를 작성하시오.

▶ 셀이름 정의 : [C13] 셀은 '마진율', [E10] 셀은 '판매금액합계', [F10] 셀은 '이익금액합계'로 정의하시오.

▶ 시나리오1 : 시나리오 이름은 '마진율인상', 마진율을 30%로 설정하시오.

▶ 시나리오2 : 시나리오 이름은 '마진율인하', 마진율을 20%로 설정하시오.

🔑 **따라하기**

① [C13] 셀을 선택하고 [이름상자]에서 '마진율'을 입력하고 Enter 키를 누르고, 같은 방식으로 [E10] 셀은 '판매금액합계', [F10] 셀은 '이익금액합계'로 이름을 정의합니다.

마진율 ❷ ✕ ✓ ƒx 25%

지점별 제품 판매 현황

지점	매입수량	매입금액	판매수량	판매금액	이익금액
광주	580	3,190,000	490	3,368,750	673,750
울산	670	3,685,000	590	4,056,250	811,250
김해	890	4,895,000	786	5,403,750	1,080,750
부산	1,200	6,600,000	1,005	6,909,375	1,381,875
일산	900	4,950,000	794	5,458,750	1,091,750
화곡	800	4,400,000	841	5,781,875	1,156,375
합계	5,040	27,720,000	4,506	30,978,750	6,195,750
매입단가	판매단가	마진율			
5,500	6,875	25% ❶			

판매금액합계 ❷ ⋮ ✕ ✓ ƒx =SUM(E4:E9)

지점별 제품 판매 현황

지점	매입수량	매입금액	판매수량	판매금액	이익금액
광주	580	3,190,000	490	3,368,750	673,750
울산	670	3,685,000	590	4,056,250	811,250
김해	890	4,895,000	786	5,403,750	1,080,750
부산	1,200	6,600,000	1,005	6,909,375	1,381,875
일산	900	4,950,000	794	5,458,750	1,091,750
화곡	800	4,400,000	841	5,781,875	1,156,375
합계	5,040	27,720,000	4,506	30,978,750 ❶	6,195,750
매입단가	판매단가	마진율			
5,500	6,875	25%			

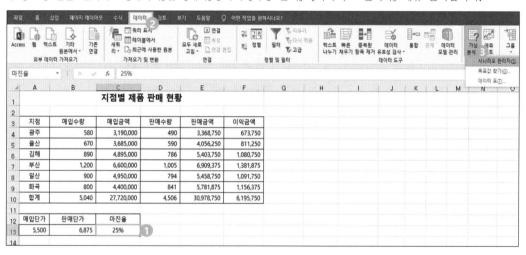

② [C13] 셀을 선택하고 [데이터]탭–[예측]영역의 [가상 분석]–[시나리오 관리자] 메뉴 클릭합니다.

③ [시나리오 관리자]에서 [추가] 버튼을 클릭합니다.

시나리오 관리자

시나리오(C):

정의된 시나리오가 없습니다. 시나리오를 추가하려면 [추가]를 누르십시오.

추가(A)...
삭제(D)
편집(E)...
병합(M)...
요약(U)...

변경 셀:
설명:

표시(S) 닫기

④ '시나리오 이름'에 '마진율인상'을 입력하고, '변경 셀'은 [C13]셀로 지정하고 [확인] 버튼을 클릭하고
　　[시나리오 값]에서 '마진율'에 '0.3(또는 30%)'를 입력하고 [추가] 버튼을 클릭합니다.

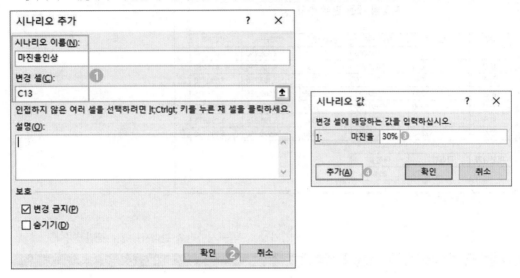

⑤ 이어서 '시나리오 이름'에 '마진율인하'을 입력하고, '변경 셀'은 [C13]셀로 지정하고 [확인] 버튼을 클릭하고
　　[시나리오 값]에서 '할인율'에 '0.2(또는 20%)'를 입력하고 [확인] 버튼을 클릭합니다.

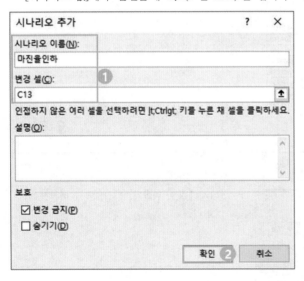

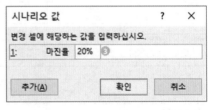

⑥ [시나리오 관리자]에서 [요약] 버튼을 클릭하고, [시나리오 요약]에서 '보고서 종류'는 '시나리오 요약'을
선택한 후, '결과 셀'은 [E10:F10] 셀을 지정하고 [확인] 버튼을 클릭합니다.

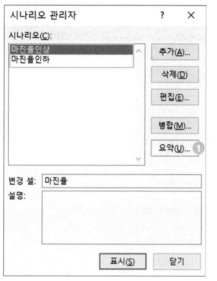

따라하기 결과

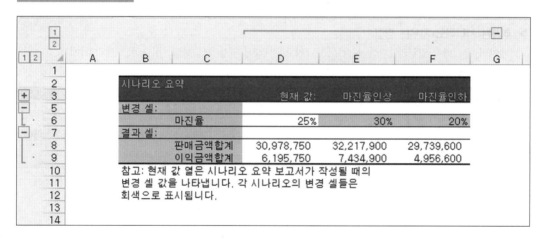

▶ 정의된 이름 지우는 방법

[수식]탭-[정의된 이름]영역의 [이름 관리자] 메뉴를 클릭합니다.
[이름 관리자]에서 삭제하려는 이름을 선택하고 [삭제] 버튼을 클릭하고 [확인] 버튼을 클릭합니다.

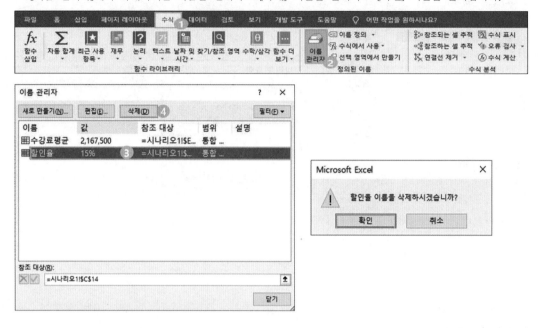

▶ 추가된 시나리오 지우는 방법

[데이터]탭-[예측]영역의 [가상 분석]-[시나리오 관리자] 메뉴 클릭하고 [시나리오 관리자]에서
'시나리오'에서 지우고자 하는 시나리오 이름을 선택하고 [삭제] 버튼을 클릭하고 [닫기] 버튼을 클릭합니다.

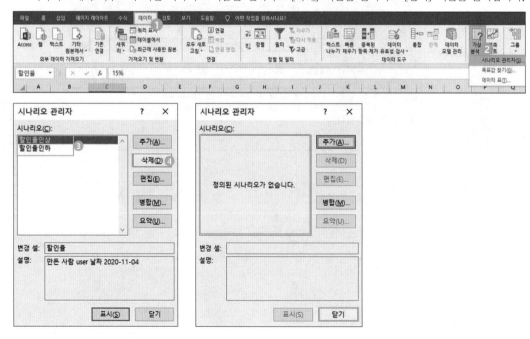

▶ 시나리오 요약 시트 지우는 방법

완성된 [시나리오 요약]시트 탭에서 마우스 오른쪽 버튼을 클릭하여 [삭제] 메뉴를 클릭하거나 또는 [홈]탭-[셀]영역의 [삭제]-[시트 삭제]를 클릭합니다. ※ 다른 시트는 삭제되지 않도록 주의합니다.

데이터 표

SECTION 06

⊙ 데이터 표 기능은 복잡한 형태의 수식에 사용되는 값을 변화 시켰을 때 그 값에 따라 결과 값이 어떻게 변동되는지 확인 할 수 있는 기능입니다.

⊙ [데이터]탭-[예측]영역의 [가상 분석]-[데이터 표] 메뉴를 사용합니다.

🔒 유형 1

데이터 표1.xlsx 파일을 열어 작업하시오.

▶ '대출금액 분석' 표는 대출금액[C5], 연이율[C3], 기간 [C4]을 이용하여 월상환액[C6]을 계산한 것이다.

[데이터 표] 기능을 이용하여 '대출금액' 과 '연이율'의 변동에 따른 월상환액을 [G4:K10] 영역에 계산하시오.

🔑 따라하기

① [F3] 셀에 『=PMT(C3/12,C4*12,-C5)』수식을 입력합니다.

또는 [C6] 셀의 수식을 수식 입력줄에서 복사하고 Esc 키를 누르고 [F3] 셀에 수식을 붙여넣기 합니다.

F3	▼	:	×	✓	fx	=PMT(C3/12,C4*12,-C5)					
▲	A	B	C	D	E	F	G	H	I	J	K	L
1												
2		대출금액 분석					대출금액					
3		연이율	9%			₩228,424	50,000,000	55,000,000	60,000,000	65,000,000	70,000,000	
4		기간	2년			6.5%						
5		대출금액	5,000,000		연	7.0%						
6		월상환액	₩228,424		이	7.5%						
7					율	8.0%						
8						8.5%						
9						9.0%						
10						9.5%						
11												

② [F3:K10] 영역을 범위를 지정하고 [데이터]탭-[예측]영역의 [가상 분석]-[데이터 표]를 클릭합니다.

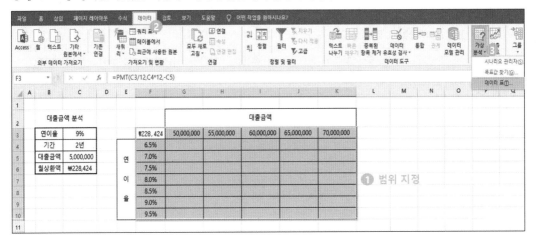

③ [데이터 표]에서 '행 입력 셀'에 [C5], '열 입력 셀'에 [C3] 셀을 지정하고 [확인] 버튼을 클릭합니다.

대출금액 분석

연이율	9%
기간	2년
대출금액	5,000,000
월상환액	₩228,424

데이터 테이블 ? ×

행 입력 셀(R): $C$5 ⬆

열 입력 셀(C): $C$3 ⬆

확인   취소

🔓 따라하기 결과

대출금액 분석

연이율	9%
기간	2년
대출금액	5,000,000
월상환액	₩228,424

	대출금액				
₩228,424	50,000,000	55,000,000	60,000,000	65,000,000	70,000,000
6.5%	2,227,313	2,450,044	2,672,775	2,895,506	3,118,238
7.0%	2,238,629	2,462,492	2,686,355	2,910,218	3,134,081
7.5%	2,249,980	2,474,978	2,699,976	2,924,974	3,149,971
8.0%	2,261,365	2,487,501	2,713,637	2,939,774	3,165,910
8.5%	2,272,784	2,500,062	2,727,340	2,954,619	3,181,897
9.0%	2,284,237	2,512,661	2,741,085	2,969,508	3,197,932
9.5%	2,295,725	2,525,297	2,754,870	2,984,442	3,214,015

🔒 유형 2

데이터 표2.xlsx 파일을 열어 작업하시오.

▶ '자동차 할부금 분석'표에서 할부원금[B6], 연이율[B7], 기간(월) [B8]을 이용하여 월납입액[B9]
를 계산한 것이다. [데이터 표] 기능을 이용하여 기간(월)에 따른 월납입액을 [F4:F16] 영역에
계산 하시오.

🔑 따라하기

① [F3] 셀에 『=PMT(B7/12,B8,-B6)』수식을 입력합니다.

또는 [B9] 셀의 수식을 수식 입력줄에서 복사하고 Esc 키를 누르고 [F3] 셀에 수식을 붙여넣기 합니다.

② [E3:F16] 영역을 범위를 지정하고 [데이터]탭-[예측]영역의 [가상 분석]-[데이터 표]를 클릭합니다.

③ [데이터 표]에서 '열 입력 셀'에 [B8] 셀을 지정하고 [확인] 버튼을 클릭합니다.

🔓 따라하기 결과

	A	B	C	D	E	F	G
1							
2	자동차 할부금 분석					월납입액	
3						₩1,136,392	
4	차량금액	₩30,000,000			12개월	₩2,180,495	
5	인도금액	₩5,000,000			13개월	₩2,019,775	
6	할부원금	₩25,000,000			14개월	₩1,882,031	
7	연이율	8.5%			15개월	₩1,762,666	
8	기간(월)	24개월		기	16개월	₩1,658,235	
9	월납입액	₩1,136,392		간	17개월	₩1,566,102	
10				(	18개월	₩1,484,218	
11				월	19개월	₩1,410,964	
12				)	20개월	₩1,345,046	
13					21개월	₩1,285,416	
14					22개월	₩1,231,216	
15					23개월	₩1,181,738	
16					24개월	₩1,136,392	
17							

SECTION 07 피벗 테이블

⊙ 피벗테이블은 대량의 데이터를 분석, 요약하는데 효율적인 도구이며 행, 열, 값 등의 배치된 필요한 데이터를 항목 위치만 옮겨주면 자료를 빠르게 요약할 수 있으며, 특정 항목만 추출할 수 있고, 분석할 항목만 분류하여 표를 재구성하기 때문에 별도의 요약 보고서로 활용하기 좋은 특징을 가지고 있습니다.

🔒 유형 1

피벗테이블1.xlsx 파일을 열어 작업하시오.

[피벗 테이블] 기능을 이용하여 '매매/임대 추천현황' 표의 구분은 '필터', 장소는 '행', 면적(제곱미터)는 '열'로 처리하고, '값'은 가격(백만원)의 평균을 계산하시오.

▶ 피벗테이블 보고서는 동일 시트의 [A20] 셀에서 시작하시오.

▶ 보고서 레이아웃을 '개요 형식으로 표시'로 지정하시오.

▶ 가격(백만원)의 표시 형식은 값 필드 설정의 셀 서식의 '숫자' 범주와 '1000 단위 구분 기호 사용'을 이용하여 지정하시오.

▶ '면적(제곱미터)'는 80~180까지 20단위로 그룹을 지정하시오.

▶ 행의 총합계는 나타나지 않도록 피벗 테이블을 작성하시오.

▶ 피벗 테이블 보고서의 빈 셀에 '*'기호가 자동으로 표시되도록 옵션을 설정하고, 레이블이 있는 셀 병합 및 가운데 맞춤 하시오

♂ 따라하기

① [A3:G15] 영역을 블록으로 지정하거나 임의의 셀을 선택한 후
   [삽입]탭-[표]영역의 [피벗테이블]을 클릭합니다.

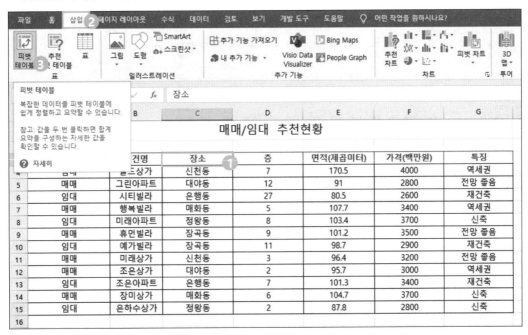

② [피벗 테이블 만들기]에서 '기존 워크시트'를 선택하고 [A20] 셀을 클릭한 후 [확인] 버튼을 클릭합니다.

③ 오른쪽에 있는 [피벗 테이블 필드]에서 구분 필드를 선택한 후 '필터'로 드래그 합니다.
  이어서 장소는 '행 레이블', 면적(제곱미터)는 '열 레이블', 가격(백만원)은 '값'에 각각 드래그 합니다.

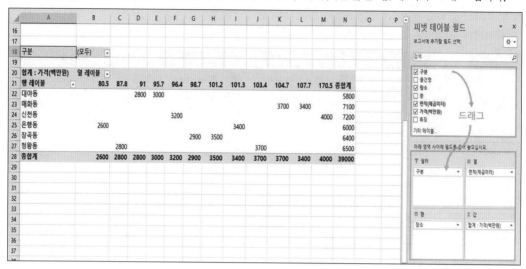

④ [피벗테이블 도구]-[디자인]탭에서 [레이아웃]-[보고서 레이아웃]-[개요 형식으로 표시]를 클릭 합니다.
※ 피벗테이블 안에 셀 포인터가 있어야 [피벗테이블 도구]가 나옵니다.

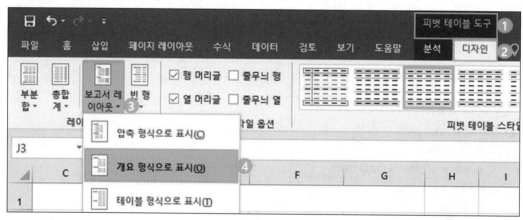

⑤ 합계 : 가격(백만원) [A20]셀에서 마우스 오른쪽 버튼을 클릭하여 [값 필드 설정] 메뉴를 클릭한 후 '값 필드 요약 기준'에 '평균'으로 선택하고 [표시 형식]을 클릭합니다.

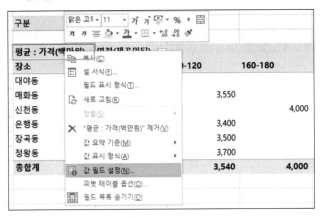

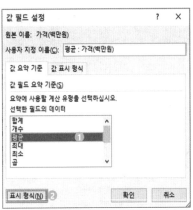

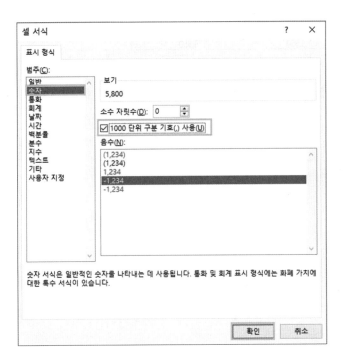

⑥ [셀서식] 대화상자의 [표시 형식] 탭에서 '숫자'를 선택하고 '1000 단위 구분 기호(,) 사용'에 체크하고 [확인]을 클릭합니다.

⑦ [B21] 셀에서 마우스 오른쪽 버튼을 클릭하여 [그룹] 메뉴를 클릭합니다. [그룹화]에서 시작 '80' 끝 '180' 단위 '20'을 입력하고 [확인] 버튼을 클릭합니다.

⑧ [피벗테이블 도구]-[디자인] 탭에서 [레이아웃]-[총합계]-[열의 총합계만 설정]을 클릭합니다.
※ 피벗테이블 안에 셀 포인터가 있어야 [피벗테이블 도구]가 나옵니다.

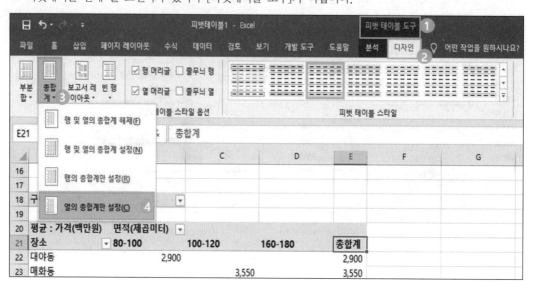

또는 임의의 셀에서 마우스 오른쪽 버튼을 클릭하여 [피벗 테이블 옵션] 메뉴를 클릭한 후
[요약 및 필터]탭에서 '열 총합계 표시'만 체크하고 [확인] 버튼을 클릭합니다.

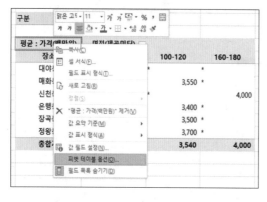

⑨ [피벗 테이블 옵션] 메뉴에서 [레이아웃 및 서식]탭에서 '레이블이 있는 셀 병합 및 가운데 맞춤' 체크하고
'빈 셀 표시'에 *를 입력하고 [확인] 버튼을 클릭합니다.

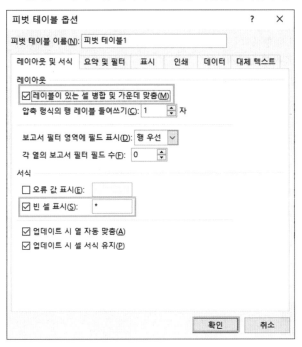

🔓 **따라하기 결과**

	A	B	C	D	E
16					
17					
18	구분	(모두) ▼			
19					
20	평균 : 가격(백만원)	면적(제곱미터) ▼			
21	장소 ▼	80-100	100-120	160-180	
22	대야동	2,900	*	*	
23	매화동	*	3,550	*	
24	신천동	3,200	*	4,000	
25	은행동	2,600	3,400	*	
26	장곡동	2,900	3,500	*	
27	정왕동	2,800	3,700	*	
28	총합계	2,883	3,540	4,000	
29					

🔒 유형 2

피벗테이블2.xlsx 파일을 열어 작업하시오.

[피벗 테이블] 기능을 이용하여 '방과후 모집 현황' 표의 강사명은 '필터', 강좌명은 '행'으로 처리하고, '값'은 '수강료', '모집인원(명)'의 합계를 순서대로 계산하시오.

▶ 피벗테이블 보고서는 동일 시트의 [A17] 셀에서 시작하시오.

▶ 보고서 레이아웃은 '테이블 형식으로 표시'로 지정하시오.

▶ '수강료' 필드는 표시 형식을 값 필드 설정의 셀 서식에서 '통화' 범주를 이용하고 'W' 기호로 표시하시오.

▶ 피벗 테이블 스타일은 '피벗 스타일 밝게 9'로 설정하시오.

🔑 따라하기

① [A3:D11] 영역의 데이터 안쪽에 임의의 셀을 선택한 후 [삽입]탭-[표]영역의 [피벗테이블]을 클릭합니다.

② [피벗 테이블 만들기]에서 '기존 워크시트'을 선택하고 [A17] 셀을 클릭한 후 [확인] 버튼을 클릭합니다.

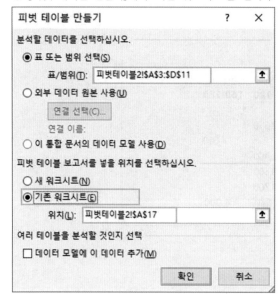

③ 오른쪽에 있는 [피벗 테이블 필드]에서 강사명 필드를 선택한 후 '필터'로 드래그 합니다.
이어서 강좌명은 '행 레이블', 수강료, 모집인원(명)은 '값'에 각각 드래그 합니다.

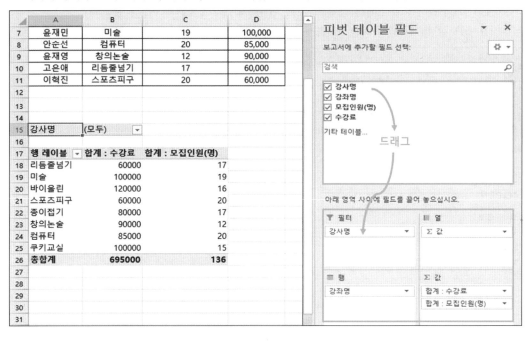

④ [피벗테이블 도구]-[디자인]탭에서 [레이아웃]-[보고서 레이아웃]-[테이블 형식으로 표시]를 클릭 합니다.
※ 피벗테이블 안에 셀 포인터가 있어야 [피벗테이블 도구]가 나옵니다.

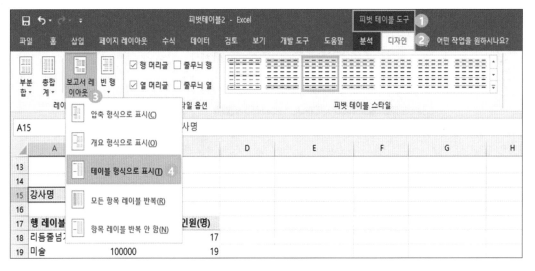

⑤ 합계 : 수강료 [B17] 셀에서 마우스 오른쪽 버튼을 클릭하여 [값 필드 설정] 메뉴를 클릭한 후 [표시 형식]을 클릭합니다.

　※ 또는 [피벗 테이블 필드]에서 '합계 : 수강료'필드에서 마우스 오른쪽 버튼을 클릭하여 [값 필드 설정] 메뉴를 클릭한 후 [표시 형식]을 클릭해도 됩니다.

⑥ [셀서식] 대화상자의 [표시 형식] 탭에서 '통화'를 선택하고 기호 'W'를 선택하고 [확인]을 클릭합니다.

⑦ [피벗테이블 도구]–[디자인]탭에서 [피벗 테이블 스타일]에서 '피벗 스타일 밝게 9'을 선택 합니다.

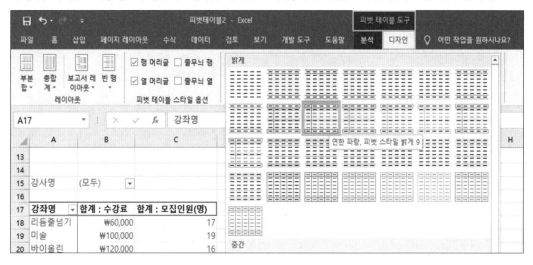

🔓 따라하기 결과

	A	B	C	D
14				
15	강사명	(모두) ▾		
16				
17	**강좌명** ▾	**합계 : 수강료**	**합계 : 모집인원(명)**	
18	리듬줄넘기	₩60,000	17	
19	미술	₩100,000	19	
20	바이올린	₩120,000	16	
21	스포츠피구	₩60,000	20	
22	종이접기	₩80,000	17	
23	창의논술	₩90,000	12	
24	컴퓨터	₩85,000	20	
25	쿠키교실	₩100,000	15	
26	**총합계**	**₩695,000**	**136**	
27				

컴퓨터
활용능력
2급 실기

CHAPTER

04

기타작업

매크로

⊛ 매크로는 반복적인 작업을 쉽게 실행할 수 있도록 바로가기 키나 명령단추 등에 지정하는 기능으로 [매크로 기록]을 누른 상태에서 기록한 명령은 VBA언어로 변환되어 저장되며, 기록이 끝난 후에는 반드시 [기록 중지]를 누릅니다. 해당 매크로를 실행하면 기록 되어 진 작업이 자동으로 실행됩니다.
⊛ 실행에 필요한 코드를 VBA에 직접 입력하여 만들 수도 있습니다.
⊛ [개발도구]탭-[코드]영역의 [매크로 기록] 메뉴를 사용합니다.

※ 매크로를 사용하기 위해서는 [개발 도구]탭이 유용하게 사용되므로 메뉴에 [개발 도구]탭이 보이지 않는다면 [파일]탭-[옵션]을 클릭하고 '리본 사용자 지정' 탭에서 '개발 도구'를 체크하고 [확인] 버튼을 클릭합니다.

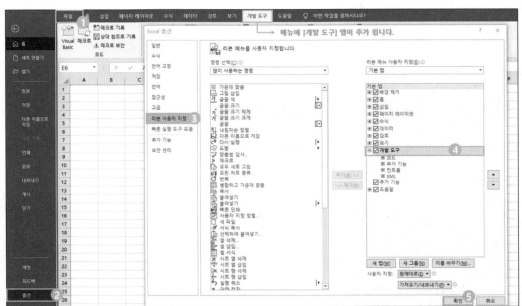

🔒 유형 1

매크로1.xlsm 파일을 열어 작업하시오.

① [E4:E9] 영역에 출하금액의 구성비율을 계산하는 매크로를 생성하여 실행하시오

▶ 매크로 이름 : 구성비율

▶ 구성비율 = 출하금액 / 출하금액 합계 [D10]

▶ [개발 도구]–[삽입]–[양식 컨트롤]의 '단추'를 동일 시트의 [G3:H4] 영역에 생성하고, 텍스트를 '구성비율'로 입력한 후 단추를 클릭할 때 '구성비율' 매크로가 실행되도록 설정하시오.

② [A3:E3] 영역에 셀 스타일을 '강조색5'로 적용하는 매크로를 생성하여 실행하시오.

▶ 매크로 이름 : 셀스타일

▶ [도형]–[기본 도형]의 '빗면(□)'을 동일 시트의 [G6:H7] 영역에 생성하고, 텍스트를 '셀스타일'로 입력한 후 도형을 클릭할 때 '셀스타일' 매크로가 실행되도록 설정하시오.

※ 셀 포인터의 위치에 관계없이 현재 통합문서에서 매크로가 실행되어야 정답으로 인정됨.

🔑 따라하기

① [개발 도구]탭–[코드]영역의 [매크로 기록]을 클릭합니다.

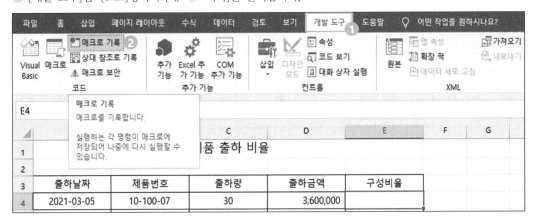

② [매크로 기록]에서 '매크로 이름'은 '구성비율'을 입력하고 [확인] 버튼을 클릭합니다.

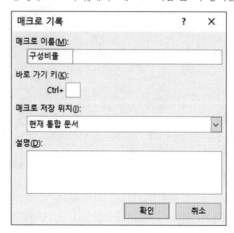

③ [E4] 셀에 =D4/$D$10 을 입력한 후 [E9] 셀까지 수식을 복사합니다.

	A	B	C	D	E	F
1			제품 출하 비율			
2						
3	출하날짜	제품번호	출하량	출하금액	구성비율	
4	2021-03-05	10-100-07	30	3,600,000	=D4/$D$10	
5	2021-03-07	10-200-07	55	6,600,000		
6	2021-04-08	10-200-05	72	8,640,000		
7	2021-05-10	84-100-06	90	10,800,000		
8	2021-05-01	84-200-16	110	13,200,000		
9	2021-06-12	84-200-07	79	9,480,000		
10		합계		52,320,000		
11						

E4 선택 셀 수식: =D4/$D$10

④ [개발 도구]탭-[코드]영역의 [기록 중지]를 클릭합니다.

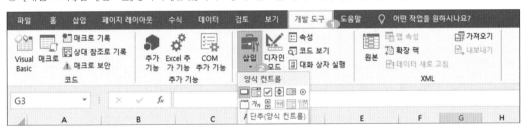

⑤ [개발 도구]탭-[컨트롤]영역의 [삽입]에서 '양식 컨트롤'에서 '단추'를 선택합니다.

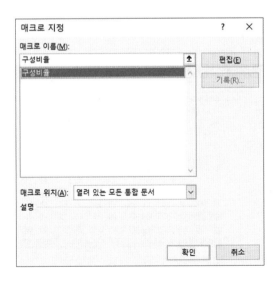

⑥ [단추]를 [G3:H4] 영역에 Alt 를 누른채 드래그
하여 그리고, [매크로 지정]에서 '구성비율'을 선
택하고 [확인] 버튼을 클릭합니다.

⑦ [단추]의 텍스트를 '구성비율'로 입력합니다. 텍스트를 곧바로 '구성비율'로 입력 못했을 경우 [단추]에서 마우스 오른쪽 버튼을 클릭하여 '텍스트 편집'을 클릭하여 입력 할 수 있습니다.

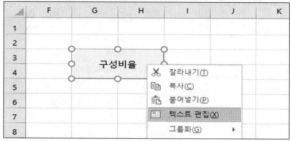

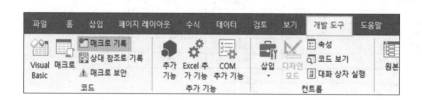

⑧ [개발 도구]탭-[코드] 영역의 [매크로 기록]을 클릭합니다.

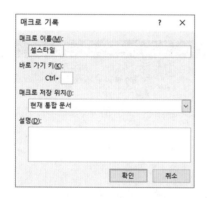

⑨ [매크로 기록]에서 '매크로 이름'은 '셀스타일'을 입력하고 [확인] 버튼을 클릭합니다.

⑩ [A3:E3] 영역을 범위를 지정하고 [홈]탭-[스타일]영역의 [셀스타일]의 '강조색5'를 클릭합니다.

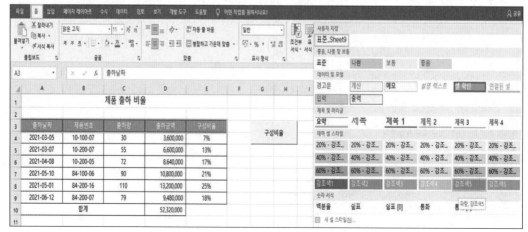

⑪ [개발 도구]탭-[코드]영역의 [기록 중지]를 클릭합니다.

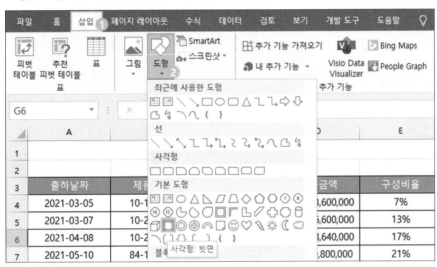

⑫ [삽입]탭-[일러스트레이션]영역의 [도형]-[기본도형]의 '빗면'를 선택한 후
[G6:H7] 영역에 Alt를 누른채 드래그하여 그립니다.

⑬ 빗면 도형에서 마우스 오른쪽 버튼을 클릭하여 '텍스트 편집'을 클릭하여 '셀스타일' 텍스트를 입력하고,
마우스 오른쪽 버튼을 클릭하여 [매크로 지정] 메뉴를 클릭합니다.
[매크로 지정]에서 '셀스타일'을 선택하고 [확인] 버튼을 클릭합니다.

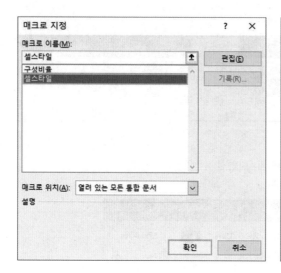
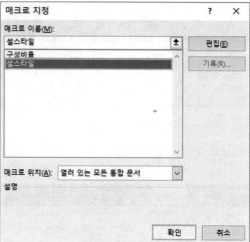

따라하기 결과

	A	B	C	D	E	F	G	H	I
1			제품 출하 비율						
2									
3	출하날짜	제품번호	출하량	출하금액	구성비율		구성비율		
4	2021-03-05	10-100-07	30	3,600,000	7%				
5	2021-03-07	10-200-07	55	6,600,000	13%				
6	2021-04-08	10-200-05	72	8,640,000	17%		셀스타일		
7	2021-05-10	84-100-06	90	10,800,000	21%				
8	2021-05-01	84-200-16	110	13,200,000	25%				
9	2021-06-12	84-200-07	79	9,480,000	18%				
10		합계		52,320,000					
11									
12									
13									

컴퓨터활용능력 2급 실기

🔒 유형 2

매크로2.xlsm 파일을 열어 작업하시오.

① [H5:H16] 영역에 근무년수부터 승진시험까지의 합계를 계산하는 매크로를 생성하여 실행하시오.

　▶ 매크로 이름 : 합계

　▶ SUM 함수 사용

　▶ [개발 도구]-[삽입]-[양식 컨트롤]의 '단추'를 동일 시트의 [B1:C2] 영역에 생성하고, 텍스트를 '종합점수'로 입력한 후 단추를 클릭할 때 '합계' 매크로가 실행되도록 설정하시오.

② [A4:H4] 영역에 글꼴 스타일 '굵게', 글꼴 색을 '표준 색 – 녹색'을 적용하는 매크로를 생성하여 실행하시오.

　▶ 매크로 이름 : 서식

　▶ [도형]-[기본 도형]의 '배지(◯)'를 동일 시트의 [F1:G2] 영역에 생성하고, 텍스트를 '서식'으로 입력한 후 도형을 클릭할 때 '서식' 매크로가 실행되도록 설정하시오.

※ 셀 포인터의 위치에 관계없이 현재 통합문서에서 매크로가 실행되어야 정답으로 인정됨.

🔑 따라하기

① [개발 도구]탭-[코드]영역의 [매크로 기록]을 클릭합니다.

② [매크로 기록]에서 '매크로 이름'은 '합계'를 입력하고 [확인] 버튼을 클릭합니다.

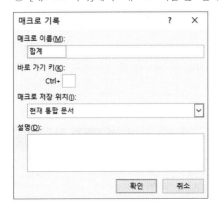

③ [H5] 셀에 =SUM(D5:G5) 을 입력한 후 [H16] 셀까지 수식을 복사합니다.

또는 [D5:H16] 영역을 범위를 지정하고 [수식]탭-[함수 라이브러리]영역의 [자동합계]의 '합계'를 클릭해도 됩니다.

④ [개발 도구]탭-[코드]영역의 [기록 중지]를 클릭합니다.

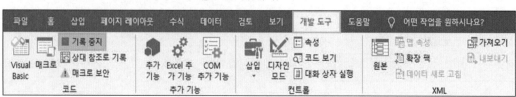

⑤ [개발 도구]탭-[컨트롤]영역의 [삽입]에서 '양식 컨트롤'에서 '단추'를 선택합니다.

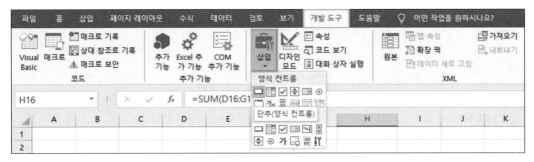

⑥ [단추]를 [B1:C2] 영역에 Alt를 누른채 드래그하여 그리고, [매크로 지정]에서 '합계'를 선택하고
[확인] 버튼을 클릭합니다.

⑦ [단추]의 텍스트를 '종합점수'로 입력합니다.

⑧ [개발 도구]탭-[코드]영역의 [매크로 기록]을 클릭합니다.

⑨ [매크로 기록]에서 '매크로 이름'은 '서식'을 입력하고 [확인] 버튼을 클릭합니다.

⑩ [A4:H4] 영역을 범위를 지정하고 [홈]탭-[글꼴]영역에서 글꼴 스타일은 '굵게',
글꼴색은 '표준 색 – 녹색'을 클릭합니다.

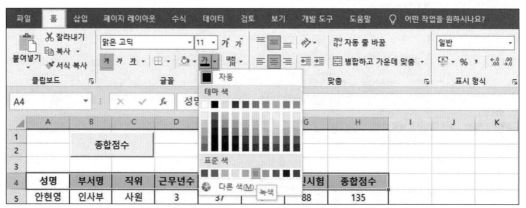

⑪ [개발 도구]탭-[코드]영역의 [기록 중지]를 클릭합니다.

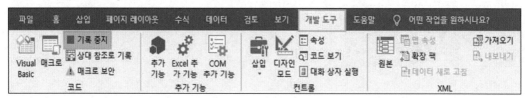

⑫ [삽입]탭–[일러스트레이션]영역의 [도형]–[기본도형]의 '배지'를 선택한 후
[F1:G2] 영역에 Alt 를 누른채 드래그하여 그립니다.

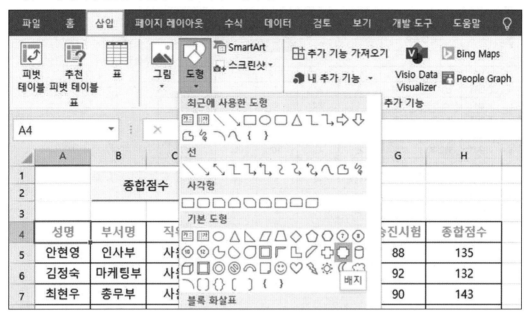

⑬ 배지 도형에서 마우스 오른쪽 버튼을 클릭하여 '텍스트 편집'을 클릭하여 '서식' 텍스트를 입력하고,
마우스 오른쪽 버튼을 클릭하여 [매크로 지정] 메뉴를 클릭합니다.
[매크로 지정]에서 '서식'을 선택하고 [확인] 버튼을 클릭합니다.

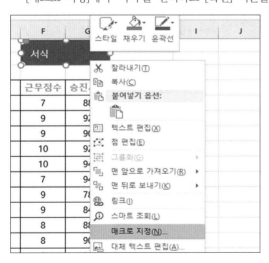

	A	B	C	D	E	F	G	H
1		종합점수				서식		
2								
3								
4	성명	부서명	직위	근무년수	업무	근무점수	승진시험	종합점수
5	안현영	인사부	사원	3	37	7	88	135
6	김정숙	마케팅부	사원	3	28	9	92	132
7	최현우	총무부	사원	5	39	9	90	143
8	남선길	개발부	부장	20	37	10	92	159
9	이온선	영업부	부장	23	40	10	94	167
10	박찬숙	마케팅부	부장	21	32	7	94	154
11	여준희	마케팅부	대리	13	34	9	78	134
12	민우람	영업부	대리	12	36	9	84	141
13	유혜리	총무부	대리	14	36	8	88	146
14	양영선	개발부	대리	10	36	8	90	144
15	박연지	인사부	과장	16	35	8	86	145
16	우나영	인사부	과장	17	30	10	88	145
17								

▶ 매크로 생성하는 다른 방법 (양식 단추에 처음부터 기록할 경우)

① [개발 도구]탭-[컨트롤]영역의 [삽입]에서 '양식 컨트롤'에서 '단추'를 선택합니다.

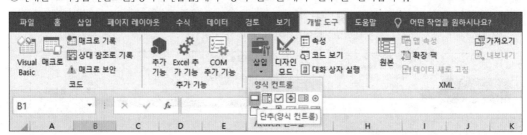

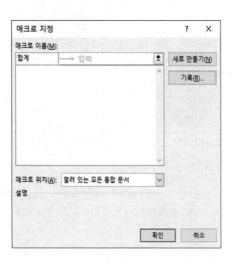

② 마우스 포인터가 +로 바뀌었을 때 [단추]를 [B1:C2] 영역에 Alt를 누른채 드래그하여 그립니다.

[매크로 지정] 대화 상자에서 '합계'를 입력하고 [기록] 버튼을 클릭합니다.

③ [매크로 기록] 대화상자에서 자동으로 '합계'로 매크로 이름이 표시되며 [확인] 버튼을 클릭합니다.

④ [H5] 셀에 =SUM(D5:G5) 을 입력한 후 [H16] 셀까지 수식을 복사합니다.

	A	B	C	D	E	F	G	H	I
			단추 1						
4	성명	부서명	직위	근무년수	업무	근무점수	승진시험	종합점수	
5	안현영	인사부	사원	3	37	7	88	135	
6	김정숙	마케팅부	사원	3	28	9	92	132	
7	최현우	총무부	사원	5	39	9	90	143	
8	남선길	개발부	부장	20	37	10	92	159	
9	이은선	영업부	부장	23	40	10	94	167	
10	박찬숙	마케팅부	부장	21	32	7	94	154	
11	여준희	마케팅부	대리	13	34	9	78	134	
12	민우람	영업부	대리	12	36	9	84	141	
13	유혜리	총무부	대리	14	36	8	88	146	
14	양영선	개발부	대리	10	36	8	90	144	
15	박연지	인사부	과장	16	35	8	86	145	
16	우나영	인사부	과장	17	30	10	88	145	

셀 주소: H16   수식: =SUM(D16:G16)

⑤ [개발 도구]탭-[코드]영역의 [기록 중지]를 클릭합니다.

⑥ 단추에 텍스트를 편집하기 위하여 단추에서 마우스 오른쪽 버튼을 클릭하여
　　[텍스트 편집] 메뉴를 선택하고 텍스트를 '종합점수'로 입력합니다.

▶ 매크로 생성하는 다른 방법 (도형에 처음부터 기록할 경우)

① [삽입]탭-[일러스트레이션]영역의 [도형]-[기본도형]의 '배지'를 선택한 후
　　마우스 포인터가 +로 바뀌었을 때 [F1:G2] 영역에 Alt를 누른채 드래그하여 그립니다.

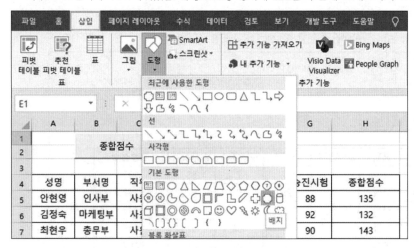

② 배지 도형에서 마우스 오른쪽 버튼을 클릭하여 [매크로 지정] 메뉴를 클릭합니다.

컴퓨터활용능력 2급 실기

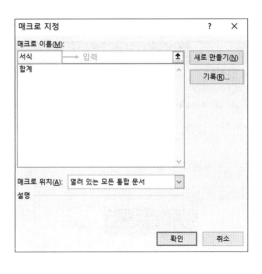

③ [매크로 지정] 대화상자에서 '매크로 이름'에 '서식'
을 입력하고 [기록] 버튼을 클릭합니다.

④ [매크로 기록] 대화상자에서 자동으로 '서식'으로 매크로
이름이 표시되며 [확인] 버튼을 클릭합니다.

⑤ [A4:H4] 영역을 범위를 지정하고 [홈]탭−[글꼴]영역에서 글꼴 스타일은 '굵게',
   글꼴색은 '표준 색 − 녹색'을 클릭합니다.

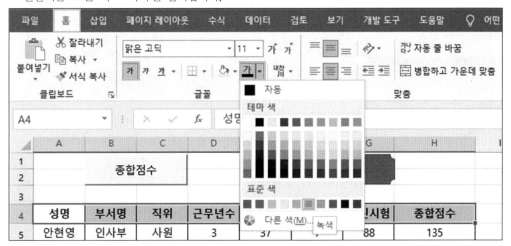

⑥ [개발 도구]탭-[코드]영역의 [기록 중지]를 클릭합니다.

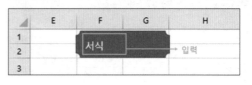

⑦ 도형에서 마우스 오른쪽 버튼을 클릭하여 [텍스트 편집] 메뉴를 선택하고 텍스트를 '서식'으로 입력합니다.

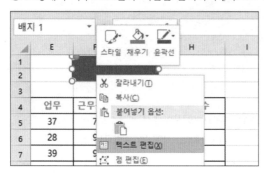

▶ 매크로 삭제하는 방법

① [개발 도구]탭-[코드]영역의 [매크로]를 클릭합니다.

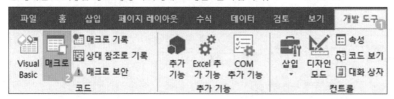

② 삭제하고자 하는 매크로 이름을 선택한 뒤, [삭제] 버튼을 클릭하고 [예]를 누릅니다.

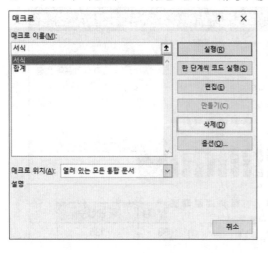

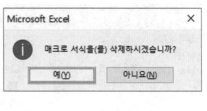

▶ 단추(양식컨트롤) 또는 도형 지우는 방법

[단추] 또는 도형에서 마우스 오른쪽 버튼을 클릭하고, 다시 한번 왼쪽 클릭(선택)하여 Delete 키를 누릅니다.

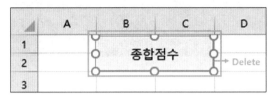

SECTION
02 차트

⊙ 수치 데이터를 그래프로 시각화해주는 기능으로 색상, 크기, 위치 등을 원하는 대로 조정 할 수 있고, 레이아웃과 디자인, 서식을 다양하게 사용하며 그림, 도형, 선 등을 이용하여 더욱더 효율적으로 데이터를 표현 할 수 있습니다.

🔒 유형 1

차트1.xlsx 파일을 열어 작업하시오.

다음의 지시사항에 따라 아래 그림과 같이 차트를 작성하시오.

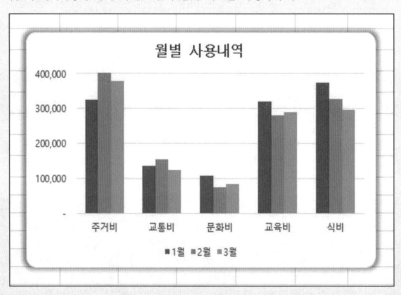

① 차트의 제목은 [A1] 셀에 연결하여 표시하고, 글꼴 '돋움체', 글꼴 스타일 '굵게', 글꼴크기 '14'로 표시하시오.

② '문화비'가 표시되도록 데이터 범위를 변경하시오.

③ 차트 종류는 '묶은 세로 막대형'으로 하시오.

④ 세로(값) 축 서식에서 최소값은 '0', 최대값은 '400000', 주단위는 '100000'으로 설정하시오.

⑤ 차트 영역 테두리 스타일은 둥근 모서리로 지정하고, 그림자는 '바깥쪽 오프셋: 가운데'로 지정하시오.

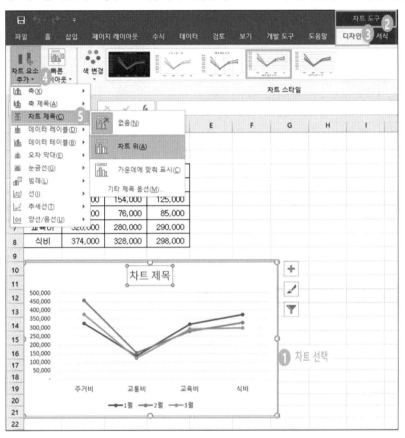

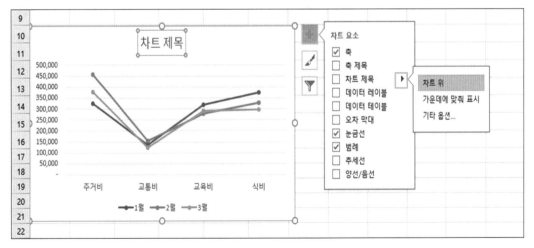

🔑 따라하기

① 차트를 선택하고 [차트 도구]-[디자인]탭-[차트 요소 추가]에서 [차트 제목]-[차트 위]를 클릭합니다.

또는 차트를 선택하고 차트요소(+)를 클릭하고 '차트제목'에서 ▶를 클릭하고 '차트 위'를 선택해도 됩니다.

② '차트 제목'을 선택 한 후 수식 입력줄에 =을 입력하고 [A1] 셀을 클릭한 후 Enter↵를 누릅니다.

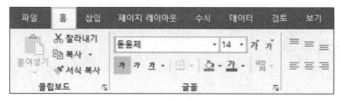

③ 차트 제목을 선택하고 [홈]탭-[글꼴]영역에서 글꼴 '돋움체', 글꼴 스타일 '굵게', 글꼴크기 '14'로 지정합니다.
  또는 차트 제목을 선택하고 마우스 오른쪽 버튼을 클릭하여 [글꼴] 메뉴를 클릭하여 사용합니다.

④ 차트를 선택하고 [차트 도구]-[디자인]탭-[데이터]영역에서 [데이터 선택]을 클릭합니다.

또는 차트 안에서 마우스 오른쪽 버튼을 클릭하여 [데이터 선택] 메뉴를 클릭합니다.

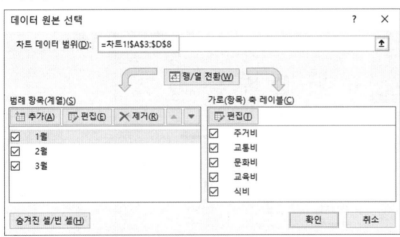

⑤ [데이터 선택]에서 '데이터 원본 선택'의 차트 데이터 범위를 '=차트1!$A$3:$D$8'로 변경하고
   [확인] 버튼을 클릭합니다.
   또는 차트 데이터 범위의 기존에 지정된 영역에 Ctrl 키를 누르면서 A6:D6 영역을 추가하고
   [확인] 버튼을 클릭합니다.

데이터 원본 선택		? X
차트 데이터 범위(D):	=차트1!$A$3:$D$8	⬆

행/열 전환(W)

범례 항목(계열)(S)	가로(항목) 축 레이블(C)
➕추가(A) 📝편집(E) ✖제거(R) ▲ ▼	📝편집(T)
☑ 1월	☑ 주거비
☑ 2월	☑ 교통비
☑ 3월	☑ 문화비
	☑ 교육비
	☑ 식비
숨겨진 셀/빈 셀(H)	확인 취소

⑥ 차트를 선택하고 [차트 도구]–[디자인]탭–[종류]영역에서 [차트 종류 변경]을 클릭합니다.

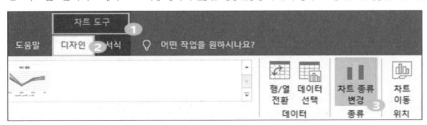

또는 차트를 선택하고 마우스 오른쪽 버튼을 클릭하여 [차트 종류 변경] 메뉴를 클릭합니다.

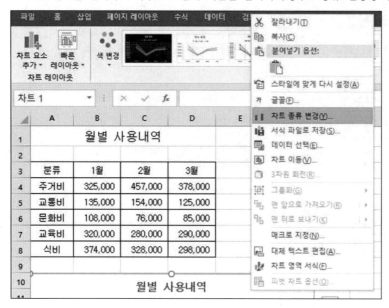

⑦ [차트 종류 변경]에서 '모든 차트'에서 '세로 막대형'에서 '묶은 세로 막대형'을 선택하고
[확인] 버튼을 클릭합니다.

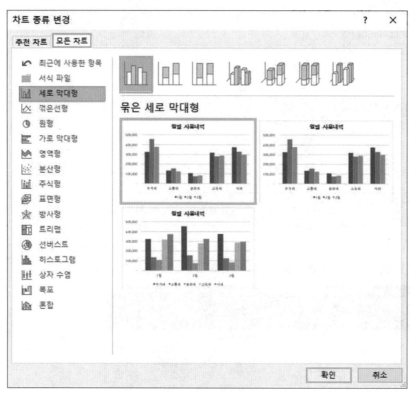

⑧ 세로 (값) 축을 선택하고 [차트 도구]–[서식]탭–[현재 선택 영역]영역에서 [선택 영역 서식]을 클릭합니다.

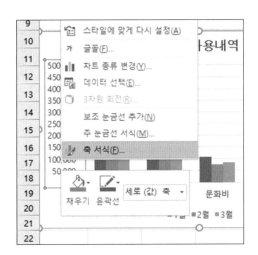

또는 세로(값) 축에서 마우스 오른쪽 버튼을 클릭하여 [축 서식] 메뉴를 클릭합니다.

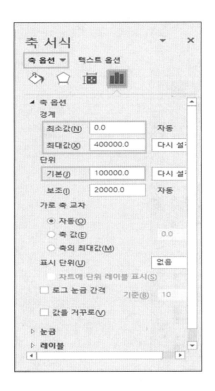

⑨ [축서식]의 '축 옵션'에서 경계의 최소값은 '0', 최대값은 '400000', 단위의 주단위는 '100000'으로 입력합니다.

⑩ 차트에서 마우스 오른쪽 버튼을 클릭하여 [차트 영역 서식] 메뉴를 클릭합니다.

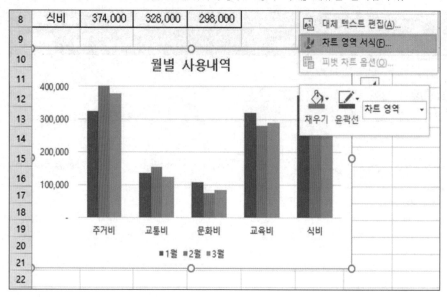

⑪ [차트 영역 서식]에서 '차트 옵션'에서 '채우기 및 선'에서 '테두리'의 '둥근 모서리'를 체크합니다.
　'차트 옵션'에서 '효과'에서 '그림자'에서 '미리 설정'의 바깥쪽의 '오프셋: 가운데'를 선택하고 [닫기]를 클릭
　합니다.

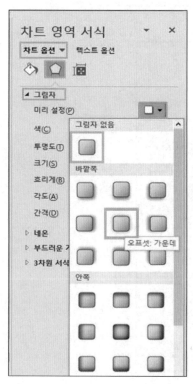

컴퓨터활용능력 2급 실기

🔒 유형 2

차트2.xlsx 파일을 열어 작업하시오.

다음의 지시사항에 따라 아래 그림과 같이 차트를 작성하시오.

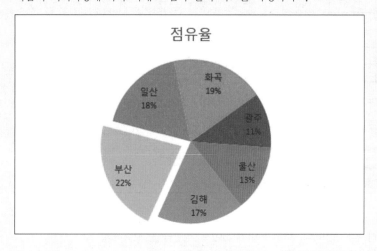

① '성장률'이 표시되지 않도록 데이터 범위를 변경하시오

② 차트의 종류는 '원형'으로 변경하시오.

③ 범례는 표시하지 않고, 각 데이터의 계열의 '항목 이름'과 '백분율'을 '안쪽 끝에' 표시하시오.

④ 데이터 계열은 첫째 조각의 각도를 55로 회전하시오.

⑤ 가장 많이 점유하고 있는 계열(부산 22%)을 원형 차트에서 분리하시오.

🔑 따라하기

① 차트를 선택하고 [차트 도구]–[디자인]탭–[데이터]영역에서 [데이터 선택]을 클릭합니다.

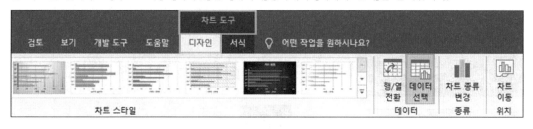

또는 차트 안에서 마우스 오른쪽 버튼을 클릭하여 [데이터 선택] 메뉴를 클릭합니다.

지점	매출	점유율	성장률
광주	490	11%	10%
울산	590	13%	4%
김해	786	17%	7%
부산	1,005	22%	17%
일산	794	18%	2%
화곡	841	19%	1%

② [데이터 선택]에서 '데이터 원본 선택'의 범례 항목(계열)에서 '성장률'을 선택하고 [제거]를 클릭하고 [확인] 버튼을 클릭합니다.

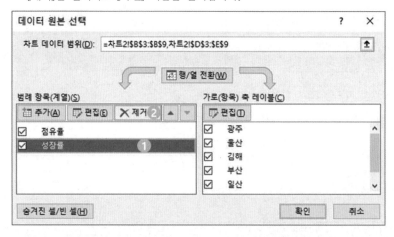

③ 차트를 선택하고 [차트 도구]-[디자인]탭-[종류]영역에서 [차트 종류 변경]을 클릭합니다.

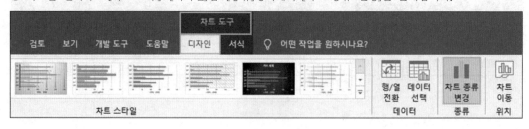

또는 차트를 선택하고 마우스 오른쪽 버튼을 클릭하여 [차트 종류 변경] 메뉴를 클릭합니다.

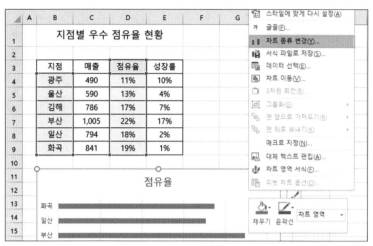

④ [차트 종류 변경]에서 '모든 차트'에서 '원형'에서 '원형'을 선택하고 [확인] 버튼을 클릭합니다.

⑤ 차트를 선택하고 [차트 도구]–[디자인]탭–[차트 레이아웃]영역에서 [차트 요소 추가]를 클릭하고 '범례'에서 '없음'을 클릭합니다.

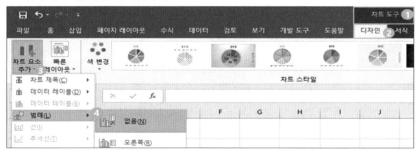

또는 차트에서 '범례'를 선택하고 ⌦ 클릭합니다.

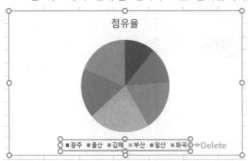

⑥ '점유율' 계열에서 마우스 오른쪽 버튼을 클릭하고 [데이터 레이블 추가] 메뉴를 클릭하고,
다시 마우스 오른쪽 버튼을 클릭하고 [데이터 레이블 서식] 메뉴를 클릭합니다.

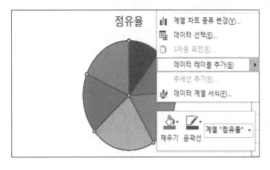

또는 차트를 선택하고 [차트 도구]-[디자인]탭-[차트 레이아웃]영역에서 [차트 요소 추가]를 클릭하고
'데이터 레이블'에서 '기타 데이터 레이블 옵션'을 선택합니다.

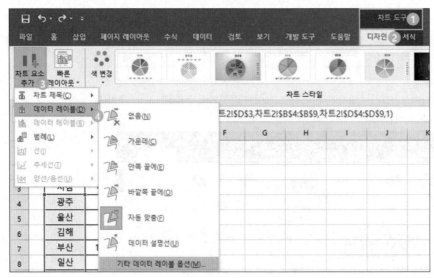

⑦ [데이터 레이블 서식]에서 '레이블 옵션'에서 '레이블 내용'에 '항목 이름'과 '백분율'을 체크하고, '레이블 위치'는 '안쪽 끝에'를 선택하고 [닫기] 버튼을 클릭합니다.

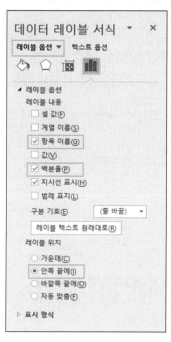

⑧ '점유율' 계열에서 마우스 오른쪽 버튼을 클릭하고 [데이터 계열 서식] 메뉴를 클릭합니다.

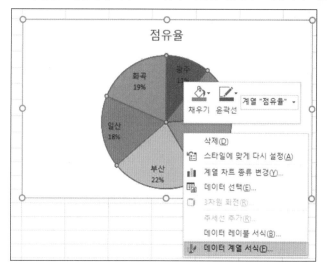

⑨ [데이터 계열 서식]에서 '계열 옵션'에서 '첫째 조각의 각'에 '55'를 입력하고 [닫기] 버튼을 클릭합니다.

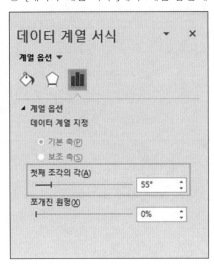

⑩ '부산' 개체를 클릭하고 다시 한번 더 클릭하여 선택한 뒤, 해당 개체를 드래그하여 분리시킵니다.

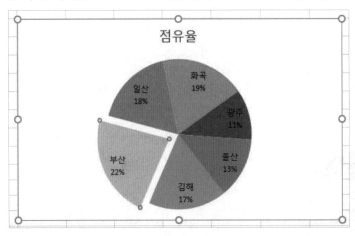

기출문제 유형

국 가 기 술 자 격 검 정

2021년 상시 컴퓨터활용능력 실기 기출문제

프로그램명	제한시간
EXCEL 2016	40분

수험번호 :

성   명 :

유의사항

- 인적 사항 누락 및 잘못 작성으로 인한 불이익은 수험자 책임으로 합니다.
- 화면에 암호 입력창이 나타나면 아래의 암호를 입력하여야 합니다.
  - 암호 : 2@3795
- 작성된 답안은 주어진 경로 및 파일명을 변경하지 마시고 그대로 저장해야 합니다.
  이를 준수하지 않으면 실격처리 됩니다.
- 외부데이터 위치: C:\OA\파일명
- 별도의 지시사항이 없는 경우, 다음과 같이 처리하면 실격 처리됩니다.
  - 제시된 시트 순서나 이름을 임의로 변경한 경우
  - 제시된 시트를 임의로 추가 또는 삭제한 경우
- 답안은 반드시 문제에서 지시 또는 요구한 셀에 입력하여야 하며,
  다음과 같이 처리 시 채점 대상에서 제외됩니다.
  - 수험자가 임의로 지시하지 않은 셀의 이동, 수정, 삭제, 변경 등으로 인해 셀의 위치 및 내용이 변경된 경우
    해당 작업에 영향을 미치는 관련 문제 모두 채점대상에서 제외
  - 도형 및 차트의 개체가 중첩되어 있거나, 동일한 계산결과 시트가 복수로 존재할 경우에는 해당 개체나 시
    트는 채점 대상에서 제외
- 수식 작성 시 제시된 문제 파일의 데이터는 변경 가능한(가변적) 데이터임을 감안하여 문제 풀이를 하시오.
- 별도의 지시사항이 없는 경우, 주어진 각 시트의 설정값 또는 기본 설정값(Default)으로 처리하십시오.
- 저장 시간은 별도로 주어지지 아니하므로 제한된 시간 내에 저장을 완료해야 하며, 제한 시간내에 저장이 되지
  않은 경우에는 실력 처리됩니다.
- 본 문제의 용어는 Microsoft Office 2016 기준으로 작성되어 있습니다.

문제 1 기본작업(20점) 주어진 시트에서 다음의 과정을 수행하고 저장하시오.

1. '기본작업-1' 시트에 다음의 자료를 주어진 대로 입력하시오. (5점)

▲	A	B	C	D	E	F
1	입고 서적 현황					
2						
3	도서코드	입고일자	도서분류	단가	할인율	
4	F007	2021-01-07	여행	7500	10%	
5	F012	2021-02-04	취미	6500	20%	
6	F021	2021-03-18	경제	8000	10%	
7	F014	2021-03-09	과학	13000	5%	
8	F019	2021-04-06	소설	8500	20%	
9	F016	2021-04-12	역사	9500	15%	
10	F022	2021-04-16	문화	12000	10%	
11	F025	2021-05-01	외국어	9500	20%	
12	F015	2021-05-06	수험서	11000	10%	
13						

2. '기본작업-2' 시트에 대하여 다음의 지시사항을 처리하시오. (각 2점)

① [A1:F1] 영역은 '병합하고 가운데 맞춤', 글꼴 '돋움', 글꼴 크기 '16', 글꼴 스타일 '굵게', 밑줄 '이중 실선'으로 지정하시오.

② [B4:B12] 영역은 '셀에 맞춤' 후 [B4:B6], [B7:B9], [B10:B12] 영역은 '병합하고 가운데 맞춤'을 지정하고, 채우기색 '표준색 – 주황'을 적용하시오.

③ [D4:E13] 영역은 사용자 지정 표시 형식을 이용하여 천 단위 구분 기호와 숫자 뒤에 '권'을 표시 예와 같이 표시하시오. [표시 예: 1237 → 1,237권, 0 → 0권]

⑤ [D11] 셀에 '인기도서'라는 메모를 삽입한 후 항상 표시되도록 지정하고, 메모 서식에서 맞춤 '자동 크기'를 설정하시오.

⑤ [A3:F13] 영역에 '모든 테두리(⊞)'를, [F13] 셀에는 대각선(×) 모양을 적용하여 표시하시오.

3. '기본작업-3' 시트에 대하여 다음의 지시사항을 처리하시오. (5점)

▶ [A4:H14] 영역에서 분류가 '운동화'이고, 단가가 70,000 이상인 행 전체에 대하여 글꼴스타일 '굵은 기울임꼴', 글꼴 색 '표준 색–주황'으로 지정하는 조건부 서식을 작성하시오.

▶ AND 함수 사용

▶ 단, 규칙 유형은 '수식을 사용하여 서식을 지정할 셀 결정'을 사용하고, 한 개의 규칙으로만 작성하시오.

1. [표1]에서 1과목[B3:B12], 2과목[C3:C12], 3과목[D3:D12]이 각각 40 이상이면서 평균이 60 이상이면 "합격"을 그 외에는 "불합격"을 합격여부[E3:E12]에 표시하시오. (8점)
  ▶ COUNTIF, IF, AND, AVERAGE 함수 사용

2. [표2]에서 회원번호[G3:G12]를 이용하여 가입일재[K3:K12]를 표시하시오. (8점)
  ▶ 가입일자의 '연도'는 2000+회원번호 1, 2번째 자리, '월'은 회원번호 3, 4번째 자리, '일'은 회원번호 5, 6번째 자리임
  ▶ DATE, LEFT, MID 함수 사용

3. [표3]에서 구분[B16:B24]이 '국산'이면서 판매금액[E16:E24]이 200,000 이상 300,000 미만인 농산물 수를 [E25] 셀에 계산하시오. (8점)
  ▶ AVERAGEIFS, COUNTIFS, SUMIFS 중 알맞은 함수를 선택하여 사용

4. [표4]에서 성별[H16:H24]이 "남" 또는 평균[K16:K24]이 90 이상인 학생수를 [K25] 셀에 계산하시오. (8점)
  ▶ 조건은 [M23:N25] 영역에 입력하시오.
  ▶ 학생 수 뒤에 '명'을 표시 [표시 예 : 3명]
  ▶ DSUM, DCOUNTA, DAVERAGE 중 알맞은 함수와 & 연산자 사용

5. [표5]에서 전공과목[B29:B35]과 교양과목[C29:C35]의 평균점수와 기준표[B38:E40]를 이용하여 평가[D29:D35]를 구하시오. (8점)
  ▶ 기준표의 의미 : '전공과목'과 '교양과목' 평균이 0 이상 70 미만이면 평가가 'D', 70 이상 80 미만이면 'C', 80 이상 90 미만이면 'B', 90 이상이면 'A'를 적용함
  ▶ AVERAGE와 HLOOKUP 함수 사용

문제 3 분석 작업(20점) 주어진 시트에서 다음 작업을 수행하고 저장하시오.

1. '분석작업-1' 시트에 대하여 다음의 지시사항을 처리하시오. (10점)

'미래가치 분석표'는 연이율[C3], 기간[C4], 매월 적립금[C5]을 이용하여 만기금액[C6]을 계산한 것이다. [데이터 표] 기능을 이용하여 매월적립금과 연이율의 변동에 따른 만기금액의 변화를 [G4:K8] 영역에 계산하시오.

2. '분석작업-2' 시트에 대하여 다음의 지시사항을 처리하시오. (10점)

[피벗 테이블] 기능을 이용하여 '고객관리 가입 현황' 표의 결제여부는 '필터', 가입날짜는 '행 레이블', 가입코드는 '열 레이블'로 처리하고, '값'에 가입나이의 최대값, 가입금액의 합계를 계산한 후 'Σ값'을 '행 레이블'로 설정하는 피벗 테이블을 작성하시오.

▶ 피벗 테이블 보고서는 동일시트의 [A25] 셀에서 시작하세요.

▶ 가입날짜는 '분기'별로 그룹화하여 표시하시오.

▶ 가격금액의 표시 형식은 값 필드 설정의 셀 서식의 '숫자' 범주와 '1000 단위 구분 기호 사용'을 이용하여 지정하시오.

▶ 피벗 테이블 보고서의 빈 셀에 '**'기호가 자동으로 표시되도록 옵션을 설정하시오.

▶ 피벗 테이블 스타일은 '피벗 스타일 보통 4'으로 설정하시오.

1. '매크로작업' 시트의 [표]에서 다음과 같은 기능을 수행하는 매크로를 작성하고 실행하시오. (각 5점)

① [C12:F12] 영역에 1월부터 4월까지의 평균을 계산하는 매크로를 생성하여 실행하시오.

▶ 매크로 이름 : 평균

▶ AVERAGE 함수 사용

▶ [개발 도구]–[삽입]–[양식 컨트롤]의 '단추'를 동일 시트의 [B14:C15] 영역에 생성하고, 텍스트를 '평균'으로 입력한 후 단추를 클릭할 때 '평균' 매크로가 실행되도록 설정하시오.

② [A3:F3] 영역에 셀 스타일을 '강조색1'로 적용하는 매크로를 생성하여 실행하시오.

▶ 매크로 이름 : 셀스타일

▶ [도형]–[사각형]의 '모서리가 둥근 직사각형(☐)'을 동일 시트의 [E14:F15] 영역에 생성하고, 텍스트를 '셀스타일'로 입력한 후 도형을 클릭할 때 '셀스타일' 매크로가 실행되도록 설정하시오.

※ 셀 포인터의 위치에 관계없이 현재 통합문서에서 매크로가 실행되어야 정답으로 인정됨.

2. '차트작업' 시트의 차트에서 다음 지시사항에 따라 아래 〈그림〉과 같이 차트를 수정하시오. (각 2점)

※ 차트는 반드시 문제에서 제공한 차트를 사용하여야 하며, 신규로 차트 작성 시 0점 처리됨

① 2016년부터 2020년까지의 '수입' 금액과 수입의 '증감률'이 차트에 표시되도록 데이터 범위를 수정하시오.

② 증감률 계열의 차트 종류를 '표식이 있는 꺾은선형'으로 변경한 후 보조 축으로 지정하시오.

③ 차트 제목을 추가하여 [A1]셀과 연동하고, 그림 영역에 '미세효과–녹색, 강조 6' 도형 스타일을 적용하시오.

④ '증감률'에 대해서만 데이터 레이블 '값 표시'로 지정하고 선 스타일은 '완만한 선'으로, 표식 옵션의 모양은 '■'으로 지정하시오.

⑤ 차트 영역 테두리 스타일 '둥근 모서리' 그림자는 '안쪽 가운데'로 지정하시오.

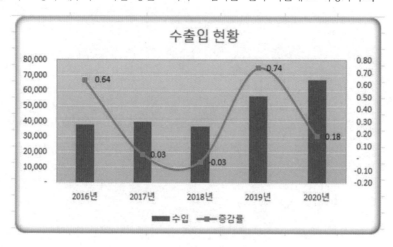

⑨ 기출문제 1회 풀이 및 정답

문제 1 기본작업

2. 서식 지정

① [A1:F1] 영역을 블록으로 지정하고 [홈]탭–[글꼴]영역의 글꼴 '돋움', 크기 '16', '굵게', '이중 밑줄'을 지정한 후 [홈]탭–[맞춤]영역의 '병합하고 가운데 맞춤'을 클릭합니다.

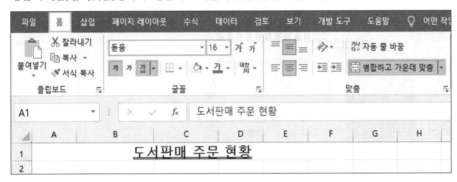

② [B4:B12] 영역을 블록으로 지정한 후 마우스 오른쪽 버튼을 클릭하여 [셀서식] 메뉴를 클릭합니다.
또는 바로 가기 키 (Ctrl+1)를 누릅니다.

[맞춤]탭에서 텍스트 조정에서 '셀에 맞춤'을 선택하고 [확인]을 클릭합니다.

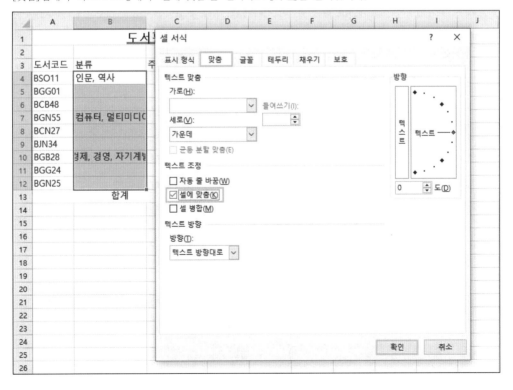

Ctrl을 이용하여 [B4:B6], [B7:B9], [B10:B12] 영역을 블록으로 지정한 후 [홈]탭-[맞춤]영역의 '병합하고 가운데 맞춤'을 클릭합니다.

[홈]탭-[글꼴]영역에서 채우기 색 '표준색 - 주황'을 선택합니다.

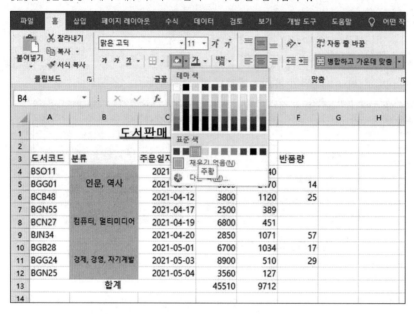

③ [D4:E13] 영역을 블록으로 지정한 후 마우스 오른쪽 버튼을 클릭하여 [셀서식] 메뉴를 클릭합니다.

'표시 형식'탭에서 '사용자 지정'을 선택하고 기존에 '형식' 칸에 입력된 내용을 지우고 #,##0"권" 입력한 다음 [확인] 버튼을 클릭합니다.

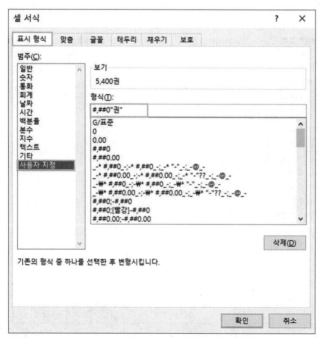

④ [D11] 셀에서 마우스 오른쪽 버튼을 클릭하여 [메모 삽입] 메뉴를 클릭합니다.

메모에 입력되어 있는 내용을 모두 삭제하고 '인기도서'를 입력하고 메모의 윤곽선에서 마우스 포인터가 ✛ 모양으로 바뀌면 마우스 오른쪽 버튼을 클릭하여 [메모 서식] 메뉴를 클릭합니다.

[메모 서식] 대화상자의 [맞춤] 탭에서 '자동 크기'를 선택하고 [확인]을 클릭합니다.

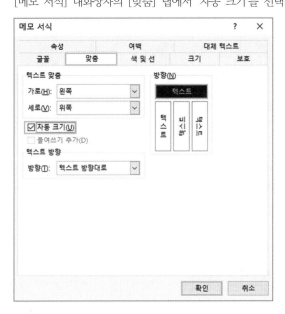

메모를 항상 표시 하기 위해 [D11] 셀에서 마우스 오른쪽 버튼을 클릭하여 [메모 표시/숨기기] 메뉴를 클릭합니다.

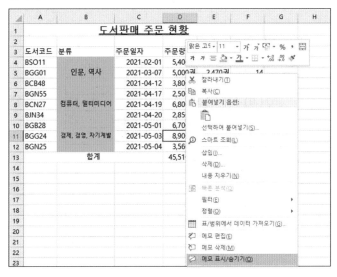

⑤ [A3:F13] 영역을 블록으로 지정하고, [홈]탭-[글꼴]영역의 테두리를 '모든 테두리'를 클릭합니다.

[F13] 셀에서 마우스 오른쪽 버튼을 클릭하여 [셀서식] 메뉴를 클릭한 후 [테두리]탭에서 대각선을 각각 클릭한 후 [확인]을 클릭합니다.

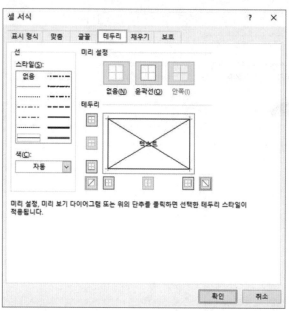

◉ 서식 지정 정답

	A	B	C	D	E	F	G
1		도서판매 주문 현황					
2							
3	도서코드	분류	주문일자	주문량	재고량	반품량	
4	BSO11		2021-02-01	5,400권	2,540권		
5	BGG01	인문, 역사	2021-03-07	5,000권	2,470권	14	
6	BCB48		2021-04-12	3,800권	1,120권	25	
7	BGN55		2021-04-17	2,500권	389권		
8	BCN27	컴퓨터, 멀티미디어	2021-04-19	6,800권	451권		
9	BJN34		2021-04-20	2,850권	1,071권	57	
10	BGB28		2021-05-01	6,700권	1,024권	17	
11	BGG24	경제, 경영, 자기계발	2021-05-03	8,900권	인기도서	29	
12	BGN25		2021-05-04	3,560권	127권		
13		합계		45,510권	9,712권		
14							
15							

3. 조건부 서식

① [A4:H14] 영역을 블록으로 지정한 후 [홈]탭–[스타일]영역의 [조건부 서식]–[새규칙]을 클릭합니다.

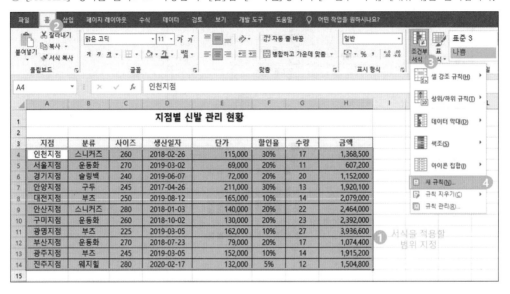

② [새 서식 규칙]에서 '규칙 유형 선택'에서 '▶수식을 사용하여 서식을 지정할 셀 결정'을 선택하고, 다음 수식이 참인 값의 서식 지정(0) :에 =AND($B4="운동화",$E4>=70000)을 입력한 후 [서식] 버튼을 클릭합니다.

③ [글꼴] 탭에서 글꼴 스타일 '굵은 기울임꼴', 글꼴 색 '표준색−주황' 선택한 후 [확인] 버튼을 클릭합니다.

④ [새 서식 규칙]에서 [확인] 버튼을 클릭합니다.

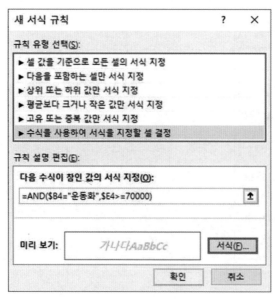

❤ 조건부 서식 정답

	A	B	C	D	E	F	G	H	I
1				지점별 신발 관리 현황					
2									
3	지점	분류	사이즈	생산일자	단가	할인율	수량	금액	
4	인천지점	스니커즈	260	2018-02-26	115,000	30%	17	1,368,500	
5	서울지점	운동화	270	2019-03-02	69,000	20%	11	607,200	
6	경기지점	슬링백	240	2019-06-07	72,000	20%	20	1,152,000	
7	안양지점	구두	245	2017-04-26	211,000	30%	13	1,920,100	
8	대전지점	부츠	250	2019-08-12	165,000	10%	14	2,079,000	
9	안산지점	스니커즈	280	2018-01-03	140,000	20%	22	2,464,000	
10	구미지점	운동화	260	2018-10-02	130,000	20%	23	2,392,000	
11	광명지점	부츠	225	2019-03-05	162,000	10%	27	3,936,600	
12	부산지점	운동화	270	2018-07-23	79,000	20%	17	1,074,400	
13	광주지점	부츠	245	2019-03-05	152,000	10%	14	1,915,200	
14	진주지점	웨지힐	280	2020-02-17	132,000	5%	12	1,504,800	
15									

문제2 계산작업

1. 합격여부

	A	B	C	D	E	F
1	[표1]	과목별 시험결과				
2	수험번호	1과목	2과목	3과목	합격여부	
3	H871001	94	86	90	합격	
4	H871002	62	48	64	불합격	
5	H871003	88	76	45	합격	
6	H871004	88	80	81	합격	
7	H871005	62	60	54	불합격	
8	H871006	48	50	52	불합격	
9	H871007	78	68	74	합격	
10	H871008	54	40	60	불합격	
11	H871009	68	56	58	합격	
12	H871010	52	68	45	불합격	
13						

[E3] 셀에 『=IF(AND(COUNTIF(B3:D3,">=40")=3,AVERAGE(B3:D3)>=60),"합격","불합격")』을 입력하고 [E12] 셀까지 수식 복사합니다.

※ COUNTIF(조건을 찾을 범위, 조건) : 3과목 모두 40점 이상이어야 하므로 조건에 맞는 개수는 3개 이어야 함

2. 가입일자

	G	H	I	J	K	L
1	[표2]	무지개 마트 회원관리				
2	회원번호	회원명	포인트	등급	가입일자	
3	20082501	유영국	214,750	VIP	2020-08-25	
4	20120916	박은영	183,496	VIP	2020-12-09	
5	21082105	한지영	54,780	일반	2021-08-21	
6	21053002	채준우	924,637	우수	2021-05-30	
7	20072413	양우주	23,570	일반	2020-07-24	
8	20060104	강민철	47,510	일반	2020-06-01	
9	20030518	최영희	137,840	VIP	2020-03-05	
10	21121219	신양민	1,520	일반	2021-12-12	
11	21092804	송연아	77,840	우수	2021-09-28	
12	20123007	남일현	142,350	VIP	2020-12-30	
13						

[K3] 셀에 『=DATE(2000+LEFT(G3,2),MID(G3,3,2),MID(G3,5,2))』를 입력하고 [K12] 셀까지 수식 복사합니다.

※ DATE(년, 월, 일) : 지정한 년, 월, 일에 해당하는 날짜를 표시

3. 판매금액

	A	B	C	D	E	F
14	[표3]	농산물 판매 현황				
15	농산물	구분	판매가	판매량	판매금액	
16	감자	국산	11,000	24	264,000	
17	망고	수입산	8,000	12	96,000	
18	인삼	국산	25,000	10	250,000	
19	고구마	국산	13,500	20	270,000	
20	바나나	수입산	8,500	32	272,000	
21	쌀	국산	112,000	14	1,568,000	
22	버섯	국산	58,000	21	1,218,000	
23	아몬드	수입산	35,000	13	455,000	
24	양파	국산	6,000	14	84,000	
25	조건에 맞는 개수				3	
26						

[E25] 셀에 『=COUNTIFS(B16:B24,"국산",E16:E24,">=200000",E16:E24,"<300000")』를 입력합니다.

※ COUNTIFS(조건 범위1, 조건1, 조건 범위2, 조건2,...) : 여러 조건을 만족하는 개수를 구함

4. 남학생 또는 평균 90점 이상인 학생수

	G	H	I	J	K	L	M	N	O
14	[표4]	5학년 1학기 성적표							
15	성명	성별	중간고사	기말고사	평균				
16	남예솔	여	84	86	68				
17	서지현	남	82	85	82				
18	이유준	남	78	82	78				
19	노한영	여	68	84	68				
20	임서영	여	92	78	92				
21	강현준	남	73	82	73				
22	채윤아	여	98	96	98		<조건>		
23	이서영	여	80	90	80		성별	평균	
24	김수진	여	88	97	88		남		
25	남학생 또는 평균 90점 이상 학생수				5명			>=90	
26									

[K25] 셀에 『=DCOUNTA(G15:K24,1,M23:N25)&"명"』를 입력합니다.

※ DCOUNTA(데이터베이스 범위, 필드 번호, 조건 범위) : 조건에 맞는 공백이 아닌 숫자, 문자 개수를 구함
※ 필드 번호 1 대신에 2 또는 3 또는 4또는 5를 입력해도 됩니다.

5. 평가

	A	B	C	D	E	F
27	[표5]	대학교 성적 평가				
28	성명	전공과목	교양과목	평가		
29	오희경	84	78.5	B		
30	문숙영	94.5	80.6	B		
31	김지우	98.2	96	A		
32	길앤디	90	95.6	A		
33	정은숙	82.1	82	B		
34	최남욱	75.4	68.4	C		
35	김희준	85	89.6	B		
36						
37	<기준표>					
38	평균점수	0	70	80	90	
39	장학금	0	1,000,000	1,500,000	2,000,000	
40	평가	D	C	B	A	
41						

[D29] 셀에 『=HLOOKUP(AVERAGE(B29:C29),$B$38:$E$40,3)』를 입력하고 [D35] 셀까지 수식 복사합니다.

※ HLOOKUP(검색값, 참조 범위, 추출할 값의 행 번호, [검색 유형])
=HLOOKUP(평균값, 평균부터 평가 범위, 추출할 평가 행 번호 3, 평균 검색값이 참조범위에 유사하게 있으므로 TRUE)
→ 검색 유형 : TRUE(또는 생략) 정확한 값이 없는 경우 근사값을 찾아 표시

1. 데이터 표

① [C6] 셀의 수식을 '수식 입력줄'에서 수식을 복사하고 Esc 키를 누르고 [F3] 셀에 수식을 붙여넣기 합니다.

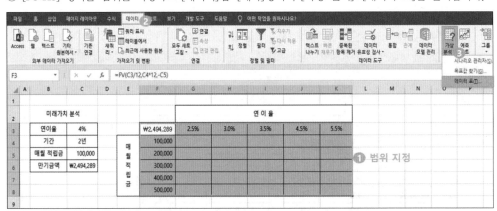

② [F3:K8] 영역을 범위를 지정하고 [데이터]탭-[예측]영역의 [가상 분석]-[데이터 표]를 클릭합니다.

③ [데이터 표]에서 '행 입력 셀'에 [C3]셀, '열 입력 셀'에 [C5]셀을 지정하고 [확인] 버튼을 클릭합니다.

◆ 데이터 표 정답

	A	B	C	D	E	F	G	H	I	J	K	L
1												
2		미래가치 분석표					연 이율					
3		연이율	4%			₩2,494,289	2.5%	3.0%	3.5%	4.5%	5.5%	
4		기간	2년		매월적립금	100,000	2,458,388	2,470,282	2,482,248	2,506,403	2,530,856	
5		매월 적립금	100,000			200,000	4,916,776	4,940,564	4,964,497	5,012,806	5,061,712	
6		만기금액	₩2,494,289			300,000	7,375,164	7,410,845	7,446,745	7,519,209	7,592,568	
7						400,000	9,833,553	9,881,127	9,928,994	10,025,613	10,123,424	
8						500,000	12,291,941	12,351,409	12,411,242	12,532,016	12,654,280	
9												

2. 피벗테이블

① 데이터 영역 [A3:E20]에서 임의의 셀을 선택한 후 [삽입]탭-[표]영역의 [피벗테이블]을 클릭합니다.

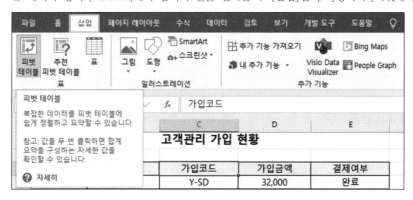

② [피벗 테이블 만들기]에서 '기존 워크시트'를 선택하고 [A25] 셀을 클릭한 후 [확인] 버튼을 클릭합니다.

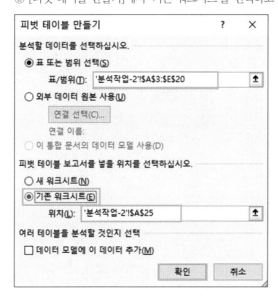

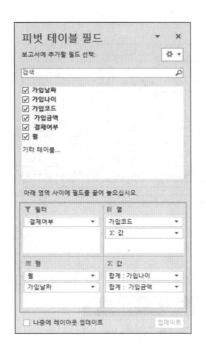

③ 오른쪽에 있는 [피벗 테이블 필드]에서 결제여부 필드를 선택한 후 '필터'로 드래그 합니다. 이어서 가입날짜 '행 레이블', 가입코드는 '열 레이블', 가입나이, 가입금액은 '값'에 각각 드래그 합니다.

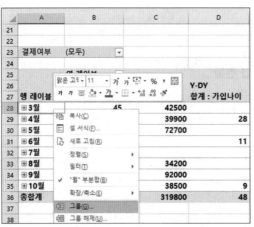

④ 가입날짜 [A28:A35] 영역 중 임의의 셀 을 선택한 후 마우스 오른쪽 버튼을 클릭하여 [그룹] 메뉴를 클릭합니다.

⑤ [그룹화]에서 '분기'만 선택하고 [확인] 버튼을 클릭합니다.

⑥ [피벗 테이블 필드]에서 열 영역에 자동으로 생긴 'Σ값'을 행 영역으로 드래그하여 위치를 변경합니다.

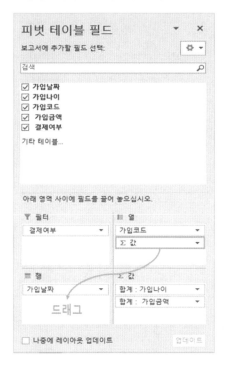

⑦ 합계 : 가입나이 [A28] 셀에서 마우스 오른쪽 버튼을 클릭하여 [값 필드 설정] 메뉴를 클릭합니다.

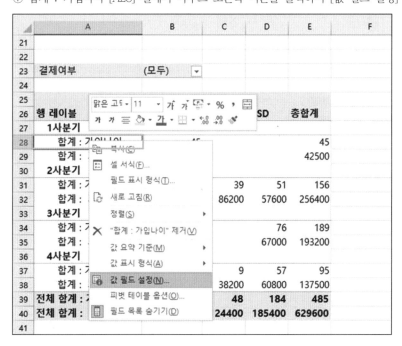

또는 [피벗 테이블 필드]에서 가입나이를 클릭하여 [값 필드 설정] 메뉴를 클릭해도 됩니다.

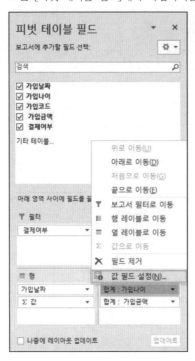

⑧ [값 필드 설정] 메뉴에서 '값 필드 요약 기준'에 '최대값'으로 선택하고 [확인]을 클릭합니다.

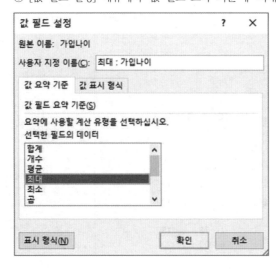

⑨ 합계 : 가입금액 [A29] 셀에서 마우스 오른쪽 버튼을 클릭하여 [값 필드 설정] 메뉴를 클릭한 후 [표시 형식]을 클릭합니다.

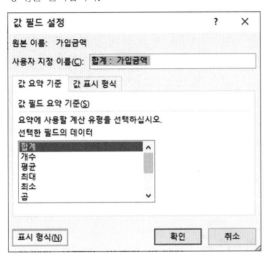

⑩ [셀서식] 대화상자의 [표시 형식] 탭에서 '숫자'를 선택하고 '1000 단위 구분 기호(,) 사용'에 체크하고 [확인]을 클릭합니다.

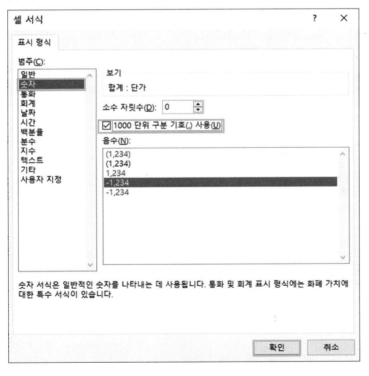

⑪ 피벗 테이블 안에서 임의의 셀에서 마우스 오른쪽 버튼을 클릭하여 [피벗 테이블 옵션] 메뉴를 클릭합니다.

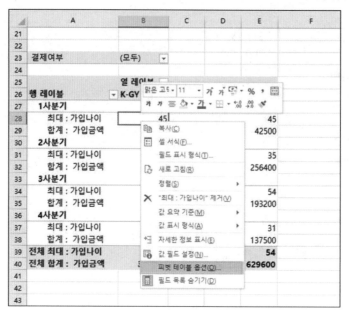

⑫ [피벗 테이블 옵션] 메뉴에서 [레이아웃 및 서식]탭에서 '빈 셀 표시'에 **를 입력하고 [확인] 버튼을 클릭합니다.

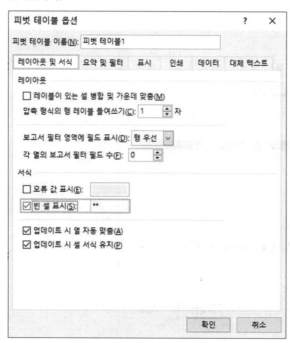

⑬ 피벗 테이블 안에 셀 포인트가 있는 상태에서 [피벗테이블 도구]−[디자인]탭에서 [피벗 테이블 스타일]에서 '피벗 스타일 보통 4'을 선택 합니다.

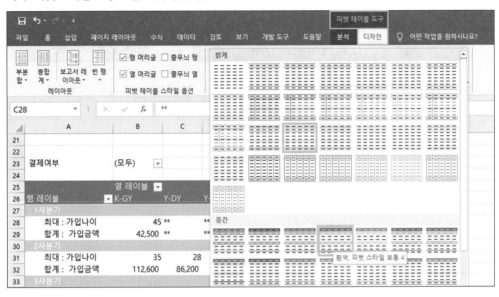

◐ 피벗테이블 정답

	A	B	C	D	E	F
22						
23	결제여부	(모두) ▼				
24						
25		열 레이블 ▼				
26	행 레이블 ▼	K-GY	Y-DY	Y-SD	총합계	
27	1사분기					
28	최대 : 가입나이	45 **		**	45	
29	합계 : 가입금액	42,500 **		**	42,500	
30	2사분기					
31	최대 : 가입나이	35	28	29	35	
32	합계 : 가입금액	112,600	86,200	57,600	256,400	
33	3사분기					
34	최대 : 가입나이	54 **		46	54	
35	합계 : 가입금액	126,200 **		67,000	193,200	
36	4사분기					
37	최대 : 가입나이	29	9	31	31	
38	합계 : 가입금액	38,500	38,200	60,800	137,500	
39	전체 최대 : 가입나이	54	28	46	54	
40	전체 합계 : 가입금액	319,800	124,400	185,400	629,600	
41						

1. 매크로

① [개발 도구]탭–[코드]영역의 [매크로 기록]을 클릭합니다.

② [매크로 기록]에서 '매크로 이름'은 '평균'을 입력하고 [확인] 버튼을 클릭합니다.

③ [C12] 셀에 =AVERAGE(C4:C11) 을 입력한 후 [F12] 셀까지 수식을 복사합니다.

또는 [C4:F12] 영역을 범위를 지정하고 [수식]탭–[함수 라이브러리]영역의 [자동합계]의 '평균'를 클릭해도 됩니다.

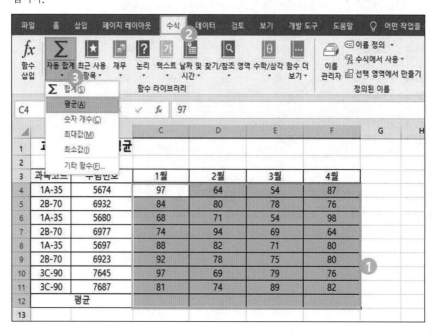

④ [개발 도구]탭-[코드]영역의 [기록 중지]를 클릭합니다.

⑤ [개발 도구]탭-[컨트롤]영역의 [삽입]에서 '양식 컨트롤'에서 '단추'를 선택합니다.

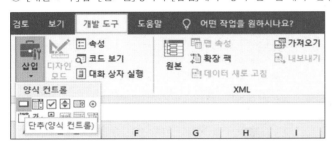

⑥ [단추]를 [B14:C15] 영역에 Alt를 누른채 드래그하여 그리고, [매크로 지정]에서 '평균'을 선택하고 [확인] 버튼을 클릭합니다.

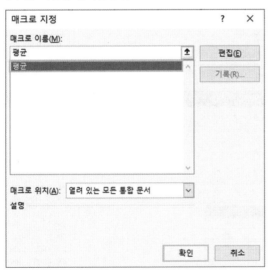

⑦ [단추]의 텍스트를 '평균'으로 입력합니다.

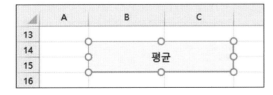

⑧ [개발 도구]탭-[코드]영역의 [매크로 기록]을 클릭합니다.

⑨ [매크로 기록]에서 '매크로 이름'은 '셀스타일'을 입력하고 [확인] 버튼을 클릭합니다.

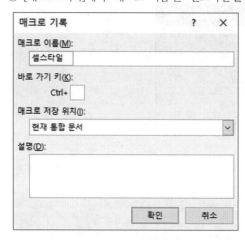

⑩ [A3:F3] 영역을 범위를 지정하고 [홈]탭-[스타일]영역의 [셀스타일]의 '강조색1'을 클릭합니다.

⑪ [개발 도구]탭–[코드]영역의 [기록 중지]를 클릭합니다.

⑫ [삽입]탭–[일러스트레이션]영역의 [도형]–[사각형]의 '모서리가 둥근 직사각형'을 선택한 후
[E14:F15] 영역에 Alt를 누른채 드래그하여 그립니다.

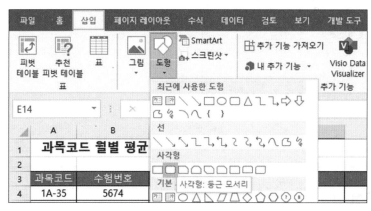

⑬ 도형에서 마우스 오른쪽 버튼을 클릭하여 '텍스트 편집'을 클릭하여 '셀스타일' 텍스트를 입력하고,
마우스 오른쪽 버튼을 클릭하여 [매크로 지정] 메뉴를 클릭합니다.

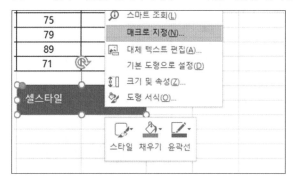

⑭ [매크로 지정]에서 '셀스타일'을 선택하고 [확인] 버튼을 클릭합니다.

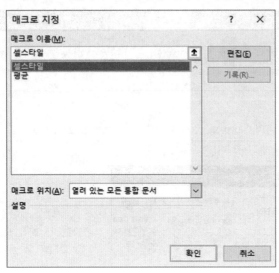

● 매크로 정답

	A	B	C	D	E	F	G
1	**과목코드 월별 평균**						
2							
3	과목코드	수험번호	1월	2월	3월	4월	
4	1A-35	5674	97	64	54	87	
5	2B-70	6932	84	80	78	76	
6	1A-35	5680	68	71	54	98	
7	2B-70	6977	74	94	69	64	
8	1A-35	5697	88	82	71	80	
9	2B-70	6923	92	78	75	80	
10	3C-90	7645	97	69	79	76	
11	3C-90	7687	81	74	89	82	
12	평균		85	77	71	80	
13							
14	평균			셀스타일			
15							
16							

2. 차트

① 차트를 선택하고 [차트 도구]–[디자인]탭–[데이터]영역의 [데이터 선택]을 클릭합니다.

또는 차트 안에서 마우스 오른쪽 버튼을 클릭하여 [데이터 선택] 메뉴를 클릭합니다.

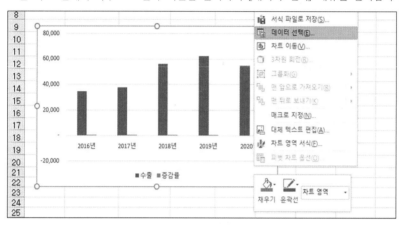

② [데이터 원본 선택]의 '차트 데이터 범위'에서 [A3:F5] 영역을 변경하고 [확인] 버튼을 클릭합니다.

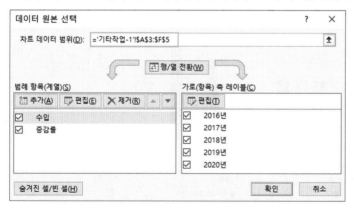

③ 차트를 선택하고 [차트 도구]–[디자인]탭–[종류]영역에서 [차트 종류 변경]을 클릭합니다.

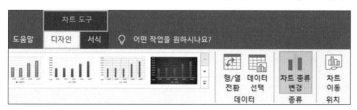

또는 차트를 선택하고 마우스 오른쪽 버튼을 클릭하여 [차트 종류 변경] 메뉴를 클릭합니다.

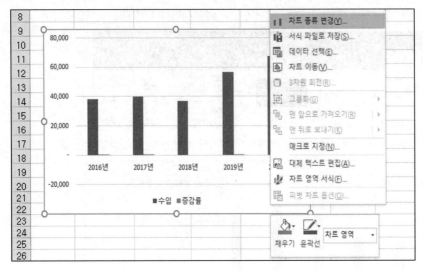

④ [차트 종류 변경]에서 '모든 차트'의 '혼합'에서 '증감률'에 차트종류를 '표식이 있는 꺾은선형' 선택하고 '보조 축'에 체크하고 [확인] 버튼을 클릭합니다.

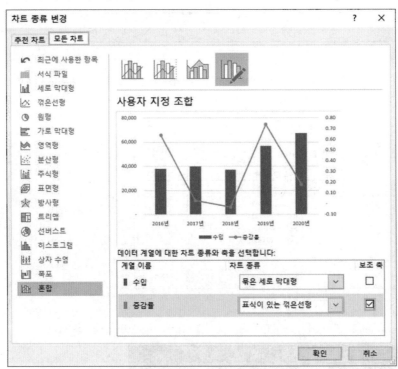

⑤ 차트를 선택하고 [차트 도구]–[디자인]–[차트 요소 추가]–[차트 제목]–[차트 위]를 클릭하거나,

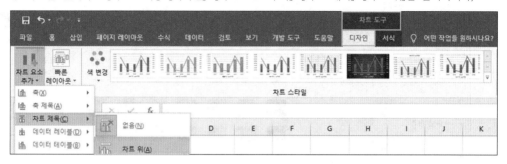

또는 차트를 선택하고 '⊞ 차트 요소'를 선택하고 '차트제목'을 체크 합니다.

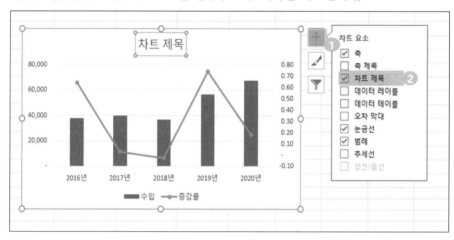

⑥ '차트 제목'을 선택 한 후 수식 입력줄에 '='을 입력하고 [A1] 셀을 클릭한 후 Enter↵를 누릅니다.

A1		='기타작업-1'!$A$1			
	A	B	C	D	E	F

구분	2016년	2017년	2018년	2019년	2020년
수입	38,074	39,800	37,075	56,820	67,425
증감률	0.64	0.03	-0.03	0.74	0.18
수출	34,524	37,620	56,147	62,457	54,782
증감률	0.78	0.08	0.54	0.12	- 0.14

수출입 현황

단위: 만원

차트 제목

⑦ 그림 영역을 선택하고 [차트도구]-[서식]-[도형 스타일]에서 '미세효과-녹색, 강조6'을 클릭합니다.

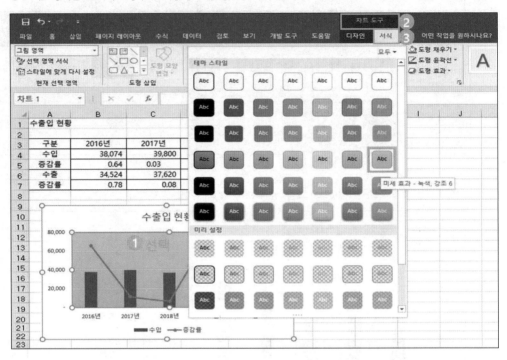

⑧ '증감률' 계열에서 마우스 오른쪽 버튼을 클릭하고 [데이터 레이블 추가] 메뉴를 클릭합니다.

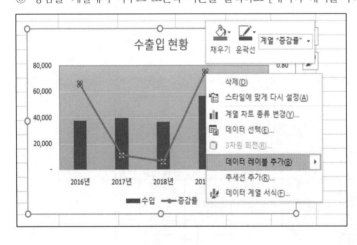

⑨ '증감률' 계열에서 마우스 오른쪽 버튼을 클릭하고 [데이터 계열 서식] 메뉴를 클릭합니다.

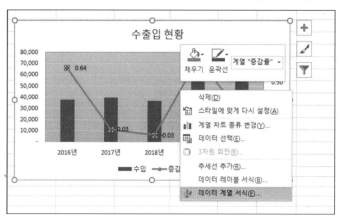

⑩ [데이터 계열 서식]에서 '채우기 및 선'에서 '선'의 '완만한 선'을 선택합니다.

⑪ [데이터 계열 서식]에서 '채우기 및 선'에서 '표식'의 '표식옵션'에서 '기본 제공'의 '■'를 선택합니다.

⑫ 차트에서 마우스 오른쪽 버튼을 클릭하여 [차트 영역 서식] 메뉴를 클릭합니다.

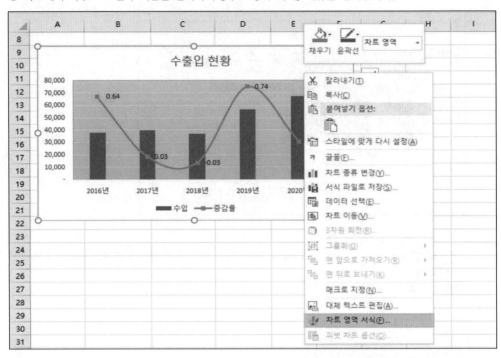

⑬ [차트 영역 서식]에서 '차트 옵션'에서 '채우기 및 선'에서 '테두리'의 '둥근 모서리'를 체크합니다.

'차트 옵션'에서 '효과'에서 '그림자'에서 '미리 설정'의 안쪽의 '안쪽: 가운데'를 선택하고 [닫기]를 클릭합니다.

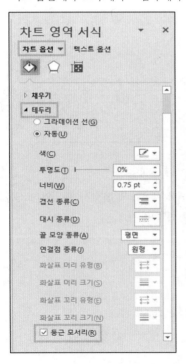
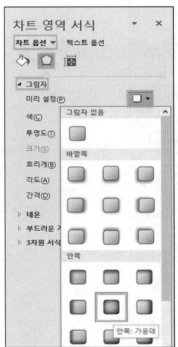

국 가 기 술 자 격 검 정

2021년 상시 컴퓨터활용능력 실기 기출문제

프로그램명	제한시간
EXCEL 2016	40분

수험번호 :

성   명 :

2급	2회

┌── 유의사항 ──┐

- 인적 사항 누락 및 잘못 작성으로 인한 불이익은 수험자 책임으로 합니다.

- 화면에 암호 입력창이 나타나면 아래의 암호를 입력하여야 합니다.

  ○ 암호 : 8537%5

- 작성된 답안은 주어진 경로 및 파일명을 변경하지 마시고 그대로 저장해야 합니다.
  이를 준수하지 않으면 실격처리 됩니다.

- 외부데이터 위치: C:₩OA₩파일명

- 별도의 지시사항이 없는 경우, 다음과 같이 처리하면 실격 처리됩니다.

  ○ 제시된 시트 순서나 이름을 임의로 변경한 경우

  ○ 제시된 시트를 임의로 추가 또는 삭제한 경우

- 답안은 반드시 문제에서 지시 또는 요구한 셀에 입력하여야 하며,
  다음과 같이 처리 시 채점 대상에서 제외됩니다.

  ○ 수험자가 임의로 지시하지 않은 셀의 이동, 수정, 삭제, 변경 등으로 인해 셀의 위치 및 내용이 변경된 경우
  해당 작업에 영향을 미치는 관련 문제 모두 채점대상에서 제외

  ○ 도형 및 차트의 개체가 중첩되어 있거나, 동일한 계산결과 시트가 복수로 존재할 경우에는 해당 개체나 시
  트는 채점 대상에서 제외

- 수식 작성 시 제시된 문제 파일의 데이터는 변경 가능한(가변적) 데이터임을 감안하여 문제 풀이를 하시오.

- 별도의 지시사항이 없는 경우, 주어진 각 시트의 설정값 또는 기본 설정값(Default)으로 처리하십시오.

- 저장 시간은 별도로 주어지지 아니하므로 제한된 시간 내에 저장을 완료해야 하며, 제한 시간내에 저장이 되지
  않은 경우에는 실력 처리됩니다.

- 본 문제의 용어는 Microsoft Office 2016 기준으로 작성되어 있습니다.

1. '기본작업-1' 시트에 다음의 자료를 주어진 대로 입력하시오. (5점)

	A	B	C	D	E	F
1	공연계획 예산					
2						
3	구분	공연일자	관람료	할인율	예매량	
4	가족/아동극	3월 10일 ~ 15일	15,000		1,250	
5	뮤지컬	3월 10일 ~ 15일	35,000	65세 이상 20%	1,200	
6	연극	3월 10일 ~ 15일	25,000		950	
7	뮤지컬	3월 15일 ~ 22일	35,000	65세 이상 20%	550	
8	연극	3월 15일 ~ 22일	24,000		1,100	
9	가족/아동극	3월 15일 ~ 22일	18,000	초등학생 이하 30%	850	
10	가족/아동극	3월 24일 ~ 31일	20,000	초등학생 이하 30%	950	
11	연극	3월 24일 ~ 31일	20,000		1,650	
12	연극	3월 24일 ~ 31일	25,000		1,200	
13						

2. '기본작업-2' 시트에 대하여 다음의 지시사항을 처리하시오. (각 2점)

① [A1:H1] 영역은 '병합하고 가운데 맞춤', 셀 스타일 '제목 1', 행 높이를 '28'로 지정하시오.

② [A3:A4], [B3:E3], [F3:F4], [G3:G4], [H3:H4] 영역은 '병합하고 가운데 맞춤'을 [A5:A12] 영역을 '가로 균등 분할'로 지정하시오.

③ [F5:F12] 영역의 이름을 '결과'로 정의하시오.

④ [B4:E4] 영역은 '가로 가운데 맞춤'을 지정하고 [F3] 셀에 입력된 문자열 '결과'를 한자 '結果'로 변환하시오.

⑤ [A3:H12] 영역에 '모든 테두리(⊞)'를, [H5:H12] 영역은 표시 형식을 '쉼표 스타일'로 지정하시오.

3. '기본작업-3' 시트에 대하여 다음의 지시사항을 처리하시오. (5점)

'과목별 성적 현황표'에서 학년이 '고1'이거나 총점이 350점 이상이면서 400점 미만인 데이터를
고급 필터를 사용하여 검색하시오.

▶ 조건은 [A20:C23] 영역 내에 알맞게 입력하시오.

▶ 결과의 복사 위치는 동일 시트의 [A25] 셀부터 표시하시오.

문제 2 계산작업(40점) '계산작업' 시트에서 다음 과정을 수행하고 저장하시오.

1. [표1]에서 응시일자[C3:C9]가 월요일부터 금요일이면 '평일', 그 외에는 '주말'로 요일구분[D3:D9]에 계산하시오. (8점)
  ▶ 요일은 "월요일"이 1로 시작하는 유형으로 지정
  ▶ IF, WEEKDAY 함수 사용

2. [표2]에서 각 창고마다 저장량[G3:G9]을 일일사용량[H3:H9]씩 사용할 경우 사용일수와 나머지를 사용일[I3:I9]에 계산하시오. (8점)
  ▶ 사용일수가 200일이고 나머지가 7인 경우 [표시 예 : 200일(7남음)]
  ▶ MOD, INT 함수와 & 연산자 사용

3. [표3]에서 부서명[C13:C21]이 '생산부'가 아닌 사원들의 급여[E13:E21] 평균을 [E22] 셀에 계산하시오. (8점)
  ▶ SUMIF, COUNTIF 함수 사용

4. [표4]에서 지점[G13:G22]이 "강북" 이면서 판매량[I13:I22]이 500 이상인 판매총액[J13:J22] 평균을 [J23] 셀에 계산하시오. (8점)
  ▶ 조건은 [K21:L22] 영역에 입력하시오.
  ▶ DSUM, DCOUNT, DAVERAGE 중 알맞은 함수를 선택하여 사용

5. [표5]에서 판매량[B26:B35]과 가격표[F27:I29]를 이용하여 판매금액[C26:C35]를 계산하시오. (8점)
  ▶ 판매금액 = 판매량 × 할인가격
  ▶ INDEX와 MATCH 함수 사용

1. '분석작업-1' 시트에 대하여 다음의 지시사항을 처리하시오. (10점)

[데이터 통합] 기능을 이용하여 [표1], [표2]에 대한 학생명별 '국어', '영어', '수학'의 평균을 [C19:E30] 영역에 계산하시오.

2. '분석작업-2' 시트에 대하여 다음의 지시사항을 처리하시오. (10점)

[부분합] 기능을 이용하여 [표1]에서 '급수'별 '결제금액'의 합계를 계산한 후 '강의코드'의 개수를 계산하시오.

▶ '급수'에 대한 정렬기준은 내림차순으로 하시오.

문제 4 기타 작업(20점) 주어진 시트에서 다음 작업을 수행하고 저장하시오.

1. '매크로작업' 시트의 [표]에서 다음과 같은 기능을 수행하는 매크로를 작성하고 실행하시오. (각 5점)

① [E4:E15] 영역에 총점을 계산하는 매크로를 생성하여 실행하시오.

▶ 매크로 이름 : 총점

▶ 총점 = 필기 + 실기

▶ [개발 도구]–[삽입]–[양식 컨트롤]의 '단추'를 동일 시트의 [G3:H4] 영역에 생성하고, 텍스트를 '총점 계산'으로 입력한 후 단추를 클릭할 때 '총점' 매크로가 실행되도록 설정하시오.

② [A3:E3], [E4:E15] 영역에 글꼴 색을 '표준 색 – 녹색'으로 적용하는 매크로를 생성하여 실행하시오.

▶ 매크로 이름 : 서식

▶ [도형]–[기본 도형]의 '육각형(⬡)'을 동일 시트의 [G6:H7] 영역에 생성하고, 텍스트를 '서식'으로 입력하고 가로 세로 가운데 맞춤으로 지정하여 도형을 클릭할 때 '서식' 매크로가 실행되도록 설정하시오.

※ 셀 포인터의 위치에 관계없이 현재 통합문서에서 매크로가 실행되어야 정답으로 인정됨.

2. '차트작업' 시트의 차트에서 다음 지시사항에 따라 아래 〈그림〉과 같이 차트를 수정하시오. (각 2점)

※ 차트는 반드시 문제에서 제공한 차트를 사용하여야 하며, 신규로 차트 작성 시 0점 처리됨

① '행/열 전환'하고 '과학'계열은 삭제하시오.

② 범례를 위쪽에 표시하고 그라데이션 채우기 '밝은 그라데이션, 강조 1'로 지정하시오.

③ '영어' 계열의 '이은경'에 대해서만 데이터 레이블 '값'을 지정하시오.

④ 3차원 회전의 'X 회전'을 30°, 'Y 회전'을 45°로 지정하시오.

데이터 계열의 간격 깊이와 너비를 100%로 지정하시오.

⑤ 세로(값) 축의 표시 형식은 범주의 '숫자', 소수 자릿수는 1로 지정하시오.

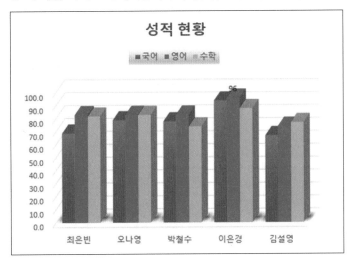

문제1 기본작업

2. 서식 지정

① [A1:H1] 영역을 블록으로 지정하고, [홈]탭-[맞춤]영역의 '병합하고 가운데 맞춤'을 클릭하고, [홈]탭-[스타일]영역의 [셀 스타일]에서 '제목 1'을 선택합니다.

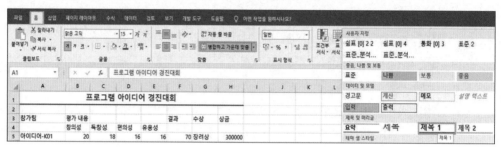

1행의 머리글을 마우스 오른쪽 버튼을 클릭하여 [행 높이] 메뉴를 클릭합니다.
'행 높이' 대화상자에서 행 높이 28을 입력한 다음 [확인] 버튼을 클릭합니다.

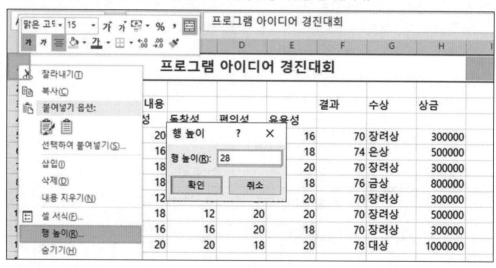

② [A3:A4], [B3:E3], [F3:F4], [G3:G4], [H3:H4] 영역을 블록으로 지정하고, [홈]탭-[맞춤]영역의 '병합하고 가운데 맞춤'을 클릭합니다.

[A5:A12] 영역을 블록으로 지정한 후 마우스 오른쪽 버튼을 클릭하여 [셀서식] 메뉴에서 [맞춤]탭에서 '가로'에 '균등 분할(들여쓰기)'를 선택하고 [확인]을 클릭합니다.

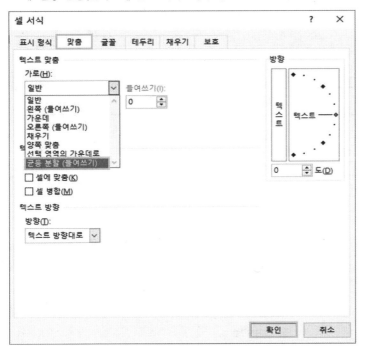

③ [F5:F12] 영역을 블록으로 지정하고 이름 상자에 '결과'를 입력한 후 Enter↵를 누릅니다.

참가팀	평가 내용				결과	수상	상금
	창의성	독창성	편의성	유용성			
아 이 디 어 -K01	20	18	16	16	70	장려상	300000
아 이 디 어 -K02	16	20	20	18	74	은상	500000
아 이 디 어 -K03	18	16	16	20	70	장려상	300000
아 이 디 어 -K04	18	20	20	18	76	금상	800000
아 이 디 어 -K05	12	18	20	20	70	장려상	300000
아 이 디 어 -K06	18	12	20	20	70	장려상	500000
아 이 디 어 -K07	16	16	20	18	70	장려상	300000
아 이 디 어 -K08	20	20	18	20	78	대상	1000000

프로그램 아이디어 경진대회

④ [B4:E4] 영역을 블록으로 지정하고 [홈]탭-[맞춤]영역의 [가운데 맞춤]을 클릭합니다.

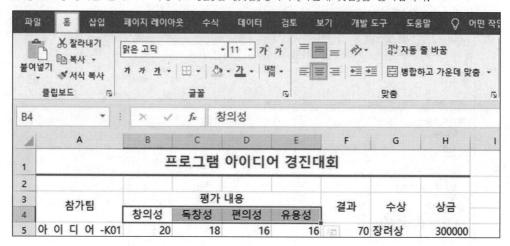

[F3] 셀에서 마우스로 더블클릭하여 셀 편집 상태를 만들고 "결과"를 블록을 지정하고, (한자)를 누릅니다.
'한글/한자 변환' 대화상자에서 바꿀 한자를 선택하고 [변환]클릭하고, [닫기]를 클릭합니다.

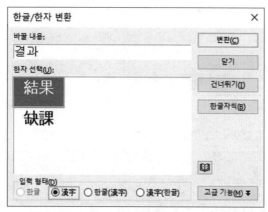

⑤ [A3:H12] 블록으로 지정하고 [홈]탭-[글꼴]영역의 테두리를 '모든 테두리'를 클릭하고,
[H5:H12] 블록으로 지정하고 [홈]탭-[표시형식]영역에서 [쉼표 스타일]을 클릭합니다.

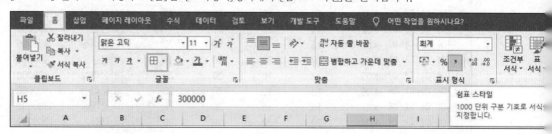

⊙ 서식 지정 정답

참가팀	평가 내용				結果	수상	상금
	창의성	독창성	편의성	유용성			
아 이 디 어 -K01	20	18	16	16	70	장려상	300,000
아 이 디 어 -K02	16	20	20	18	74	은상	500,000
아 이 디 어 -K03	18	16	16	20	70	장려상	300,000
아 이 디 어 -K04	18	20	20	18	76	금상	800,000
아 이 디 어 -K05	12	18	20	20	70	장려상	300,000
아 이 디 어 -K06	18	12	20	20	70	장려상	500,000
아 이 디 어 -K07	16	16	20	18	70	장려상	300,000
아 이 디 어 -K08	20	20	18	20	78	대상	1,000,000

제목: 프로그램 아이디어 경진대회

3. 고급필터

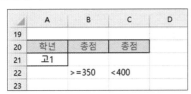

① 다음과 같이 [A20:C22] 영역에 조건을 입력합니다.

② [데이터]탭–[정렬 및 필터]영역의 [고급]을 클릭합니다.

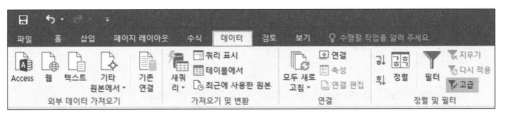

③ [고급필터]에서 다음과 같이 지정하고 [확인] 버튼을 클릭합니다.

⊙ 고급필터 정답

▲	A	B	C	D	E	F	G	H
24								
25	학생명	학년	국어	영어	수학	과학	총점	
26	유찬우	고3	82	86	100	92	360	
27	최순애	고3	96	95	96	68	355	
28	함수호	고2	92	89	87	92	360	
29	이찬영	고1	91	89	77	82	339	
30	박철수	고1	78	83	74	75	310	
31								
32								

문제 2 계산작업

1. 요일구분

▲	A	B	C	D
1	**[표1]**	**자격증 응시일자**		
2	지역	성명	응시일자	요일구분
3	양재	박남국	2020-11-21	주말
4	교대	김티나	2020-11-26	평일
5	역삼	채준우	2020-11-28	주말
6	강남	남선혁	2020-03-09	평일
7	선릉	한경미	2021-02-04	평일
8	삼성	최미진	2021-02-12	평일
9	잠실	신선영	2021-03-07	주말
10				

[D3] 셀에 『=IF(WEEKDAY(C3,2)<=5,"평일","주말")』을 입력하고 [D9] 셀까지 수식 복사합니다.

※ WEEKDAY(날짜,옵션) : 요일의 일련번호를 구함 → 옵션 2 는 월요일을 1로 시작

월	화	수	목	금	토	일
1	2	3	4	5	6	7

2. 사용일

	F	G	H	I	J
1	**[표2]**	**창고별 사용일 현황**			
2	구분	저장량	일일사용량	사용일	
3	1창고	4,863	22	221일(1남음)	
4	2창고	5,742	28	205일(2남음)	
5	3창고	3,570	20	178일(10남음)	
6	4창고	4,200	24	175일(0남음)	
7	5창고	4,600	18	255일(10남음)	
8	6창고	4,850	20	242일(10남음)	
9	7창고	4,400	22	200일(0남음)	
10					

[I3] 셀에 『=INT(G3/H3)&"일("&MOD(G3,H3)&"남음)"』을 입력하고 [I9] 셀까지 수식 복사합니다.

※ INT(숫자나 셀 주소) : 소수부분을 버리고 정수로 내림
※ MOD(인수, 제수) : 인수를 제수로 나눈 결과의 나머지 값을 구함

3. 생산부 제외한 급여 평균

	A	B	C	D	E	F
11	**[표3]**	**급여 내역**				
12	사원코드	성별	부서명	직위	급여	
13	JSWO-01	남	생산부	대리	4,100,000	
14	JSWO-02	여	총무부	대리	3,550,000	
15	JSWO-03	여	총무부	과장	4,950,000	
16	JSWO-04	남	생산부	과장	4,950,000	
17	JSWO-05	남	관리부	사원	2,800,000	
18	JSWO-06	여	생산부	대리	3,800,000	
19	JSWO-07	남	기획부	대리	3,550,000	
20	JSWO-08	여	기획부	과장	4,200,000	
21	JSWO-09	남	기획부	과장	4,990,000	
22	생산부를 제외한 급여 평균				4,006,667	
23						

[E22] 셀에 『=SUMIF(C13:C21,"〈〉생산부",E13:E21)/COUNTIF(C13:C21,"〈〉생산부")』에 입력합니다.

※ 평균 = 합계/인원수
※ SUMIF(조건을 찾을 범위, 조건, 합계 구할 범위) : 생산부를 제외한 급여 합계
※ COUNTIF(조건을 찾을 범위, 조건) : 생산부를 제외한 인원수

4. 강북 우수사원 판매총액 평균

	G	H	I	J	K	L	M
11	**[표4]**	**사원별 판매현황**					
12	지점	사원명	판매량	판매총액			
13	강남	김건우	441	6,615,000			
14	강남	최강준	527	7,905,000			
15	강남	김예지	368	5,520,000			
16	강남	조우현	475	7,125,000			
17	강남	김지은	452	6,780,000			
18	강북	성유정	524	7,860,000			
19	강북	박준석	582	8,730,000			
20	강북	이민영	642	9,630,000	<조건>		
21	강북	박서진	526	7,890,000	지점	판매량	
22	강북	이용우	424	6,360,000	강북	>=500	
23		강북 우수사원 판매총액 평균		8,527,500			
24							

[J23] 셀에 『=DAVERAGE(G12:J22,4,K21:L22)』를 입력합니다.
또는 =DAVERAGE(G12:J22,J12,K21:L22)를 입력해도 됩니다.

※ DAVERAGE(데이터베이스 범위, 필드 번호, 조건 범위) : 조건에 맞는 값의 평균을 구함

5. 제품 할인 판매금액

	A	B	C	D	E	F	G	H	I
24	**[표5]**	**제품 할인 판매 현황**							
25	제품코드	판매량	판매금액						
26	WJ-100	34	1,105,000		<가격표>				
27	WJ-100	27	877,500		제품코드	WJ-100	WJ-200	WJ-300	WJ-400
28	WJ-200	52	1,950,000		판매가격	35,000	40,000	45,000	50,000
29	WJ-200	32	1,200,000		할인가격	32,500	37,500	42,500	47,500
30	WJ-200	42	1,575,000						
31	WJ-300	32	1,360,000						
32	WJ-300	19	807,500						
33	WJ-300	29	1,232,500						
34	WJ-400	34	1,615,000						
35	WJ-400	43	2,042,500						
36									

[C26] 셀에 『=B26*INDEX($F$28:$I$29,2,MATCH(A26,$F$27:$I$27,0))』을 입력하고 [C35] 셀까지 수식 복사합니다.

※ MATCH(검색값,검색값 범위,[검사 유형]) : 제품코드 위치를 구함
→ 검사유형 0 : 검색값과 정확하게 일치하는 값을 추출할 경우
→ 제품코드 검색값이 가격표의 제품코드 범위안에 정확하게 있음
※ INDEX(참조 범위, 행 번호, 열 번호) : 참조 범위에서 행/열 번호의 교차점에 셀 값을 추출함
INDEX(값을 찾을 참조 범위,행 번호,MATCH(검색값,검색값 범위,[검사 유형]))
INDEX(가격범위,할인가격 행번호2,제품코드 위치 열번호)

문제 3 **분석작업**

1. 통합

① [B18:E30] 영역을 범위 지정 한 후 [데이터]탭–[데이터 도구]영역의 [통합]을 클릭합니다.

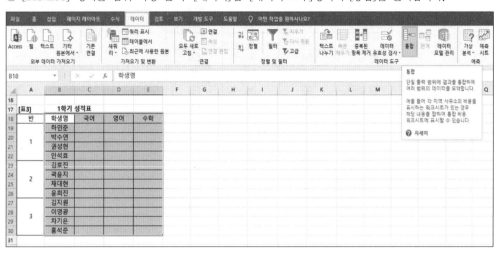

② [통합]에서 '함수'는 '평균'을 선택하고, '참조'에서 [B2:E14], [H2:K14] 영역을 순서대로 지정한 뒤 [추가] 버튼을 클릭하고, '사용할 레이블'에 '첫 행', '왼쪽 열'을 체크한 후 [확인] 버튼을 클릭합니다.

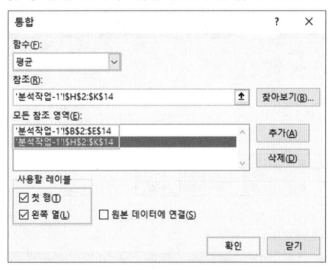

❤ 통합 정답

	A	B	C	D	E	F
17	[표3]	1학기 성적표				
18	반	학생명	국어	영어	수학	
19		하민준	89	87	79	
20	1	박수연	78	90	73	
21		권성현	84	93	88	
22		안석효	76	78	68	
23		김호진	92	85	83	
24	2	곽윤지	66	77	86	
25		채대현	92	92	93	
26		윤희진	66	69	73	
27		김지원	66	70	73	
28	3	이영광	90	82	84	
29		차기은	84	87	85	
30		홍석준	89	66	80	
31						

2. 부분합

① [D2] 셀을 선택하고 [데이터]탭의 [정렬 및 필터]에서 [텍스트 내림차순 정렬]을 클릭합니다.

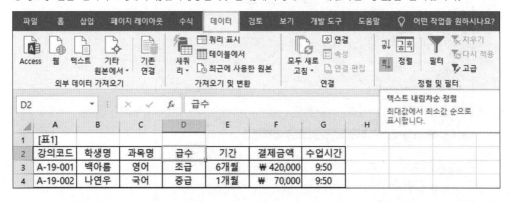

② [데이터]탭–[개요]영역의 [부분합] 메뉴를 클릭합니다.

③ [부분합]에서 '그룹화할 항목'에 '급수', '사용할 함수'에 '합계'를 선택하고, '부분합 계산 항목'에 '결제
금액'을 체크한 후 [확인] 버튼을 클릭합니다.

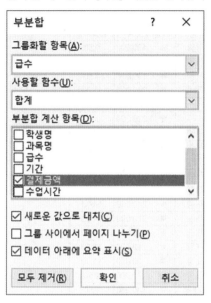

④ 다시 한번 [데이터]탭-[개요]영역의 [부분합] 메뉴를 클릭하고, [부분합]에서 '그룹화할 항목'에 '급수',
'사용할 함수'에 '개수'를 선택하고, '부분합 계산 항목'에 '강의코드'를 체크하고,
'새로운 값으로 대치' 체크박스를 해제하고 [확인] 버튼을 클릭합니다.

부분합 ? ×

그룹화할 항목(A):

급수 ⌄

사용할 함수(U):

개수 ⌄

부분합 계산 항목(D):

☑ 강의코드 ⌃
☐ 학생명
☐ 과목명
☐ 급수
☐ 기간
☐ 결제금액 ⌄

☐ 새로운 값으로 대치(C)

☐ 그룹 사이에서 페이지 나누기(P)

☑ 데이터 아래에 요약 표시(S)

| 모두 제거(R) | 확인 | 취소 |

◎ 부분합 정답

1 2 3 4		A	B	C	D	E	F	G	H	I
	1	[표1]								
	2	강의코드	학생명	과목명	급수	기간	결제금액	수업시간		
	3	A-19-001	백아름	영어	초급	6개월	₩ 420,000	9:50		
	4	A-19-006	강나루	영어	초급	6개월	₩ 420,000	9:50		
	5	A-20-001	이영실	영어	초급	2개월	₩ 140,000	9:50		
	6	A-20-009	이형욱	수학	초급	12개월	₩ 840,000	15:00		
	7	4			초급 개수					
	8				초급 요약		₩ 1,820,000			
	9	A-19-002	나연우	국어	중급	1개월	₩ 70,000	9:50		
	10	A-19-004	하수경	국어	중급	2개월	₩ 140,000	10:20		
	11	A-19-007	이지형	수학	중급	12개월	₩ 840,000	9:50		
	12	A-20-002	박선영	수학	중급	3개월	₩ 210,000	11:30		
	13	A-20-005	남지석	국어	중급	1개월	₩ 70,000	11:30		
	14	A-20-006	차건우	영어	중급	3개월	₩ 210,000	14:00		
	15	A-20-007	류영진	수학	중급	3개월	₩ 210,000	14:00		
	16	A-20-010	나민석	과학	중급	6개월	₩ 420,000	16:00		
	17	A-20-002	박선영	수학	중급	3개월	₩ 210,000	11:30		
	18	A-20-005	남지석	국어	중급	1개월	₩ 70,000	11:30		
	19	A-19-002	나연우	국어	중급	1개월	₩ 70,000	9:50		
	20	A-19-007	이지형	수학	중급	12개월	₩ 840,000	9:50		
	21	12			중급 개수					
	22				중급 요약		₩ 3,360,000			
	23	A-19-003	정현정	수학	고급	3개월	₩ 210,000	10:20		
	24	A-19-005	오현진	과학	고급	4개월	₩ 280,000	10:20		
	25	A-19-008	김태형	국어	고급	1개월	₩ 70,000	9:50		
	26	A-20-003	최수현	수학	고급	6개월	₩ 420,000	11:30		
	27	A-20-004	안효경	과학	고급	12개월	₩ 840,000	11:30		
	28	A-20-008	송아영	과학	고급	6개월	₩ 420,000	14:00		
	29	A-20-011	박찬숙	국어	고급	12개월	₩ 840,000	17:00		
	30	7			고급 개수					
	31				고급 요약		₩ 3,080,000			
	32	23			전체 개수					
	33				총합계		₩ 8,260,000			
	34									

문제 4 **기타작업**

1. 매크로

　① [개발 도구]탭–[코드]영역의 [매크로 기록]을 클릭합니다.

　② [매크로 기록]에서 '매크로 이름'은 '총점'을 입력하고 [확인] 버튼을 클릭합니다.

　③ [E4] 셀에 =C4+D4 을 입력한 후 [E15] 셀까지 수식을 복사합니다.

E4			✕	✓	f_x	=C4+D4	
	A	B	C	D		E	F
1			점수 현황				
2							
3	계열	학생명	필기	실기		총점	
4	예체능	김건영	80	88		168	
5	자연	최옥희	84	82			
6	예체능	송현정	96	76			
7	자연	진우림	92	92			
8	인문	손범영	96	94			
9	자연	차석현	84	74			
10	예체능	김학영	76	94			
11	인문	명현국	79	83			
12	자연	이숙희	82	74			
13	인문	민나영	72	69			
14	인문	김상국	92	82			
15	인문	황유진	88	92			
16							

　④ [개발 도구]탭–[코드]영역의 [기록 중지]를 클릭합니다.

　⑤ [개발 도구]탭–[컨트롤]영역의 [삽입]에서 '양식 컨트롤'에서 '단추'를 선택합니다.

　⑥ [단추]를 [G3:H4] 영역에 Alt 를 누른채 드래그하여 그리고, [매크로 지정]에서 '총점'을 선택하고 [확인] 버튼을 클릭합니다.

　⑦ [단추]의 텍스트를 '총점계산'으로 입력합니다.

　⑧ [개발 도구]탭–[코드]영역의 [매크로 기록]을 클릭합니다.

　⑨ [매크로 기록]에서 '매크로 이름'은 '서식'을 입력하고 [확인] 버튼을 클릭합니다.

⑩ [A3:E3], [E4:E15] 영역을 범위를 지정하고 [홈]탭–[글꼴]영역의 글꼴 색 '표준 색 – 녹색'을 클릭합니다.

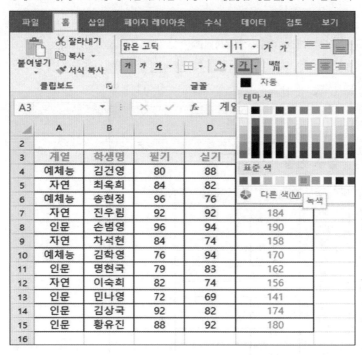

⑪ [개발 도구]탭–[코드]영역의 [기록 중지]를 클릭합니다.

⑫ [삽입]탭–[일러스트레이션]영역의 [도형]–[기본도형]의 '육각형'을 선택한 후 [G6:H7] 영역에 Alt 를 누른채 드래그하여 그립니다.

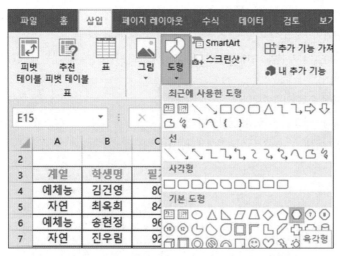

⑬ 도형에서 마우스 오른쪽 버튼을 클릭하여 '텍스트 편집'을 클릭하여 '서식' 텍스트를 입력하고, 마우스 오른쪽 버튼을 클릭하여 [매크로 지정] 메뉴를 클릭합니다.

⑭ [매크로 지정]에서 '서식'을 선택하고 [확인] 버튼을 클릭합니다.

⑮ [홈]–[맞춤]에서 가로 '가운데', 세로 '가운데' 맞춤을 클릭합니다.

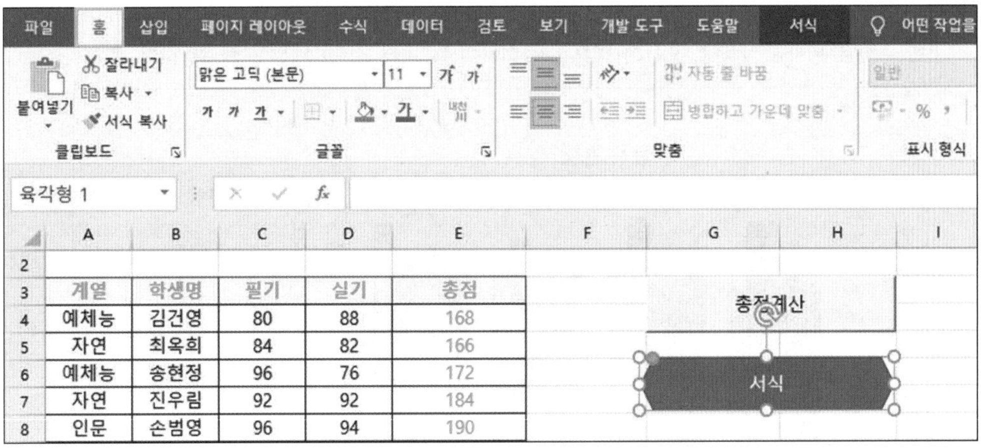

	A	B	C	D	E
2					
3	계열	학생명	필기	실기	총점
4	예체능	김건영	80	88	168
5	자연	최옥희	84	82	166
6	예체능	송현정	96	76	172
7	자연	진우림	92	92	184
8	인문	손범영	96	94	190

매크로 정답

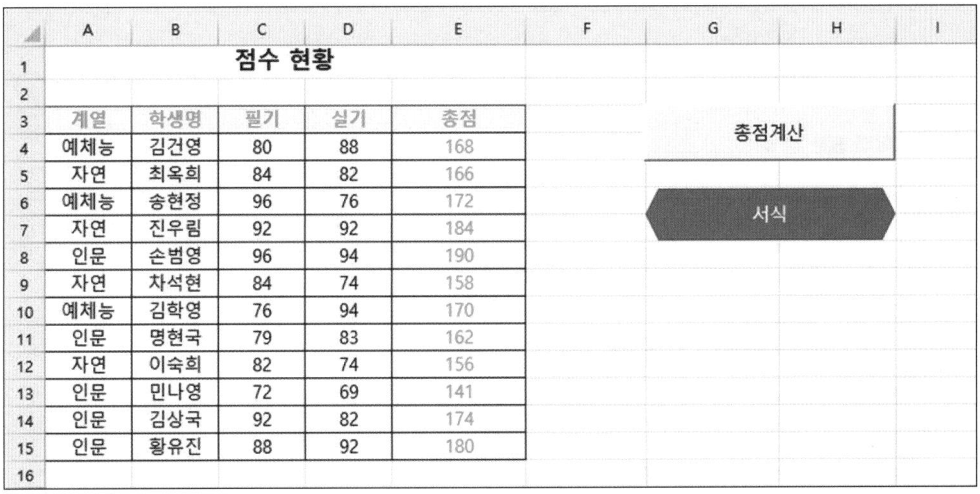

	A	B	C	D	E
1	점수 현황				
2					
3	계열	학생명	필기	실기	총점
4	예체능	김건영	80	88	168
5	자연	최옥희	84	82	166
6	예체능	송현정	96	76	172
7	자연	진우림	92	92	184
8	인문	손범영	96	94	190
9	자연	차석현	84	74	158
10	예체능	김학영	76	94	170
11	인문	명현국	79	83	162
12	자연	이숙희	82	74	156
13	인문	민나영	72	69	141
14	인문	김상국	92	82	174
15	인문	황유진	88	92	180
16					

2. 차트

① 차트를 선택하고 [차트 도구]-[디자인]탭-[데이터]영역의 [데이터 선택]을 클릭합니다.
또는 차트 안에서 마우스 오른쪽 버튼을 클릭하여 [데이터 선택] 메뉴를 클릭합니다.

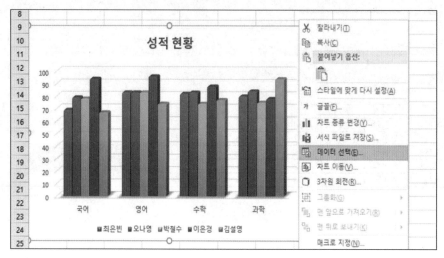

② [데이터 선택]에서 '행/열 전환(W)'를 클릭하고, 범례 항목(계열)에서 '과학'을 선택하고
[제거]를 클릭하고 [확인] 버튼을 클릭합니다.

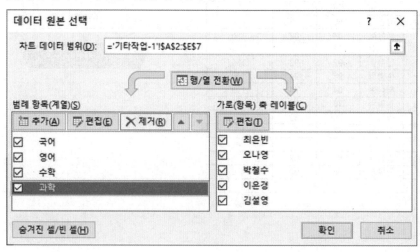

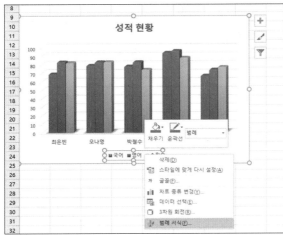

③ 차트를 선택하고 [차트 도구]–[디자인]–[차트 요소 추가]–[범례]–[위쪽]을 클릭합니다.
또는 차트의 '범례'에서 마우스 오른쪽 버튼을 클릭하여 [범례 서식] 메뉴를 클릭합니다.

④ [범례 서식]에서 [범례 옵션]–[범례 위치]를 '위쪽'으로 선택하고, [채우기 및 선]–[채우기]에서 '그라데이션 채우기'를 선택하고 '그라데이션 미리 설정'에서 '밝은 그라데이션 – 강조 1'을 선택합니다.

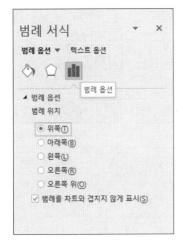

⑤ '영어' 계열의 '이은경' 요소를 천천히 2번 클릭하고 하나의 요소만 선택이 되었을 때 마우스 오른쪽 버튼을 클릭하여 [데이터 레이블 추가] 메뉴를 클릭합니다.

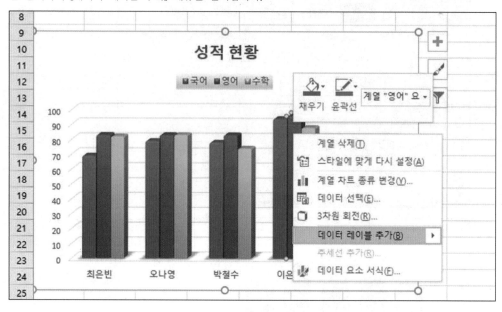

⑥ 차트 영역을 선택하고 마우스 오른쪽 버튼을 클릭하여 [3차원 회전] 메뉴를 클릭합니다.
또는 차트 영역을 더블클릭하고 '차트 영역 서식'창의 [차트옵션]-[효과]-[3차원 회전]에서 'X 회전'을 30°, 'Y 회전'을 45°로 지정합니다.

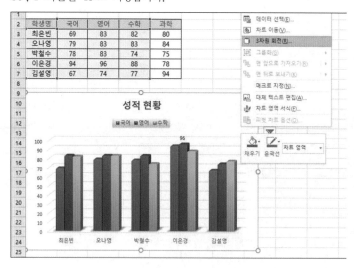

⑦ 임의의 데이터 계열에서 마우스 오른쪽 버튼을 클릭하여 [데이터 계열 서식] 메뉴를 클릭합니다. 또는 임의의 데이터 계열을 더블클릭하고 '데이터 계열 서식'창의 [계열옵션]에서 '간격 깊이', '간격 너비'를 100%로 지정합니다.

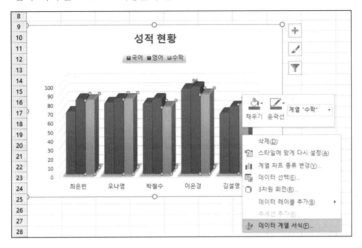
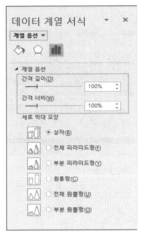

⑧ 세로(값) 축에서 마우스 오른쪽 버튼을 클릭하여 [축 서식] 메뉴를 클릭합니다.

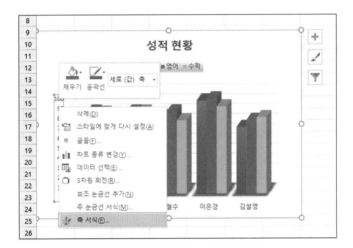

⑨ [축 서식]에서 '축 옵션'의 표시형식에서 범주는 '숫자', 소수자릿수 1로 지정합니다.

2021년 상시 컴퓨터활용능력 실기 기출문제

프로그램명	제한시간
EXCEL 2016	40분

수험번호 :

성 명 :

2급	3회

유의사항

- 인적 사항 누락 및 잘못 작성으로 인한 불이익은 수험자 책임으로 합니다.

- 화면에 암호 입력창이 나타나면 아래의 암호를 입력하여야 합니다.

  ○ 암호 : 7708$9

- 작성된 답안은 주어진 경로 및 파일명을 변경하지 마시고 그대로 저장해야 합니다.
  이를 준수하지 않으면 실격처리 됩니다.

- 외부데이터 위치: C:\OA\파일명

- 별도의 지시사항이 없는 경우, 다음과 같이 처리하면 실격 처리됩니다.

  ○ 제시된 시트 순서나 이름을 임의로 변경한 경우

  ○ 제시된 시트를 임의로 추가 또는 삭제한 경우

- 답안은 반드시 문제에서 지시 또는 요구한 셀에 입력하여야 하며,
  다음과 같이 처리 시 채점 대상에서 제외됩니다.

  ○ 수험자가 임의로 지시하지 않은 셀의 이동, 수정, 삭제, 변경 등으로 인해 셀의 위치 및 내용이 변경된 경우
    해당 작업에 영향을 미치는 관련 문제 모두 채점대상에서 제외

  ○ 도형 및 차트의 개체가 중첩되어 있거나, 동일한 계산결과 시트가 복수로 존재할 경우에는 해당 개체나 시
    트는 채점 대상에서 제외

- 수식 작성 시 제시된 문제 파일의 데이터는 변경 가능한(가변적) 데이터임을 감안하여 문제 풀이를 하시오.

- 별도의 지시사항이 없는 경우, 주어진 각 시트의 설정값 또는 기본 설정값(Default)으로 처리하십시오.

- 저장 시간은 별도로 주어지지 아니하므로 제한된 시간 내에 저장을 완료해야 하며, 제한 시간내에 저장이 되지
  않은 경우에는 실력 처리됩니다.

- 본 문제의 용어는 Microsoft Office 2016 기준으로 작성되어 있습니다.

문제 1 기본작업(20점) 주어진 시트에서 다음의 과정을 수행하고 저장하시오.

1. '기본작업-1' 시트에 다음의 자료를 주어진 대로 입력하시오. (5점)

	A	B	C	D	E	F	G
1	태양별 반점 매출 현황						
2							
3	지점	구분	메뉴	가격	수량	총계	
4	신천	rice	볶음밥	8,000원	35	280,000원	
5	신현	rice	짬뽕밥	8,000원	34	272,000원	
6	신천	rice	잡채밥	9,000원	32	288,000원	
7	배곧	set	짜장세트	11,000원	38	418,000원	
8	은행	set	짬뽕세트	12,000원	40	480,000원	
9	물왕	set	탕수육세트	18,000원	45	810,000원	
10	미산	noodle	간짜장	7,500원	42	315,000원	
11	신현	noodle	짬뽕	8,000원	46	368,000원	
12	월곶	noodle	양장피	22,000원	38	836,000원	
13							

2. '기본작업-2' 시트에 대하여 다음의 지시사항을 처리하시오. (각 2점)

① [A1] 셀의 제목 문자열 앞 뒤에 특수문자 "◎"를 삽입하고 지정하시오.

② [C4:C15] 영역은 사용자 지정 형식을 이용하여 '2021년 03월 12일 (금요일)' 형식으로 표시되도록 지정하시오.

③ [A3:F3] 영역은 셀 스타일 '강조색3'로 지정하시오.

④ [F13]셀에 '최대 생산 총액'이라는 메모를 삽입한 후 항상 표시되도록 하시오.

⑤ [A3:F15] 영역에 '모든 테두리(⊞)'를 적용한 후 '굵은 바깥쪽 테두리(▢)'를 적용하여 표시하시오.

3. '기본작업-3' 시트에 대하여 다음의 지시사항을 처리하시오. (5점)

'마라톤 참가 대회'에서 [B3:B12] 영역의 데이터를 텍스트 나누기를 실행하여 나타내시오.

▶ 데이터는 쉼표(,)로 구분되어 있음

▶ '나이' 열은 제외할 것

1. [표1]에서 1회차~4회차 [B4:E11]까지 출석("O")이 3회 이상이면 "이수", 그렇지 않으면 공백으로 이수
여부[F4:F11]에 표시하시오. (8점)

▶ IF, COUNTBLANK 함수 사용

2. [표2]에서 성적이 첫 번째로 높으면 "1등", 두 번째로 높으면 "2등", 세 번째로 높으면 "3등" 그 외에
는 공백으로 순위[K3:K11] 영역에 표시하시오. (8점)

▶ IFERROR, CHOOSE, RANK.EQ 함수 사용

3. [표3]에서 판매량[D15:D23]이 판매량의 평균을 초과하면서 재고량[E15:E23]이 25 이하인 제품수를
[A25]셀에 계산하시오. (8점)

▶ COUNTIFS, AVERAGE 함수와 & 연산자 사용

4. [표4]에서 성별[I15:I22]이 "여" 이면서 지역[J15:J22]이 "인천"인 판매금액[K15:K22] 평균을 [K23]셀
에 계산하시오. (8점)

▶ COUNTIFS, AVERAGEIFS, SUMIFS 중 알맞은 함수를 선택하여 사용

5. [표5]에서 포인트적립[C29:C36]이 가장 높은 회원의 회원번호[D29:D36]를 [A39]셀에 계산하시오.
(8점)

▶ VLOOKUP, LARGE 함수 사용

문제 3 분석 작업(20점) 주어진 시트에서 다음 작업을 수행하고 저장하시오.

1. '분석작업-1' 시트에 대하여 다음의 지시사항을 처리하시오. (10점)

'사무용품 매출이익 현황' 표에서 수익률[A17]이 다음과 같이 변동하는 경우 매출이익총액[E14]의 변동 시나리오를 작성하시오.

- ▶ 셀 이름 정의 : [A17]셀은 '수익률', [E14]셀은 '매출이익총액'으로 정의하시오.
- ▶ 시나리오1 : 시나리오 이름은 '수익률 인상', 수익률을 30%로 설정하시오.
- ▶ 시나리오2 : 시나리오 이름은 '수익률 인하', 수익률을 10%로 설정하시오.
- ▶ 시나리오 요약 시트는 '분석작업-1' 시트의 바로 뒤에 위치시키시오.

2. '분석작업-2' 시트에 대하여 다음의 지시사항을 처리하시오. (10점)

[목표값 찾기] 기능을 이용하여 '손익계산서' 표에서 순이익의 평균[I9]이 100,000이 되려면 연평균 성장률 [C12]이 몇 %가 되어야 하는지 계산하시오.

기타 작업(20점) 주어진 시트에서 다음 작업을 수행하고 저장하시오.

1. '매크로작업' 시트의 [표]에서 다음과 같은 기능을 수행하는 매크로를 작성하고 실행하시오. (각 5점)

    ① [D14]셀에 평균을 계산하는 매크로를 생성하여 실행하시오.

        ▶ 매크로 이름 : 평균

        ▶ AVERAGE 함수 사용

        ▶ [개발 도구]−[삽입]−[양식 컨트롤]의 '단추'를 동일 시트의 [F3:G4] 영역에 생성하고, 텍스트를 '평균'으로 입력한 후 단추를 클릭할 때 '평균' 매크로가 실행되도록 설정하시오.

    ② [D4:D14] 영역에 회계 표시 형식으로 적용하는 매크로를 생성하여 실행하시오.

        ▶ 매크로 이름 : 서식적용

        ▶ [도형]−[기본 도형]의 '정육면체(▱)'를 동일 시트의 [F6:G7] 영역에 생성하고, 텍스트를 '서식적용'으로 입력한 후 도형을 클릭할 때 '서식적용' 매크로가 실행되도록 설정하시오.

    ※ 셀 포인터의 위치에 관계없이 현재 통합문서에서 매크로가 실행되어야 정답으로 인정됨.

2. '차트작업' 시트의 차트에서 다음 지시사항에 따라 아래 〈그림〉과 같이 차트를 수정하시오. (각 2점)

    ※ 차트는 반드시 문제에서 제공한 차트를 사용하여야 하며, 신규로 차트 작성 시 0점 처리됨

    ① 범례 표지 포함하는 데이터 테이블을 표시하시오.

    ② 차트 스타일을 '스타일 6'으로 지정하시오.

    ③ '세로 축 주 눈금선'을 표시하고 모집인원 계열의 계열 겹치기 50%, 간격너비를 150%로 지정하시오.

    ④ 세로(값) 축을 거꾸로 표시하시오.

    ⑤ '모집인원' 계열의 '컴퓨터' 요소에만 데이터 레이블 '계열 이름'과 '값'을 표시하고, 레이블의 위치는 '바깥쪽 끝에'로 지정하시오.

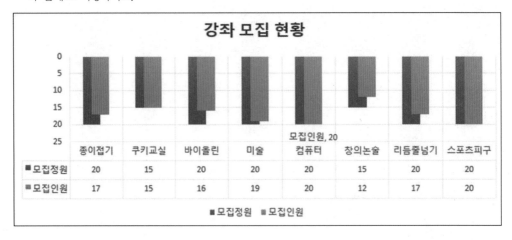

💡 기출문제 3회 풀이 및 정답

문제 1 기본작업

2. 서식 지정

① [A1] 셀을 선택한 후 F2를 누르거나 마우스로 더블클릭하여 셀 편집 상태를 만들고, 제목 맨 앞에 커서를 놓고 한글 자음 ㅁ(미음)을 입력한 후 한자를 누릅니다.

특수문자를 선택할 수 있는 선택상자가 나타나고 원하는 특수문자(◎)를 클릭합니다.

동일한 방법으로 제목 뒤에도 특수문자(◎)를 삽입합니다.

② [C4:C15] 영역을 블록으로 지정한 후 마우스 오른쪽 버튼을 클릭하여 [셀서식] 메뉴를 클릭합니다. 또는 바로 가기 키 (Ctrl+1)를 누릅니다.

'표시 형식'탭에서 '사용자 지정'을 선택하고 '형식' 칸에 yyyy년 mm월 dd일 (aaaa) 을 입력한 다음 [확인] 버튼을 클릭합니다.

③ [A3:F3] 영역을 블록으로 지정하고, [홈]탭-[스타일]영역의 [셀 스타일]에서 '강조색3'을 선택합니다.

④ [F13] 셀에서 마우스 오른쪽 버튼을 클릭하여 [메모 삽입] 메뉴를 클릭합니다.

메모에 입력되어 있는 내용을 모두 삭제하고 '최대 생산 총액'을 입력합니다.

다시 한번 [F13] 셀에서 마우스 오른쪽 버튼을 클릭하여 [메모 표시/숨기기] 메뉴를 클릭합니다.

⑤ [A3:F15] 영역을 블록으로 지정하고, [홈]탭-[글꼴]영역의 테두리를 '모든 테두리'와 '굵은 바깥쪽 테두리'를 순서대로 클릭합니다.

● 서식 지정 정답

	A	B	C	D	E	F	G	H	I
1	◎가전제품 생산 수출 금액표◎								
2					(단위:만원)				
3	업체명	제품명	수출일자	생산단가	생산량	생산총액			
4	지성전자	세탁기	2021년 02월 01일 (월요일)	85	570	48450			
5	지성전자	냉장고	2021년 05월 01일 (토요일)	220	595	130900			
6	지성전자	TV	2021년 02월 03일 (수요일)	92	1200	110400			
7	지성전자	에어컨	2021년 03월 04일 (목요일)	185	820	151700			
8	우주전자	세탁기	2021년 02월 05일 (금요일)	85	920	78200			
9	우주전자	냉장고	2021년 02월 08일 (월요일)	350	1050	367500			
10	우주전자	TV	2021년 02월 07일 (일요일)	89	1205	107245			
11	우주전자	에어컨	2021년 02월 08일 (월요일)	192	1500	288000			
12	행복전자	세탁기	2021년 04월 10일 (토요일)	84	1321	110964			
13	행복전자	냉장고	2021년 04월 15일 (목요일)	300	1500	450000	최대 생산 총액		
14	행복전자	TV	2021년 05월 11일 (화요일)	82	940	77080			
15	행복전자	에어컨	2021년 05월 12일 (수요일)	195	945	184275			
16									
17									

3. 텍스트 나누기

① [B3:B12] 영역을 블록으로 지정한 후 [데이터]탭–[데이터 도구]영역의 [텍스트 나누기]를 클릭합니다.

② [텍스트 마법사 – 3단계 중 1단계]에서 '구분 기호로 분리됨'을 선택하고, [다음] 버튼을 클릭합니다.

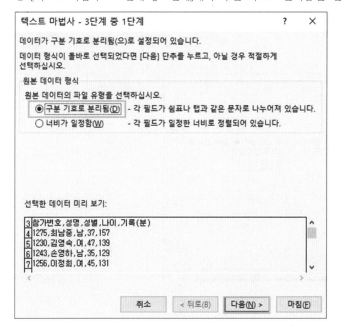

③ [텍스트 마법사 - 3단계 중 2단계]에서 '쉼표'를 선택하고 [다음] 버튼을 클릭합니다.

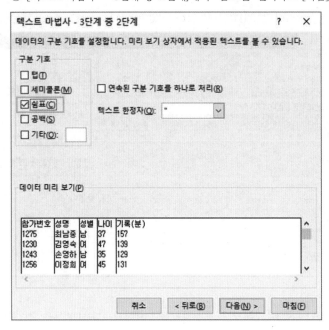

④ [텍스트 마법사 - 3단계 중 3단계]에서 '나이'를 선택하고 '열 가져오지 않음'을 선택한 후 [마침] 버튼을 클릭합니다.

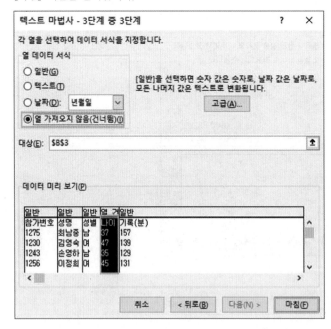

● 텍스트 나누기 정답

	A	B	C	D	E	F
1			마라톤 참가 대회			
2						
3		참가번호	성명	성별	기록(분)	
4		1275	최남중	남	157	
5		1230	김영숙	여	139	
6		1243	손영하	남	129	
7		1256	이정희	여	131	
8		1248	엄국주	여	125	
9		1279	김상현	남	167	
10		1284	한송길	남	154	
11		1220	김은빈	여	174	
12		1299	임선혜	여	168	
13						

문제 2 계산작업

1. 이수여부

	A	B	C	D	E	F
1	[표1]	컴퓨터강좌 이수현황				
2	학번	출석				이수여부
3		1회차	2회차	3회차	4회차	
4	2021001		O	O	O	이수
5	2021002	O	O	O	O	이수
6	2021003	O	O	O		이수
7	2021004		O			
8	2021005	O			O	
9	2021006	O	O	O		이수
10	2021007	O	O	O	O	이수
11	2021008	O		O		
12						

[F4] 셀에 『=IF(COUNTBLANK(B4:E4)<=1,"이수","")』을 입력하고 [F11] 셀까지 수식 복사합니다.

※ COUNTBLANK(셀 범위) : 범위 중에서 빈 셀(자료가 없는) 개수를 구함
※ IF(조건식, 값1, 값2) : 조건식이 참이면 값1, 거짓이면 값2 결과값을 반환

2. 순위

▲	H	I	J	K
1	[표2]	1학기 국어 성적		
2	성명	성별	성적	순위
3	동영숙	남	82.5	
4	김지혜	여	56.7	
5	신효림	남	98.5	1등
6	강은혜	남	92.4	3등
7	정은빈	여	86.3	
8	박호영	남	66.7	
9	이미화	여	43.6	
10	황미란	여	97.2	2등
11	좌은빈	여	78.9	
12				

[K3] 셀에 『=IFERROR(CHOOSE(RANK.EQ(J3,$J$3:$J$11), "1등", "2등", "3등"), "")』를 입력하고 [K11] 셀까지 수식 복사합니다.

※ IFERROR(수식, 오류시 표시할 값) : 수식에서 오류가 발생하면 지정한 값을 반환하고, 그렇지 않으면 수식 결과를 반환함
※ CHOOSE(순서 N, 값1, 값2, 값3,...) : 순서대로 입력된 반환 값 중에서 N번째 값을 추출함
※ RANK.EQ(숫자, 범위, 순위 결정 방법) : 범위에서 값의 순위를 구함
　→ 순위 결정 방법 0이나 생략 : 내림차순(숫자가 큰 값이 1등으로 순위 결정)
　→ 범위는 고정된 영역을 참조해야 하므로 절대 주소 형식을 사용함

3. 판매량, 재고량 조건을 만족하는 개수

▲	A	B	C	D	E
13	[표3]	제품 재고 현황			
14	제품코드	생산원가	입고량	판매량	재고량
15	HA-101	12,500	300	285	15
16	HB-102	13,500	250	245	5
17	HC-103	14,500	250	230	20
18	HD-201	15,500	200	197	3
19	HE-202	16,500	230	226	4
20	HF-203	17,500	150	150	0
21	HG-301	18,500	180	180	0
22	HI-302	19,500	200	190	10
23	HJ-303	20,500	150	120	30
24	판매량 평균 초과이면서 재고량이 25 이하인 수				
25	4				
26					

[A25] 셀에 『=COUNTIFS(D15:D23, ">"&AVERAGE(D15:D23),E15:E23, "<=25")』를 입력합니다.

※ COUNTIFS(조건 범위1, 조건1, 조건 범위2, 조건2,...) : 여러 조건을 만족하는 개수를 구함

4. 인천지역 여사원 판매금액 평균

	H	I	J	K	L
13	**[표4]**	지역 판매금액 현황			
14	사원명	성별	지역	판매금액	
15	장세현	남	서울	1,250,000	
16	최민경	여	인천	1,000,000	
17	정나정	남	인천	1,340,000	
18	강영숙	남	인천	1,090,000	
19	지성현	여	대전	1,290,000	
20	김병선	남	인천	1,150,000	
21	신은경	여	인천	1,320,000	
22	지숙림	남	대전	1,330,000	
23	인천지역 여사원 판매금액 평균			1,160,000	
24					

[K23] 셀에 『=AVERAGEIFS(K15:K22,I15:I22,"여",J15:J22,"인천")』를 입력합니다.

※ AVERAGEIFS(평균 구할 범위, 조건 범위1, 조건1, 조건 범위2, 조건2,...) : 여러 조건을 만족하는 평균을 구함

5. 회원번호

	A	B	C	D	E
27	**[표5]**	회원별 포인트 관리			
28	회원명	등급	포인트	회원번호	
29	유영국	VIP	214,750	20082501	
30	박은영	VIP	183,496	20120916	
31	한지영	일반	54,780	21082105	
32	채준우	우수	92,637	21053002	
33	양우주	일반	23,570	20072413	
34	강민철	일반	47,510	20060104	
35	최영희	VIP	137,840	20030518	
36	신양민	일반	1,520	21121219	
37					
38	포인트 가장 높은 회원번호				
39	20082501				
40					

[A39] 셀에 『=VLOOKUP(LARGE(C29:C36,1),C29:D36,2,FALSE)』를 입력합니다.

※ VLOOKUP(검색값, 참조 범위, 추출할 값의 열 번호, [검색 유형])
=VLOOKUP(포인트 가장큰값, 포인트부터 회원번호 범위, 추출할 평가 열 번호 2, 포인트 검색값이 참조범위에 정확하게 있으므로 FALSE)
→ 검색 유형 : FALSE(또는 0) : 정확하게 일치하는 값 표시
※ LARGE(범위, k) : 범위 중에서 몇 번째 큰 값을 구함

1. 시나리오

① [A17] 셀을 선택하고 [이름상자]에서 '수익률'을 입력하고 Enter 키를 누릅니다.

	수익률	▼	:	×	✓	fx	20%	

	A	B	C	D	E	F
1	사무용품 매출이익 현황					
2						
3	제품번호	매출원가	매출량	매출액	매출이익	
4	공책	1,000	20,000	20,000,000	4,000,000	
5	수첩	1,500	18,000	27,000,000	5,400,000	
6	연필	1,000	35,470	35,470,000	7,094,000	
7	지우개	800	56,800	45,440,000	9,088,000	
8	볼펜	1,500	25,600	38,400,000	7,680,000	
9	샤프	2,000	17,200	34,400,000	6,880,000	
10	필통	5,000	15,000	75,000,000	15,000,000	
11	네임펜	2,500	12,000	30,000,000	6,000,000	
12	딱풀	1,200	9,500	11,400,000	2,280,000	
13	사무용가위	1,800	23,000	41,400,000	8,280,000	
14	매출이익총액				71,702,000	
15						
16	수익률					
17	20%					
18						

② [E14] 셀을 선택하고 [이름상자]에서 '매출이익총액'을 입력하고 Enter 키를 누릅니다.

	매출이익총액	▼	:	×	✓	fx	=SUM(E4:E13)	

	A	B	C	D	E	F
1	사무용품 매출이익 현황					
2						
3	제품번호	매출원가	매출량	매출액	매출이익	
4	공책	1,000	20,000	20,000,000	4,000,000	
5	수첩	1,500	18,000	27,000,000	5,400,000	
6	연필	1,000	35,470	35,470,000	7,094,000	
7	지우개	800	56,800	45,440,000	9,088,000	
8	볼펜	1,500	25,600	38,400,000	7,680,000	
9	샤프	2,000	17,200	34,400,000	6,880,000	
10	필통	5,000	15,000	75,000,000	15,000,000	
11	네임펜	2,500	12,000	30,000,000	6,000,000	
12	딱풀	1,200	9,500	11,400,000	2,280,000	
13	사무용가위	1,800	23,000	41,400,000	8,280,000	
14	매출이익총액				71,702,000	
15						
16	수익률					
17	20%					
18						

③ [A17] 셀을 선택하고 [데이터]탭–[예측]영역의 [가상 분석]–[시나리오 관리자] 메뉴 클릭합니다.

④ [시나리오 관리자]에서 [추가] 버튼을 클릭합니다.

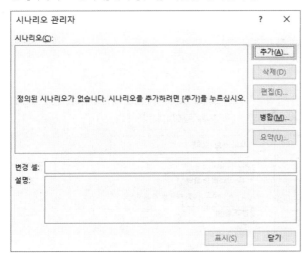

⑤ '시나리오 이름'에 '수익률 인상'을 입력하고, '변경 셀'은 [A17]셀 지정하고 [확인] 버튼을 클릭하고 [시나리오 값]에서 '수익률'에 '0.3(또는 30%)'를 입력하고 [추가] 버튼을 클릭합니다.

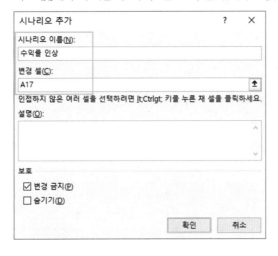

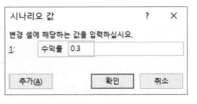

⑥ 이어서 '시나리오 이름'에 '수익률 인하'를 입력하고, '변경 셀'은 [A17] 셀 지정하고 [확인] 버튼을 클릭하고 [시나리오 값]에서 '수익률'에 '0.1(또는 10%)'를 입력하고 [확인] 버튼을 클릭합니다.

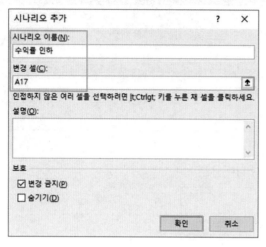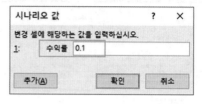

⑦ [시나리오 관리자]에서 [요약] 버튼을 클릭하고, [시나리오 요약]에서 '보고서 종류'는 '시나리오 요약'을 선택한 후, '결과 셀'은 [E14] 셀을 지정하고 [확인] 버튼을 클릭합니다.

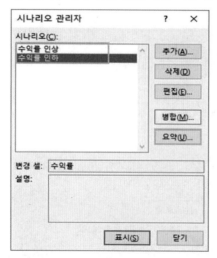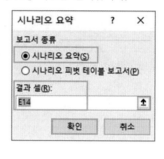

⑧ 시나리오 요약 시트탭을 분석작업-1 시트의 뒤로 드래그하여 이동합니다.

❤ 시나리오 정답

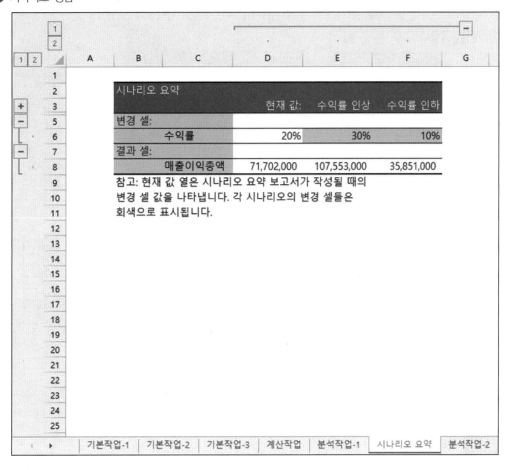

2. 목표값 찾기

① [데이터]탭–[예측]영역의 [가상 분석]–[목표값 찾기] 메뉴를 클릭합니다.

② [목표값 찾기]에서 수식 셀은 [I9]셀, 찾는 값은 100000, 값을 바꿀 셀은 [C12] 셀을 지정하고 [확인] 버튼을 클릭하고 [목표값 찾기 상태]에서 [확인] 버튼을 클릭합니다.

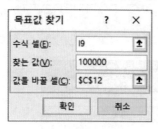

● 목표값 찾기 정답

	A	B	C	D	E	F	G	H	I	J
1					손익계산서					
2								2020년 12월 31일		
3		년도	매출액	매출원가	매출총이익	판매관리비	영업이익	법인세비용	순이익	
4		2016	145,240	50,834	94,406	6,500	87,906	17,581	70,000	
5		2017	169,655	59,379	110,275	6,500	103,775	20,755	83,000	
6		2018	198,173	69,361	128,813	6,500	122,313	24,463	98,000	
7		2019	231,486	81,020	150,466	6,500	143,966	28,793	115,000	
8		2020	270,398	94,639	175,759	6,500	169,259	33,852	135,000	
9		평균	202,990	71,047	131,944	6,500	125,444	25,089	100,000	
10		세금 적용율	20%							
11		매출 원가율	35%							
12		연평균 성장률	17%							
13										
14										

문제 4 **기타작업**

1. 매크로

① [개발 도구]탭–[코드]영역의 [매크로 기록]을 클릭합니다.

② [매크로 기록]에서 '매크로 이름'은 '평균'을 입력하고 [확인] 버튼을 클릭합니다.

③ [D14] 셀에 =AVERAGE(D4:D13) 을 입력합니다.

④ [개발 도구]탭–[코드]영역의 [기록 중지]를 클릭합니다.

⑤ [개발 도구]탭–[컨트롤]영역의 [삽입]에서 '양식 컨트롤'에서 '단추'를 선택합니다.

⑥ [단추]를 [F3:G4] 영역에 Alt를 누른채 드래그하여 그리고, [매크로 지정]에서 '평균'을 선택하고 [확인] 버튼을 클릭합니다.

⑦ [단추]의 텍스트를 '평균'으로 입력합니다.

⑧ [개발 도구]탭–[코드]영역의 [매크로 기록]을 클릭합니다.

⑨ [매크로 기록]에서 '매크로 이름'은 '서식적용'을 입력하고 [확인] 버튼을 클릭합니다.

⑩ [D4:D14] 영역을 범위를 지정하고 [홈]탭–[표시형식]영역의 '회계'를 클릭합니다.

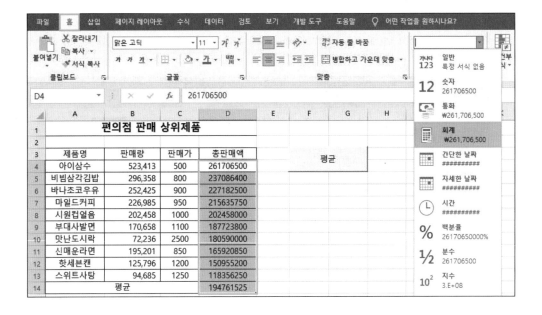

⑪ [개발 도구]탭–[코드]영역의 [기록 중지]를 클릭합니다.

⑫ [삽입]탭–[일러스트레이션]영역의 [도형]–[기본도형]의 '정육면체'를 선택한 후
[F6:G7] 영역에 Alt를 누른채 드래그하여 그립니다.

⑬ 도형에서 마우스 오른쪽 버튼을 클릭하여 '텍스트 편집'을 클릭하여 '서식적용' 텍스트를 입력하고,
마우스 오른쪽 버튼을 클릭하여 [매크로 지정] 메뉴를 클릭합니다.

⑭ [매크로 지정]에서 '서식적용'을 선택하고 [확인] 버튼을 클릭합니다.

❤ 매크로 정답

	A	B	C	D	E	F	G	H
1		편의점 판매 상위제품						
2								
3	제품명	판매량	판매가	총판매액			평균	
4	아이삼수	523,413	500	₩261,706,500				
5	비빔삼각김밥	296,358	800	₩237,086,400				
6	바나초코우유	252,425	900	₩227,182,500				
7	마일드커피	226,985	950	₩215,635,750			서식적용	
8	시원컵얼음	202,458	1000	₩202,458,000				
9	부대사발면	170,658	1100	₩187,723,800				
10	맛난도시락	72,236	2500	₩180,590,000				
11	신매운라면	195,201	850	₩165,920,850				
12	핫세븐캔	125,796	1200	₩150,955,200				
13	스위트사탕	94,685	1250	₩118,356,250				
14		평균		₩194,761,525				
15								

2. 차트

① 차트를 선택하고 [차트 도구]-[디자인]탭-[차트 요소 추가]에서 [데이터 테이블]-[범례 표지 포함]을 클릭합니다.

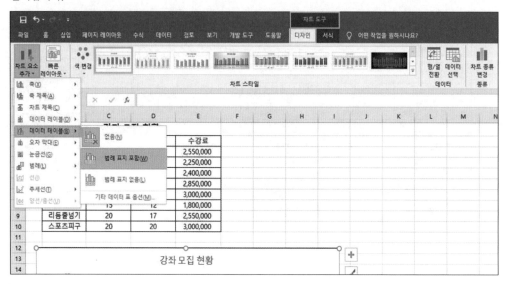

② 차트가 선택된 상태에서 [차트 도구]-[디자인]탭-[차트 스타일] 영역에서 [스타일 6]을 클릭합니다.

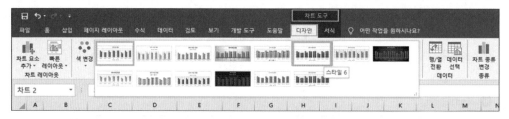

③ 차트가 선택된 상태에서 [차트 도구]-[디자인]탭-[차트 요소 추가]에서 [눈금선]-[기본 주 세로]를 클릭합니다.

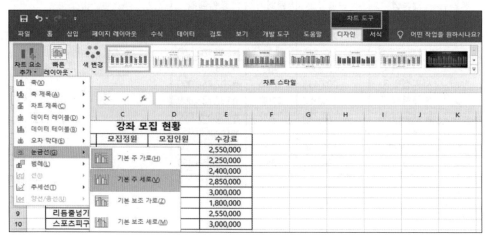

④ '모집인원' 계열에서 마우스 오른쪽 버튼을 클릭하고 [데이터 계열 서식] 메뉴를 클릭합니다.

[데이터 계열 서식]에서 '계열 옵션'에서 '계열 겹치기'는 '50', '간격 너비'는 '150' 입력하고 [닫기] 버튼을 클릭합니다.

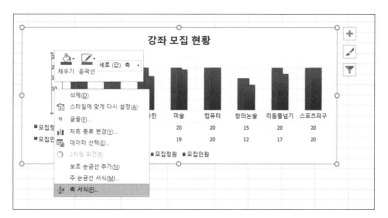

⑤ 세로 (값) 축을 선택하고 마우스 오른쪽 버튼을 클릭하여 [축 서식] 메뉴를 클릭합니다.

[축 서식]에서 '축 옵션'에서 '값을 거꾸로' 체크하고 [닫기] 버튼을 클릭합니다.

⑥ '모집인원' 계열을 선택한 후 다시 '컴퓨터' 요소를 클릭합니다.

'컴퓨터' 요소만 선택된 상태에서 마우스 오른쪽 버튼을 클릭하고 [데이터 레이블 추가] 메뉴를 클릭하거나,
차트 요소 추가에서 '데이터 레이블'에서 '기타 레이블 옵션'을 선택합니다.

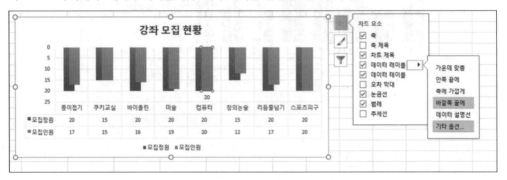

⑦ [데이터 레이블 서식]에서 '레이블 옵션'에서 '레이블 내용'에 '계열 이름'과 '값'을 체크하고,
'레이블 위치'는 '바깥쪽 끝에'를 선택하고 [닫기] 버튼을 클릭합니다.

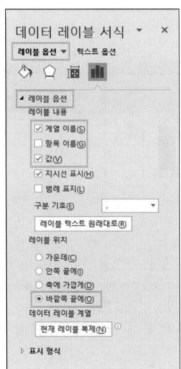

부록

➕ 날짜와 시간 함수

① YEAR : 날짜에서 연도만 구함

형식	사용 예	결과
=YEAR(날짜)	=YEAR("2019-11-10")	2019

② MONTH : 날짜에서 월(月)만 구함

형식	사용 예	결과
=MONTH(날짜)	=MONTH("2019-11-10")	11

③ DAY : 날짜에서 일(日)만 구함

형식	사용 예	결과
=DAY(날짜)	=DAY("2019-11-10")	10

④ DAYS : 두 날짜 사이의 경과 일수를 구함

형식	사용 예	결과
=DAYS(종료날짜,시작날짜)	=DAYS("2020-11-20","2020-10-10")	41

⑤ HOUR : 시간에서 시만 구함

형식	사용 예	결과
=HOUR(시간)	=HOUR("10:15")	10

⑥ MINUTE : 시간에서 분만 구함

형식	사용 예	결과
=MINUTE(시간)	=MINUTE("10:15")	15

⑦ SECOND: 시간에서 초만 구함

형식	사용 예	결과
=SECOND(시간)	=SECOND("10:15:20")	20

⑧ TODAY : 컴퓨터 시스템의 현재 날짜를 표시

형식	사용 예	결과
=TODAY()	=TODAY()	2020-10-13

※ TODAY는 현재 날짜를 표시하므로 실습하는 날짜에 따라서 결과가 다르게 표시됩니다.

⑨ NOW : 컴퓨터 시스템의 현재 날짜와 시간을 표시

형식	사용 예	결과
=NOW()	=NOW()	2021-02-26 21:40

※ NOW는 실습하는 날짜와 시간에 따라서 결과가 다르게 표시됩니다.

⑩ DATE : 지정한 년, 월, 일에 해당하는 날짜를 표시

형식	사용 예	결과
=DATE(년,월,일)	=DATE(2020,08,04)	2020-08-04

⑪ TIME : 지정한 시, 분, 초에 해당하는 시간을 표시

형식	사용 예	결과
=TIME(시,분,초)	=TIME(9,30,0)	9:30 AM

⑫ WEEKDAY : 요일의 일련번호를 구함. 요일을 숫자 1~7로 나타낸다.

형식	사용 예	결과
=WEEKDAY(날짜,옵션) → 옵션 1 : 일요일을 1로 시작 2 : 월요일을 1로 시작	=WEEKDAY("2020-08-08",1) =WEEKDAY("2020-08-08",2)	7(토요일을 뜻함) 6(토요일을 뜻함)

⑬ EDATE : 개월 수를 더한 일련번호를 구함

형식	사용 예	결과
=EDATE(날짜,개월수)	=EDATE("2021-08-04",-1)	정답) 44381 ※) 셀서식 → 간단한 날짜인 경우 　　2021-07-04 됨 (한달전 날짜)

⑭ EOMONTH : 개월 수를 더한 마지막 날짜의 일련번호를 구함

형식	사용 예	결과
=EOMONTH(날짜,개월수)	=EOMONTH("2021-09-28",2)	정답) 44530 ※) 셀서식 → 간단한 날짜인 경우 　　2021-11-30 됨 (두달후 마지막날짜)

⑮ WORKDAY : 시작날짜에 주말(토,일)이나 지정된 휴일날짜가 제외된 평일수를 적용한 날짜의 일련번호를 구함

형식	사용 예	결과
=WORKDAY(날짜,일수,[휴일])	=WORKDAY("2021-07-30",2)	44411

➕ 논리 함수

① IF : 조건식이 참이면 값1, 거짓이면 값2 결과값을 반환

형식	사용 예
=IF(조건식, 값1, 값2)	=IF(B3)=70,"합격", "불합격")
결과	[B3] 셀의 값이 70점 이상이면 '합격', 그렇지 않으면 '불합격'을 표시함

② AND : 모든 조건을 만족하면 TRUE, 아니면 FALSE를 표시 (논리곱)을 구함

형식	사용 예	결과
=AND(조건1,조건2,...)	=AND(1〈3,5=5)	TRUE

③ OR : 조건이 하나라도 만족하면 TRUE, 모든 조건이 거짓이면 FALSE를 표시 (논리합)을 구함

형식	사용 예	결과
=OR(조건1,조건2,...)	=OR(2〉3,5=5)	TRUE

④ IFERROR : 수식에서 오류가 발생하면 지정한 값을 반환하고, 그렇지 않으면 수식 결과를 반환함

형식	사용 예	결과
=IFERROR(수식, 오류시 표시할 값)	=IFERROR(10/0,"나누기오류")	나누기오류

⑤ NOT : 논리식의 결과를 역으로 표시

형식	사용 예	결과
=NOT(논리식)	=NOT(7〉3)	FALSE

⑥ TRUE : 논리값을 TRUE로 표시

형식	사용 예	결과
=TRUE()	=TRUE()	TRUE

⑦ FALSE : 논리값을 FALSE로 표시

형식	사용 예	결과
=FALSE()	=FALSE()	FALSE

➕ 데이터 베이스 함수

조건에 맞는 값을 구함

형식 ①	=DSUM(데이터베이스 범위, 필드명, 조건 범위)
형식 ②	=DSUM(데이터베이스 범위, 필드 번호, 조건 범위)

함수	사용 목적
DSUM	조건에 맞는 값의 합계를 구함
DAVERAGE	조건에 맞는 값의 평균을 구함
DCOUNT	조건에 맞는 개수를 구함
DCOUNTA	조건에 맞는 공백이 아닌 숫자, 문자 개수를 구함
DMAX	조건에 맞는 값의 최대값을 구함
DMIN	조건에 맞는 값의 최소값을 구함
DSTDEV	조건에 맞는 값의 표준편차를 구함
DVAR	조건에 맞는 분산을 구함
DGET	조건에 맞는 데이터를 추출함
DPRODUCT	조건에 맞는 값들을 곱함

➕ 문자열 함수

① LEFT : 텍스트 왼쪽에서부터 지정한 문자수 만큼 텍스트를 추출함

형식	사용 예	결과
=LEFT(텍스트, 문자수)	=LEFT("컴퓨터활용능력",3)	컴퓨터

② RIGHT : 텍스트 오른쪽에서부터 지정한 문자수 만큼 텍스트를 추출함

형식	사용 예	결과
=RIGHT(텍스트, 문자수)	=RIGHT("컴퓨터활용능력",4)	활용능력

③ MID : 텍스트의 시작 위치에서부터 지정한 문자수 만큼 텍스트를 추출함

형식	사용 예	결과
=MID(텍스트, 시작위치, 문자수)	=MID("컴퓨터활용능력",4,2)	활용

④ UPPER : 입력된 영문자를 대문자로 변환

형식	사용 예	결과
=UPPER(텍스트)	=UPPER("excel")	EXCEL

⑤ LOWER : 입력된 영문자를 소문자로 변환

형식	사용 예	결과
=LOWER(텍스트)	=LOWER("EXCEL")	excel

⑥ PROPER : 입력된 영문자를 첫 글자만 대문자로 변환

형식	사용 예	결과
=PROPER(텍스트)	=PROPER("excel")	Excel

⑦ LEN : 텍스트에서 문자수(길이)를 구함

형식	사용 예	결과
=LEN(텍스트)	=LEN("컴퓨터활용능력")	7

⑧ TRIM : 텍스트에서 여분의 공백을 제거함

형식	사용 예	결과
=TRIM(텍스트)	=TRIM("컴퓨터 활용능력")	컴퓨터 활용능력

⑨ FIND : 대/소문자를 구분하고 문자의 위치를 글자 단위로 구분하여 찾음
  FINDB : 대/소문자를 구분하고 문자의 위치를 바이트 단위로 구분하여 찾음

형식	사용 예	결과
=FIND(찾을 텍스트, 참조할 셀 주소, 찾을 문자의 시작위치)	=FIND("e","Excel")	4
=FINDB(찾을 텍스트, 참조할 셀 주소, 찾을 문자의 시작위치)	=FINDB("e","Excel")	4

⑩ SEARCH : 대/소문자를 구분하지 않고 문자의 위치를 글자 단위로 구분하여 찾음
  SEARCHB : 대/소문자를 구분하지 않고 문자의 위치를 바이트 단위로 구분하여 찾음

형식	사용 예	결과
=SEARCH(찾을 텍스트, 참조할 셀 주소, 찾을 문자의 시작위치)	=SEARCH("e","Excel Access")	1
=SEARCHB(찾을 텍스트, 참조할 셀 주소, 찾을 문자의 시작위치)	=SEARCHB("e","Excel Access")	1

● 수학과 삼각 함수

① SUM : 참조 범위 셀 또는 인수에 입력된 합계값을 구함

형식	사용 예	결과
=SUM(숫자나 셀 주소)	=SUM(1,2,3,4,5)	15 (=1+2+3+4+5)

② SUMIF : 조건에 맞는 값의 합계를 구함

형식		사용 예
=SUMIF(조건을 찾을 범위, 조건, 합계 구할 범위)		=SUMIF(A1:A5,"관리부",C1:C5)
결과	[A1:A5] 영역에서 '관리부'인 데이터를 찾아 [C1:C5] 영역에 대응하는 값의 합계를 구함	

③ SUMIFS : 여러 조건을 만족하는 합계를 구함

형식		사용 예
=SUMIFS(합계 구할 범위, 조건 범위1, 조건1, 조건 범위2, 조건2,...)		=SUMIFS(C1:C5,A1:A5,">=60",B1:B5,">=70")
결과	[A1:A5] 영역에서 60 이상이고, [B1:B5] 영역에서 70점 이상인 조건을 만족하는 [C1:C5] 영역에서 합계를 구함	

④ ABS : 절대값을 구함

형식	사용 예	결과
=ABS(숫자나 셀 주소)	=ABS(-5)	5

⑤ POWER : 숫자1을 숫자2만큼 거듭제곱한 값을 구함

형식	사용 예	결과
=POWER(숫자1, 숫자2)	=POWER(3,2)	9 (=3×3)

⑥ RAND : 0~1 사이의 난수를 구함

형식	사용 예	결과
=RAND()	=RAND()	0.870877 (값은 실행할때마다 다름)

※ 값은 실행할때마다 달라요.

⑦ RANDBETWEEN : 최소치 ~ 최대치 사이의 난수를 구함

형식	사용 예	결과
=RANDBETWEEN(최소치, 최대치)	=RANDBETWEEN(1,6)	3 (값은 실행할때마다 다름)

※ 값은 실행할때마다 달라요.

⑧ MOD : 인수를 제수로 나눈 결과의 나머지 값을 구함

형식	사용 예	결과
=MOD(인수, 제수)	=MOD(12,5)	2

⑨ INT : 소수부분을 버리고 정수로 내림

형식	사용 예	결과
=INT(숫자나 셀 주소)	=INT(10.9)	10

⑩ ROUND : 인수를 자릿수로 반올림한 숫자를 구함

형식	사용 예	결과
=ROUND(숫자, 자릿수)	=ROUND(12.8888,2)	12.89

⑪ ROUNDUP : 인수를 자릿수로 올림한 숫자를 구함

형식	사용 예	결과
=ROUNDUP(숫자, 자릿수)	=ROUNDUP(7777,-3)	8000

⑫ ROUNDDOWN : 인수를 자릿수로 내림한 숫자를 구함

형식	사용 예	결과
=ROUNDDOWN(숫자, 자릿수)	=ROUNDDOWN(7777,-3)	7000

⑬ TRUNC : 숫자에서 지정한 자릿수 이하의 수치를 버릴 때 사용

형식	사용 예	결과
=TRUNC(숫자, 자릿수)	=TRUNC(12.7)	12

➕ 통계 함수

① AVERAGE : 참조 범위 셀 또는 인수에 입력된 평균값을 구함

형식	사용 예	결과
=AVERAGE(숫자나 셀 주소)	=AVERAGE(1,2,3,4,5)	3

② AVERAGEA : 빈 셀을 제외한 모든 인수를 포함하여 평균값을 구함

형식	사용 예	결과
=AVERAGEA(숫자나 셀 주소)	=AVERAGEA(1,2,3,4,5,false)	2.5

③ AVERAGEIF : 조건에 맞는 평균을 구함

형식	사용 예
=AVERAGEIF(조건을 찾을 범위, 조건, 평균 구할 범위)	=AVERAGEIF(B3:B8,"경기",C3:C8)
결과	[B3:B8] 영역에서 '경기'인 데이터를 찾아 [C3:C8] 영역에 대응하는 값의 평균을 구함

④ AVERAGEIFS : 여러 조건을 만족하는 평균을 구함

형식	사용 예
=AVERAGEIFS(평균 구할 범위, 조건 범위1, 조건1, 조건 범위2, 조건2,...)	=AVERAGEIFS(C1:C5,A1:A5,")=60",B1:B5,")=70")
결과	[A1:A5] 영역에서 60 이상이고, [B1:B5] 영역에서 70점 이상인 조건을 만족하는 [C1:C5] 영역에서 평균을 구함

⑤ MAX : 인수들 중에서 최대값을 구함

형식	사용 예	결과
=MAX(숫자나 셀 범위)	=MAX(1,2,3,4,5)	5

⑥ MAXA : 숫자, 텍스트, 논리 값 중에서 최대값을 구함

형식	사용 예	결과
=MAXA(값1,값2,값3,...)	=MAXA(FALSE,TRUE,2)	2

⑦ MIN : 인수들 중에서 최소값을 구함

형식	사용 예	결과
=MIN(숫자나 셀 범위)	=MIN(1,2,3,4,5)	1

⑧ MINA : 숫자, 텍스트, 논리 값 중에서 최소값을 구함

형식	사용 예	결과
=MINA(값1,값2,값3,...)	=MINA(FALSE,TRUE,2)	0

⑨ VAR : 표본의 범위에서 분산을 구함

형식	사용 예	결과
=VAR(표본의 범위)	=VAR(B3:B8)	[B3:B8] 영역의 분산을 구함

⑩ STDEV : 표본의 범위에서 표준편차를 구함

형식	사용 예	결과
=STDEV(표본의 범위)	=STDEV(B3:B10)	[B3:B10] 영역의 표준편차를 구함

⑪ MODE : 인수들 중에서 가장 많이 나오는 최빈값을 구함

형식	사용 예	결과
=MODE(숫자나 셀 범위)	=MODE(72,84,84,84,97)	84

⑫ MEDIAN : 인수들 중에서 중간값을 구함

형식	사용 예	결과
=MEDIAN(숫자나 셀 범위)	=MEDIAN(1,2,3,4,5)	3

⑬ LARGE : 배열(범위) 중에서 몇 번째 큰 값을 구함

형식	사용 예	결과
=LARGE(배열, k)	=LARGE({50,60,70,80,90,100},2)	90

⑭ SMALL : 배열(범위) 중에서 몇 번째 작은 값을 구함

형식	사용 예	결과
=SMALL(배열, k)	=SMALL({50,60,70,80,90,100},2)	60

⑮ RANK.EQ : 범위에서 값의 순위를 구하되, 동일한 값들은 동일하지 않을 경우 나올 수 있는 순위들 중 가장 높은 순위를 표시함

형식		사용 예
=RANK.EQ(숫자,범위,순위 결정 방법) → 순위 결정 방법 0이나 생략 : 내림차순(숫자가 큰 값이 1등으로 순위 결정) 1 : 오름차순(숫자가 작은 값이 1등으로 순위 결정) ※ 범위는 고정된 영역을 참조해야 하므로 절대 주소 형식을 사용함		=RANK.EQ(B3,$B$3:$B$10)
결과	[B3:B10] 영역에서 [B3] 셀의 순위를 구하며 동일한 값들은 동일하지 않을 경우 나올 수 있는 순위들 중 가장 높은 순위를 표시함	

⑯ RANK.AVG : 범위에서 값의 순위를 구하되, 동일한 값들은 동일하지 않을 경우 나올 수 있는 순위들의 평균을 계산하여 동일하게 표시함

형식		사용 예
=RANK.AVG(숫자,범위,순위 결정 방법)		=RANK.AVG(B3,$B$3:$B$10)
결과	[B3:B10] 영역에서 [B3] 셀의 순위를 구하며 동일한 값들은 동일하지 않을 경우 나올 수 있는 순위들의 평균을 계산하여 동일하게 표시함	

⑰ COUNT : 인수들에서 숫자가 입력된 개수를 구함

형식	사용 예	결과
=COUNT(숫자나 셀 주소)	=COUNT(1,2,3)	3

⑱ COUNTA : 인수들에서 공백을 제외한 인수의 개수를 구함

형식	사용 예	결과
=COUNTA(숫자나 셀 주소)	=COUNTA(1,2,3,가,나)	5

⑲ COUNTBLANK : 범위 중에서 빈 셀(자료가 없는) 개수를 구함

형식	사용 예	결과
=COUNTBLANK(셀 범위)	=COUNTBLANK(A3:A12)	[A3:A12] 영역에서 공백의 개수를 구함

⑳ COUNTIF : 조건에 맞는 개수를 구함

형식		사용 예
=COUNTIF(조건을 찾을 범위, 조건)		=COUNTIF(A1:A5,">=70")
결과	[A1:A5] 영역에서 70 이상인 데이터의 개수를 구함	

㉑ COUNTIFS : 여러 조건을 만족하는 개수를 구함

형식		사용 예
=COUNTIFS(조건 범위1, 조건1, 조건 범위2, 조건2,...)		=COUNTIFS(A1:A5,">=60",B1:B5,">=70")
결과	[A1:A5] 영역에서 60 이상이고, [B1:B5] 영역에서 70점 이상인 조건을 만족하는 개수를 구함	

➕ 찾기/참조 함수

① COLUMN : 참조 영역의 열 번호를 나타냄

형식	사용 예	결과
=COLUMN(참조)	=COLUMN(D3)	4(D는 네 번째 열)

② COLUMNS : 참조 영역의 열 개수를 구함

형식	사용 예	결과
=COLUMNS(배열)	=COLUMNS(A2:C5)	3(A, B, C의 열)

③ ROW : 참조 영역의 행 번호를 나타냄

형식	사용 예	결과
=ROW(참조)	=ROW(D3)	3(세 번째 행)

④ ROWS : 참조 영역의 행 개수를 구함

형식	사용 예	결과
=ROWS(참조)	=ROWS(A1:C5)	5(1,2,3,4,5의 행)

⑤ CHOOSE : 순서대로 입력된 반환 값 중에서 N번째 값을 추출함

※ 순서 N번째 : 반환 값에서 추출할 N번째 번호이며 1이상의 정수를 나타내는 숫자(또는 수식)을 입력함

형식	사용 예	결과
=CHOOSE(순서 N, 값1, 값2, 값3,...)	=CHOOSE(2,"A","B","C")	B

⑥ MATCH : 범위내에서 검색값과 같은 데이터를 찾아 옵션을 적용하여 그 위치를 일련번호로 반환함

형식	사용 예	결과
=MATCH(검색값, 검사범위, [검사 유형]) → 검사 유형 • 0 : 검색값과 정확하게 일치하는 첫 번째 값을 추출 • 1 : 검색값보다 작거나 같은 값 중에서 최대값을 찾음 　(단, 검사범위가 오름차순 정렬되어야 함) • −1 : 검색값보다 크거나 같은 값 중에서 최소값을 찾음 　(단, 검사범위가 내림차순 정렬되어야 함)	=MATCH("B",{"A","B","C"},0) =MATCH(28,{10,20,30,40,50},1)	2

⑦ VLOOKUP : 검색값을 참조 범위에서 찾아서 지정한 열 번호에서 같은 행에 있는 값을 표시

형식
=VLOOKUP(검색값, 참조 범위, 추출할 값의 열 번호, [검색 유형])

→ 검색 유형
• TRUE(또는 생략) : 정확한 값이 없는 경우 근사값을 찾는 경우에는 참조 범위가 정렬되어야 유사한 값을 표시함
• FALSE(또는 0) : 정확하게 일치하는 값 표시 (검색값이 참조범위에 없을 경우 #N/A 표시됨)
※ 참조 범위는 검색 값이 가장 왼쪽 열에, 추출할 값은 오른쪽 열에 있어야 함

⑧ HLOOKUP : 검색값을 참조 범위에서 찾아서 지정한 행 번호에서 같은 열에 있는 값을 표시

형식
=HLOOKUP(검색값, 참조 범위, 추출할 값의 행 번호, [검색 유형])

⑨ INDEX : 참조 범위에서 행/열 번호의 교차점에 셀 값을 추출함

형식
=INDEX(참조 범위, 행 번호, 열 번호)

• 참조 범위 : 값을 찾을 참조 범위
• 행 번호 : 참조 범위의 시작을 기준으로 행 방향으로 나열된 순번과 같음
• 열 번호 : 참조 범위의 시작을 기준으로 열 방향으로 나열된 순번과 같음
　※ 단, 참조 범위가 하나의 행일 경우 행 번호(1)생략 할 수 있고, 열 번호만 입력 할 수 있음
　　참조 범위가 하나의 열일 경우 행 번호 입력하고, 열 번호(1)는 생략할 수 있음

➕ 실전 계산 작업 유형1.xlsx 파일을 열어 계산하시오.

1. [표1]에서 1차[B3:B11], 2차[C3:C11]의 평균이 70 이상이고, 벌점[D3:D11]이 5 미만이면 "본선진출"을, 그렇지 않으면 공백을 결과[E3:E11]에 표시하시오.
  ▶ IF, AND, AVERAGE 함수 사용

2. [표2]에서 홈런 합계[J3:J11]가 가장 많은 선수는 "1위", 두 번째로 많은 선수는 "2위", 세 번째로 많은 선수는 "3위", 그 외에는 공백을 순위[K3:K11]에 표시하시오.
  ▶ IFERROR, CHOOSE, RANK.AVG 함수 사용

3. [표3]에서 총점[D15:D22]이 70점대인 사원수를 구하여 [D23] 셀에 표시하시오.
  ▶ SUMIF, COUNTIF, SUMIFS 중 알맞은 함수를 선택하여 사용

4. [표4]에서 점수표[K16:K20]를 참조하여 점수에 따른 등급[I15:I23]을 구하시오.
  ▶ 점수가 280~261는 1등급, 260~241은 2등급, 240~221은 3등급, 220~201은 4등급, 200 이하는 5등급
  ▶ 표시 예 : 1등급
  ▶ MATCH 함수와 & 연산자 사용

5. [표5]에서 사원코드[A27:A34]의 왼쪽에서 세 번째 문자와 부서코드표[B37:D38]를 이용하여 부서명[D27:D34]을 표시하시오.
  ▶ 부서코드가 'P'이면 '기획부', 'M'이면 '인사부', 'B'이면 '경리부'임
  ▶ HLOOKUP, VLOOKUP, LEFT, RIGHT, MID 중 알맞은 함수를 선택하여 사용

1. 결과

	A	B	C	D	E
1	[표1]	결과표			
2	응시번호	1차	2차	벌점	결과
3	21001	86	94	6	
4	21002	82	86	4	본선진출
5	21003	92	45	2	
6	21004	88	76	7	
7	21005	92	80	3	본선진출
8	21006	84	82	2	본선진출
9	21007	64	68	1	
10	21008	56	58	2	
11	21009	82	86	4	본선진출
12					

[E3] 셀에 『=IF(AND(AVERAGE(B3:C3)>=70,D3<5),"본선진출","")』을 입력하고 [E11] 셀까지 수식 복사합니다.

※ IF(조건식, 값1, 값2) : 조건식이 참이면 값1, 거짓이면 값2 결과값을 반환
※ AND(조건1,조건2,...) : 모든 조건을 만족하면 TRUE, 아니면 FALSE를 표시 (논리곱)을 구함

2. 순위

	G	H	I	J	K
1	[표2]	홈런 결과			
2	선수명	1차	2차	합계	순위
3	홍다은	8	7	15	3위
4	이승희	8	5	13	
5	김준혁	5	5	10	
6	양은영	6	6	12	
7	홍길표	6	3	9	
8	강은지	7	4	11	
9	채윤아	6	8	14	
10	김수현	9	8	17	1위
11	유혜리	8	8	16	2위
12					

[K3] 셀에 『=IFERROR(CHOOSE(RANK.AVG(J3,$J$3:$J$11),"1위","2위","3위"),"")』을 입력하고 [K11] 셀까지 수식 복사합니다.

※ IFERROR(수식, 오류시 표시할 값) : 수식에서 오류가 발생하면 지정한 값을 반환하고, 그렇지 않으면 수식 결과를 반환함
※ CHOOSE(순서 N, 값1, 값2, 값3....) : 순서대로 입력된 반환 값 중에서 N번째 값을 추출함
※ RANK.AVG(숫자, 범위, 순위 결정 방법) : 범위에서 값의 순위를 구함(순위가 같으면 평균 순위가 반환 됨)
　→ 순위 결정 방법 0이나 생략 : 내림차순(숫자가 큰 값이 1등으로 순위 결정)
　→ 범위는 고정된 영역을 참조해야 하므로 절대 주소 형식을 사용함

3. 총점이 70점대인 사원수

	A	B	C	D
13	[표3]	승진심사 결과표		
14	사원명	근태	실적	총점
15	김혜은	24	32	56
16	유찬우	40	36	76
17	정임순	42	36	78
18	황가희	32	12	44
19	임미선	28	20	48
20	이용욱	14	25	39
21	김동연	12	20	32
22	최국현	5	15	20
23	총점이 70점대인 사원수			2
24				

[D23] 셀에 『=COUNTIF(D15:D22,">=70")-COUNTIF(D15:D22,">=80")』을 입력합니다.

※ COUNTIF(조건을 찾을 범위, 조건) : 조건에 맞는 인원수
※ 총점 중에서 70점 이상 인원수 – 총점 중에서 80점 이상 인원수 (70~79)

4. 등급

	G	H	I	J	K	L
13	[표4]	컴퓨터 점수현황				
14	성명	점수	등급			
15	이재은	176	5등급		<점수표>	
16	정채원	201	4등급		280	
17	강은혁	236	3등급		260	
18	박민재	258	2등급		240	
19	홍지혜	212	4등급		220	
20	박은정	185	5등급		200	
21	김티나	275	1등급			
22	길앤디	267	1등급			
23	김지은	235	3등급			
24						

[I15] 셀에 『=MATCH(H15,$K$16:$K$20,-1)&"등급"』을 입력하고 [I23] 셀까지 수식 복사합니다.

※ MATCH(검색값, 검사범위, [검사 유형]) : 범위내에서 찾을값과 같은 데이터를 찾아 옵션을 적용하여 그 위치를 일련번호로 반환함
　→ 검사 유형 : -1 : 검색값보다 크거나 같은 값 중에서 최소값을 찾음 (단, 검사범위가 내림차순 정렬되어야 함)

5. 부서명

▲	A	B	C	D
25	**[표5]**	**사원 관리 현황**		
26	사원코드	입사년도	사원명	부서명
27	2-P-01	2020년	최광엽	기획부
28	1-M-06	2019년	전인수	인사부
29	1-B-07	2019년	안선순	경리부
30	2-M-05	2021년	정다희	인사부
31	2-M-04	2018년	신서경	인사부
32	2-P-03	2019년	김승아	기획부
33	1-B-11	2021년	이건윤	경리부
34	1-B-13	2019년	이지민	경리부
35				
36	<부서코드표>			
37	코드	P	M	B
38	부서명	기획부	인사부	경리부
39				

[D27] 셀에 『=HLOOKUP(MID(A27,3,1),$B$37:$D$38,2,FALSE)』을 입력하고 [D34] 셀까지 수식 복사합니다.

※ HLOOKUP(검색값, 참조 범위, 추출할 값의 행 번호, [검색 유형])
→ 검색 유형 : FALSE(또는 0) : 정확하게 일치하는 값 표시
※ MID(텍스트, 시작위치, 문자수) : 텍스트의 시작 위치에서부터 지정한 문자수 만큼 텍스트를 추출함

✚ 실전 계산 작업 유형2.xlsx 파일을 열어 계산하시오.

1. [표1]에서 승점[B3:B11]을 기준으로 순위를 구하여 1위, 2위, 3위는 '결승진출', 그 외에는 공백으로 결승[D3:D11]에 표시하시오.

　▶ 승점은 높은 것이 1위임

　▶ IF, RANK.EQ 함수 사용

2. [표2]에서 출석부[I3:L11] 영역에 "O"의 개수가 1개이면 "25%", 2개이면 "50%", 3개이면 "75%", 4개이면 "100%"로 출석률[M3:M11]에 표시하시오.

　▶ CHOOSE, COUNTA 함수 사용

3. [표3]에서 부서명[B15:B23]이 "기획부" 또는 "홍보부"인 사원들의 기본급[E15:E23] 합계를 [E24] 셀에 표시하시오.

　▶ 조건은 [F21:F23] 영역에 직접 입력하시오.

　▶ DCOUNT, DSUM, DAVERAGE 중 알맞은 함수를 선택하여 사용

4. [표4]에서 학과[I15:I23]가 "조경"이 아니면서 전공[J15:J23]이 30 이상인 학생들의 총점[L15:L23] 평균을 계산하여 [L24]셀에 표시하시오..

　▶ 총점 평균은 소수점 이하 첫째 자리에서 반올림하여 표시 [표시 예 : 43.68 → 43.7]

　▶ ROUND, AVERAGEIFS 함수 사용

5. [표5]에서 제품코드[A28:A35]와 할인율표[E31:F35]를 이용하여 할인율[C28:C35]을 표시하시오.

　▶ 제품코드가 'A'로 시작하면 할인율이 25%, 'B'로 시작하면 할인율이 20%, 'C'로 시작하면 할인율이 15%, 'D'로 시작하면 할인율이 10%, 'F'로 시작하면 할인율이 5%임

　▶ VLOOKUP, LEFT 함수 사용

실전 계산 작업 유형2 정답

1. 결승진출

▲	A	B	C	D	E
1	[표1]	경기대회			
2	국가	승	패	결승	
3	대한민국	16	4	결승진출	
4	중국	18	7	결승진출	
5	일본	10	5		
6	파키스탄	14	6	결승진출	
7	인도	9	9		
8	베트남	6	4		
9	미국	8	5		
10	스웨덴	7	9		
11	필리핀	6	3		
12					

[D3] 셀에 『=IF(RANK.EQ(B3,$B$3:$B$11)<=3, "결승진출", "")』을 입력하고 [D11] 셀까지 수식 복사합니다.

※ IF(조건식, 값1, 값2) : 조건식이 참이면 값1, 거짓이면 값2 결과값을 반환
※ RANK.EQ(숫자, 범위, 순위 결정 방법) : 범위에서 값의 순위를 구함
  → 순위 결정 방법 0이나 생략 : 내림차순(숫자가 큰 값이 1등으로 순위 결정)
  → 범위는 고정된 영역을 참조해야 하므로 절대 주소 형식을 사용함

2. 출석률

▲	H	I	J	K	L	M
1	[표2]	출석현황				
2	학생명	1주	2주	3주	4주	출석률
3	유지성	O	O	O	O	100%
4	안철민		O	O		50%
5	김태성		O	O	O	75%
6	황철국	O		O	O	75%
7	최성윤	O	O		O	75%
8	한윤정	O		O	O	75%
9	성봉선		O	O		50%
10	김혜은	O	O	O	O	100%
11	김수영		O			25%
12						

[M3] 셀에 『=CHOOSE(COUNTA(I3:L3), "25%", "50%", "75%", "100%")』을 입력하고 [M11] 셀까지 수식 복사합니다.

※ CHOOSE(순서 N, 값1, 값2, 값3,...) : 순서대로 입력된 반환 값 중에서 N번째 값을 추출함
※ COUNTA(숫자나 셀 주소) : 인수들에서 공백을 제외한 인수의 개수를 구함

3. 기획부 또는 홍보부 기본급 합계

	A	B	C	D	E	F
13	[표3]	기본급 현황				
14	사원명	부서명	직위	호봉	기본급	
15	남현우	영업부	과장	3	4,200,000	
16	김윤지	영업부	과장	4	4,650,000	
17	이동민	영업부	대리	2	3,250,000	
18	정하연	기획부	과장	5	4,250,000	
19	김시온	기획부	과장	2	4,500,000	
20	최진우	기획부	사원	1	2,200,000	<조건>
21	김지우	홍보부	사원	1	2,100,000	부서명
22	전혜영	홍보부	과장	4	4,500,000	기획부
23	김민성	홍보부	사원	2	2,250,000	홍보부
24	기획부 또는 홍보부 기본급 합계				19,800,000	
25						

[E24] 셀에 『=DSUM(A14:E23,5,F21:F23)』을 입력합니다.

※ DSUM(데이터베이스 범위, 필드 번호, 조건 범위) : 조건에 맞는 값의 합계를 구함

4. 생물/환경 전공 30점이상 총점 평균

	H	I	J	K	L	M
13	[표4]	중간고사 성적표				
14	성명	학과	전공	교양	총점	
15	임지현	조경	46	42	88	
16	태여명	환경	42	36	78	
17	김향숙	생물	38	24	62	
18	이현정	조경	26	32	58	
19	변설영	환경	38	38	76	
20	김혜정	생물	24	22	46	
21	황미란	생물	28	26	54	
22	장수민	조경	26	35	61	
23	홍순기	환경	40	38	78	
24	생물/환경 학과의 전공 우수자 총점 평균				73.5	
25						

[L24] 셀에 『=ROUND(AVERAGEIFS(L15:L23,I15:I23,"<>조경",J15:J23,">=30"),1)』을 입력합니다.

※ AVERAGEIFS(평균 구할 범위, 조건 범위1, 조건1, 조건 범위2, 조건2,...) : 여러 조건을 만족하는 평균을 구함
※ ROUND(숫자, 자릿수) : 인수를 자릿수로 반올림한 숫자를 구함

5. 할인율

	A	B	C	D	E	F
26	**[표5]**	주문접수현황				
27	제품코드	주문량	할인율			
28	F-6-4	25	5%			
29	B-7-2	34	20%		<할인율표>	
30	C-3-5	47	15%		코드	할인율
31	D-6-4	52	10%		A	25%
32	A-4-8	16	25%		B	20%
33	F-8-9	25	5%		C	15%
34	D-6-4	35	10%		D	10%
35	F-5-8	24	5%		F	5%
36						

[C28] 셀에 『=VLOOKUP(LEFT(A28,1),$E$31:$F$35,2,FALSE)』을 입력하고 [C35] 셀까지 수식 복사합니다.

※ VLOOKUP(검색값, 참조 범위, 추출할 값의 열 번호, [검색 유형])
  → 검색 유형 : FALSE(또는 0) : 정확하게 일치하는 값 표시
※ LEFT(텍스트, 문자수) : 텍스트 왼쪽에서부터 지정한 문자수 만큼 텍스트를 추출함

⊕ 실전 계산 작업 유형3.xlsx 파일을 열어 계산하시오.

1. [표1]에서 필기[C3:C10]가 필기 평균 이상이고, 실기[D3:D10]가 실기 평균 이상이면 "합격"을, 그렇지 않으면 공백을 결과[E3:E10]에 표시하시오.
   ▶ IF, AND, AVERAGE 함수 사용

2. [표2]에서 총점[J3:J10]이 첫 번째로 높은 사람은 '최우수', 두 번째로 높은 사람은 '우수', 그렇지 않은 사람은 공백을 순위[K3:K10]에 표시하시오.
   ▶ IF, LARGE 함수 사용

3. [표3]에서 컴퓨터일반[B14:B20], 스프레드시트[C14:C20], 데이터베이스[D14:D20] 모두 70 이상인 학생 수를 [D21] 셀에 계산하시오.
   ▶ AVERAGEIF, SUMIF, COUNTIFS 중 알맞은 함수를 선택하여 사용

4. [표4]에서 날짜[G14:G21]의 요일이 "일요일"이면 "휴업"을, "월요일"부터 "토요일"까지면 "영업"으로 영업여부[H14:H21] 표시하시오..
   ▶ 요일은 "일요일"이 1로 시작하는 유형으로 사용
   ▶ IF, WEEKDAY 함수 사용

5. [표5]에서 점수[B25:B33]와 순위 결과표[E26:F29]를 이용하여 수상내역[C25:C33]을 표시하시오.
   ▶ 순위가 1위는 "대상", 2위는 "금상", 3위는 "은상", 4위 이하는 "장려상"을 의미함
   ▶ 순위는 점수가 높은 것이 1위임
   ▶ VLOOKUP, RANK.EQ 함수 사용

실전 계산 작업 유형3 정답

1. 결과

	A	B	C	D	E
1	[표1]	자격증 시험 결과			
2	응시번호	성별	필기	실기	결과
3	OA2101	남	92	82	
4	OA2102	남	84	92	
5	OA2103	여	90	94	합격
6	OA2104	여	72	70	
7	OA2105	남	80	76	
8	OA2106	남	84	72	
9	OA2107	여	92	96	합격
10	OA2108	여	92	94	합격
11					

[E3] 셀에 『=IF(AND(C3>=AVERAGE($C$3:$C$10),D3>=AVERAGE($D$3:$D$10)),"합격","")』을 입력하고 [E10] 셀
까지 수식 복사합니다.

※ IF(조건식, 값1, 값2) : 조건식이 참이면 값1, 거짓이면 값2 결과값을 반환
※ AND(조건1,조건2,...) : 모든 조건을 만족하면 TRUE, 아니면 FALSE를 표시 (논리곱)을 구함
※ AVERAGE(숫자나 셀 주소) : 참조 범위 셀 또는 인수에 입력된 평균값을 구함

2. 순위

	G	H	I	J	K
1	[표2]		한자/영어 시험 결과		
2	학생명	한자	영어	총점	순위
3	이혜수	84	96	180	우수
4	정문기	68	84	152	
5	김규정	76	76	152	
6	김수현	92	82	174	
7	홍순기	98	94	192	최우수
8	이상언	84	82	166	
9	임소영	68	90	158	
10	정선길	76	72	148	
11					

[K3] 셀에 『=IF(J3=LARGE($J$3:$J$10,1),"최우수",IF(J3=LARGE($J$3:$J$10,2),"우수",""))』을 입력하고 [K10] 셀까
지 수식 복사합니다.

※ LARGE(범위, k) : 범위 중에서 몇 번째 큰 값을 구함

3. 모든 과목 70 이상인 학생수

	A	B	C	D	E
12	**[표3]**	**컴퓨터활용능력 시험**			
13	성명	컴퓨터일반	스프레드시트	데이터베이스	
14	이상연	77	75	88	
15	현가영	58	76	78	
16	이동재	68	70	80	
17	위성경	53	69	94	
18	윤재영	73	75	91	
19	장찬석	55	67	88	
20	홍예린	95	89	79	
21	모든 과목이 70 이상인 학생 수			3	
22					

[D21] 셀에 =COUNTIFS(B14:B20,")=70",C14:C20,")=70",D14:D20,")=70")』을 입력합니다.

※ COUNTIFS(조건 범위1, 조건1, 조건 범위2, 조건2,...) : 여러 조건을 만족하는 개수를 구함

4. 영업여부

	G	H	
12	**[표4]**	**영업여부**	
13	날짜	영업여부	
14	2021-08-01	휴업	
15	2021-08-02	영업	
16	2021-08-03	영업	
17	2021-08-04	영업	
18	2021-08-05	영업	
19	2021-08-06	영업	
20	2021-08-07	영업	
21	2021-08-08	휴업	
22			

[H14] 셀에 『=IF(WEEKDAY(G14,1)=1,"휴업","영업")』을 입력하고 [H21] 셀까지 수식 복사합니다.
또는 『=IF(WEEKDAY(G14)=1,"휴업","영업")』을 입력해도 됩니다.

※ WEEKDAY(날짜,옵션) : 요일의 일련번호를 구함 → 옵션 1은 일요일을 1로 시작

일	월	화	수	목	금	토
1	2	3	4	5	6	7

※ 옵션 1은 생략가능

5. 수상내역

▲	A	B	C	D	E	F
23	**[표5]**	**공모전 수상내역**				
24	응시번호	점수	수상내역		<순위 결과표>	
25	210303	84	장려상		순위	결과
26	210302	68	장려상		1	대상
27	210303	78	장려상		2	금상
28	210304	90	은상		3	은상
29	210305	94	금상		4	장려상
30	210306	76	장려상			
31	210307	66	장려상			
32	210308	98	대상			
33	210309	72	장려상			
34						

[C25] 셀에 『=VLOOKUP(RANK.EQ(B25,$B$25:$B$33),$E$26:$F$29,2)』을 입력하고 [C33] 셀까지 수식 복사합니다.

※ VLOOKUP(검색값, 참조 범위, 추출할 값의 열 번호, [검색 유형])
  → 검색 유형 : TRUE(또는 생략) 정확한 값이 없는 경우 근사값을 찾아 표시
※ RANK.EQ(숫자, 범위, 순위 결정 방법) : 범위에서 값의 순위를 구함
  → 순위 결정 방법 0이나 생략 : 내림차순(숫자가 큰 값이 1등으로 순위 결정)
  → 범위는 고정된 영역을 참조해야 하므로 절대 주소 형식을 사용함

➊ 실전 계산 작업 유형4.xlsx 파일을 열어 계산하시오.

1. [표1]에서 총점[B3:B10]을 기준으로 순위를 구하여 다음과 같이 수상명[C3:C10]을 표시하시오.

▶ 순위는 총점이 높은 것이 1위임

▶ 순위가 1이면 '대상', 2~3이면 '금상', 4~5이면 '은상', 6이상이면 공백으로 표시하시오.

▶ IF, RANK.EQ 함수 사용

2. [표2]에서 주민등록번호[H3:H10]를 이용하여 생년월일[J3:J10] 에 표시하시오.

▶ DATE, MID 함수 사용

3. [표3]에서 반[B14:B21]의 첫 글자는 대문자로 변환하고, 등록일자[A14:A21]에서 일만 추출하여 학생코드[E14:E21]에 표시하시오.

▶ 표시 예 : 반이 'OA'이고, 등록일자가 '2021-05-07'인 경우 'Oa-7'로 표시

▶ PROPER, DAY 함수와 & 연산자 사용

4. [표4]에서 제품명[G14:G20]이 "세탁기"와 "냉장고"인 제품의 판매금액[J14:J20] 차이를 절대값으로 [J21]셀에 계산하시오..

▶ ABS, SUMIF 함수 사용

5. [표5]에서 판매량[C25:C32]과 상여금표[B35:E36]를 이용하여 상여금[D25:D32]을 계산하시오.

▶ 판매량의 순위가 1~2위는 1,000,000, 3~4위는 750,000, 5~6위는 500,000, 7위 이하는 250,000임

▶ HLOOKUP, RANK.EQ 함수 사용

실전 계산 작업 유형4 정답

1. 수상명

	A	B	C	D
1	[표1]	피아노 대회		
2	참가자	총점	수상명	
3	유지성	195	대상	
4	김수현	186	금상	
5	박성화	120		
6	손우길	160		
7	김민정	175	은상	
8	최민옥	150		
9	박아름	168	은상	
10	송호영	192	금상	
11				

[C3] 셀에 『=IF(RANK.EQ(B3,$B$3:$B$10)=1,"대상",IF(RANK.EQ(B3,$B$3:$B$10)<=3,"금상", IF(RANK.EQ(B3,$B$3:$B$10)<=5,"은상","")))』을 입력하고 [C10] 셀까지 수식 복사합니다.

2. 생년월일

	F	G	H	I	J	K
1	[표2]	동호회 회원 현황				
2	성명	지역	주민등록번호		생년월일	
3	최영진	서초구	900725-1******		1990-07-25	
4	안영민	노원구	970126-1******		1997-01-26	
5	김세라	마포구	841205-2******		1984-12-05	
6	이미영	관악구	890615-1******		1989-06-15	
7	유현진	서초구	961008-2******		1996-10-08	
8	기진희	관악구	940904-2******		1994-09-04	
9	김재훈	마포구	791112-1******		1979-11-12	
10	신선미	노원구	770807-2******		1977-08-07	
11						

[J3] 셀에 『=DATE(MID(H3,1,2),MID(H3,3,2),MID(H3,5,2))』을 입력하고 [J10] 셀까지 수식 복사합니다.

※ DATE(년, 월, 일) : 지정한 년, 월, 일에 해당하는 날짜를 표시
※ MID(텍스트, 시작위치, 문자수) : 텍스트의 시작 위치에서부터 지정한 문자수 만큼 텍스트를 추출함

3. 학생코드

	A	B	C	D	E
12	**[표3]**	**수강 관리 현황**			
13	등록일자	반	학생명	성별	학생코드
14	2021-06-01	CAD	오윤하	여	Cad-1
15	2021-06-09	OA	박태형	남	Oa-9
16	2021-06-12	BIG DATA	홍승아	여	Big Data-12
17	2021-06-15	PHOTO	김현수	남	Photo-15
18	2021-06-15	GRAPHICS	손진철	남	Graphics-15
19	2021-06-16	ITQ	유관영	남	Itq-16
20	2021-06-20	CAD	임청아	여	Cad-20
21	2021-06-22	OA	김상호	남	Oa-22
22					

[E14] 셀에 『=PROPER(B14)&"-"&DAY(A14)』을 입력하고 [E21] 셀까지 수식 복사합니다.

※ PROPER(텍스트) : 입력된 영문자를 첫 글자만 대문자로 변환
※ DAY(날짜) : 날짜에서 일을 구함

4. 세탁기와 냉장고 판매금액 차이

	G	H	I	J	K
12	**[표4]**	**제품 판매 현황**			
13	제품명	판매량	판매가	판매금액	
14	냉장고	21	1,850,000	38,850,000	
15	세탁기	12	950,000	11,400,000	
16	TV	53	1,150,000	60,950,000	
17	세탁기	41	1,050,000	43,050,000	
18	냉장고	28	2,500,000	70,000,000	
19	TV	45	850,000	38,250,000	
20	세탁기	26	850,000	22,100,000	
21	세탁기와 냉장고 판매금액 차이			32,300,000	
22					

[J21] 셀에 『=ABS(SUMIF(G14:G20,"세탁기",J14:J20)-SUMIF(G14:G20,"냉장고",J14:J20))』을 입력합니다.

※ SUMIF(조건을 찾을 범위, 조건, 합계 구할 범위) : 조건에 맞는 값의 합계를 구함
※ ABS(숫자나 셀 주소) : 절대값을 구함

5. 상여금

	A	B	C	D	E	F
23	**[표5]**	**상여금 지급 현황**				
24	사원명	직급	판매량	상여금		
25	송호연	사원	2,574	250,000		
26	윤여진	대리	5,100	750,000		
27	노진아	대리	3,521	500,000		
28	김남희	사원	2,340	250,000		
29	김병선	대리	6,280	1,000,000		
30	신은경	과장	5,672	1,000,000		
31	남재석	사원	3,250	500,000		
32	이가연	대리	4,120	750,000		
33						
34	<상여금표>					
35	순위	1	3	5	7	
36	상여금	1,000,000	750,000	500,000	250,000	
37						

[D25] 셀에 『=HLOOKUP(RANK.EQ(C25,$C$25:$C$32),$B$35:$E$36,2)』를 입력하고 [D32] 셀까지 수식 복사합니다.

※ HLOOKUP(검색값, 참조 범위, 추출할 값의 행 번호, [검색 유형])
 → 검색 유형 : TRUE(또는 생략) 정확한 값이 없는 경우 근사값을 찾아 표시

➕ 실전 계산 작업 유형5.xlsx 파일을 열어 계산하시오.

1. [표1]에서 출석현황[B3:F11]에서 수강자별로 "O"의 개수가 1이면 "1일", 2이면 "2일", 3이면 "3일", 4이면 "4일", 5이면 "5일"로 출석일수[G3:G11]에 표시하시오.
   ▶ CHOOSE, COUNTA 함수 사용

2. [표2]에서 배송시작일[J3:J11]과 배송기간[M3]을 이용하여 배송완료일[K3:K11] 에 표시하시오.
   ▶ 주말(토, 일)은 제외
   ▶ WORKDAY 함수 사용

3. [표3]에서 성별[B15:B22]이 "남"이면서 지역[C5:C22]이 "경기"인 판매금액[D15:D22] 합계를 [D23]셀에 계산하시오.
   ▶ AVERAGEIFS, SUMIFS, COUNTIFS 함수 중 알맞은 함수 사용

4. [표4]에서 성별[J15:J22]이 "여"이면서 평균[M15:M22]이 90 초과인 학생수를 [M23]셀에 계산하시오..
   ▶ 조건은 [O21:P23] 영역에 입력하시오.
   ▶ 학생수 뒤에 "명"을 포함하여 표시 [표시 예 : 3명]
   ▶ DCOUNTA 함수와 & 연산자 사용

5. [표5]에서 구입금액[C17:C34]과 등급표[F27:G30]를 이용하여 등급[D27:D34]을 표시하시오.
   ▶ HLOOKUP, VLOOKUP, INDEX 중 알맞은 함수를 선택하여 사용

1. 출석일수

	A	B	C	D	E	F	G	H
1	**[표1]**	**8월 첫째 주 출석현황**						
2	수강자명	월	화	수	목	금	출석일수	
3	강상민	O	O	O	O	O	5일	
4	민효림	O	O	O	O		4일	
5	김만욱	O	O	O		O	4일	
6	심원철	O		O		O	3일	
7	황민욱	O	O		O	O	4일	
8	김병선	O	O	O	O	O	5일	
9	홍지희	O	O		O		3일	
10	이재원		O	O	O	O	4일	
11	최보라	O	O				2일	
12								

[G3] 셀에 『=CHOOSE(COUNTA(B3:F3), "1일", "2일", "3일", "4일", "5일")』를 입력하고 [G11] 셀까지 수식 복사합니다.

※ CHOOSE(순서 N, 값1, 값2, 값3,....) : 순서대로 입력된 반환 값 중에서 N번째 값을 추출함
※ COUNTA(숫자나 셀 주소) : 인수들에서 공백을 제외한 인수의 개수를 구함

2. 배송완료일

	I	J	K	L	M	N
1	**[표2]**	**배송현황**				
2	주문번호	배송시작일	배송완료일		배송기간	
3	JS-001	2021-09-05	2021-09-07		2	
4	JS-002	2021-09-06	2021-09-08			
5	JS-003	2021-09-09	2021-09-13			
6	JS-004	2021-09-12	2021-09-14			
7	JS-005	2021-09-14	2021-09-16			
8	JS-006	2021-09-15	2021-09-17			
9	JS-007	2021-09-17	2021-09-21			
10	JS-008	2021-09-19	2021-09-21			
11	JS-009	2021-09-25	2021-09-28			
12						

[K3] 셀에 『=WORKDAY(J3,$M$3)』를 입력하고 [K11] 셀까지 수식 복사합니다.

※ WORKDAY(날짜,일수,[휴일]) : 시작날짜에 주말(토,일)이나 지정된 휴일날짜가 제외된 평일수를 적용한 날짜의 일련번호를 구함

3. 경기지역 남사원 판매금액 합계

	A	B	C	D	E
13	[표3]	판매 현황			
14	사원명	성별	지역	판매금액	
15	이사랑	남	서울	1,250,000	
16	강진원	여	인천	1,000,000	
17	김여명	남	경기	1,340,000	
18	이민수	남	서울	1,090,000	
19	정시철	여	서울	1,290,000	
20	민철우	여	인천	1,150,000	
21	김지은	여	경기	1,320,000	
22	길앤디	남	경기	1,330,000	
23	경기지역 남사원 판매금액 합계			2,670,000	
24					

[D23] 셀에 『=SUMIFS(D15:D22,B15:B22,"남",C15:C22,"경기")』을 입력합니다.

※ SUMIFS(합계 구할 범위, 조건 범위1, 조건1, 조건 범위2, 조건2,...) : 여러 조건을 만족하는 합계를 구함

4. 평균 90점 초과인 여학생 수

	I	J	K	L	M	N	O	P	Q
13	[표4]	1학기 성적표							
14	성명	성별	중간고사	기말고사	평균				
15	전수철	남	78	92	85				
16	나민주	여	92	98	95				
17	김영우	남	80	78	79				
18	백이영	여	90	92	91				
19	유찬우	남	96	98	97				
20	김혜은	여	76	74	75		<조건>		
21	안선영	여	90	74	82		성별	평균	
22	김동준	남	92	90	91		여	>90	
23	평균 90 초과인 여학생 수				2명				
24									

[M23] 셀에 『=DCOUNTA(I14:M22,1,O21:P22)&"명"』을 입력합니다.

※ DCOUNTA(데이터베이스 범위, 필드 번호, 조건 범위) : 조건에 맞는 공백이 아닌 숫자, 문자 개수를 구함
※ 필드 번호 1 대신에 2 또는 3 또는 4또는 5를 입력해도 됩니다.

5. 등급

▲	A	B	C	D	E	F	G	H
25	**[표5]**	**고객 관리 현황**					**<등급표>**	
26	고객명	구입횟수	구입금액	등급		금액	등급	
27	손정현	10	770,000	실버		300,000	일반	
28	안효민	14	1,078,000	골드		500,000	실버	
29	손혜정	8	616,000	실버		1,000,000	골드	
30	남유리	5	385,000	일반		1,500,000	VIP	
31	박철수	4	308,000	일반				
32	송주리	20	1,540,000	VIP				
33	안미화	12	924,000	실버				
34	김시헌	15	1,155,000	골드				
35								

[D27] 셀에 『=VLOOKUP(C27,$F$27:$G$30,2)』을 입력하고 [D34] 셀까지 수식 복사합니다.

※ VLOOKUP(검색값, 참조 범위, 추출할 값의 열 번호, [검색 유형])
　→ 검색 유형 : TRUE(또는 생략) 정확한 값이 없는 경우 근사값을 찾아 표시